LES CLÉS DE L'ABONDANCE

LES CLÉS DE L'ABONDANCE

Volume 2 : *Exprimer votre amour pour la Vie*

Kim Michaels

Titre original : **A Course in Abundance, vol 2, Expressing Your Love for Life**
Cours dicté par Mère Marie à travers Kim Michaels
Copyright © 2014 Kim Michaels
More to Life Publishing, www.morepublish.com
ISBN : 978-9949-518-57-9

Édition française
Copyright © 2025 Noël Wan pour la traduction
Édition : BoD · Books on Demand, 31 avenue Saint-Rémy,
57600 Forbach, bod@bod.fr
Impression : Libri Plureos GmbH, Friedensallee 273,
22763 Hamburg (Allemagne)
ISBN : 978-2-3225-7047-8
Dépôt légal : mars 2025

Notes et avis de non-responsabilité :
(1) L'auteur et l'éditeur ne garantissent pas que les pratiques décrites dans ce livre produiront des résultats positifs pour quiconque à tout moment. Elles sont présentées à titre informatif uniquement, car la pratique et la preuve incombent au lecteur.
(2) Les informations et les idées contenues dans ce livre sont uniquement l'opinion de l'auteur et ne doivent pas être considérées comme une forme de thérapie, de conseil, de diagnostic ou de traitement de quelque nature que ce soit. Ces informations ne remplacent pas les soins médicaux ou les aides psychologiques. Toutes les questions relatives à votre santé individuelle doivent être supervisées par un médecin ou un professionnel de santé approprié. Ni l'auteur ni l'éditeur n'assume quelque responsabilité que ce soit pour le compte d'un acheteur ou d'un lecteur.

A propos de l'auteur

Kim Michaels suit le chemin spirituel depuis 1976 et il est devenu un messager pour les Maîtres ascensionnés en 2002. Il a donné des conférences dans quatorze pays et il est l'auteur de nombreux livres sur le christianisme mystique, le développement personnel et le chemin universel de transcendance qui mène au-delà de l'ego humain et de la conscience de dualité. A ce jour, il a publié 70 livres en anglais qui décrivent avec une grande clarté la façon d'appliquer à nos défis quotidiens la sagesse et la gnose intemporelles des Maîtres spirituels occidentaux et orientaux.

Kim Michaels a également créé une chaine de vidéos sur *Youtube* et plusieurs sites Internet :

kimmichaels.info – Site officiel de Kim Michaels.
ascendedmasterresources.com – Site principal d'informations sur les Maîtres ascensionnés.
ascendedmasterlight.com – Enseignements des Maîtres ascensionnés sur le chemin spirituel.
askrealjesus.com – Enseignements mystiques de Jésus-Christ.
ascendedmasteranswers.com – Réponses des Maîtres ascensionnés aux questions posées sur de nombreux sujets.
explainingevil.com – Explications sur l'origine et les méthodes des êtres déchus.
transcendencetoolbox.com – Outils pour invoquer la lumière spirituelle et transcender la conscience de l'ego.

Vous pouvez trouver la traduction française de ces sites sur le site *maitresascensionnes.fr*.

Livres de Kim Michaels en français

Le Chant de Vie, Matrice de guérison spirituelle
Les clés de l'abondance
  Volume 1 : Le pouvoir de l'esprit sur la matière
  Volume 2 : Exprimer votre amour pour la Vie
  Volume 3 : Votre plan pour la vie abondante

Table des matières

Comment utiliser ce livre

Le but de ce cours de Mère Marie sur l'abondance est de vous révéler les clés essentielles qui vous permettront de manifester l'abondance spirituelle, psychologique et matérielle dans votre vie. Ces clés vous sont présentées de manière directe, progressive et exhaustive par Mère Marie. Elles n'ont jamais été révélées par les religions pour des raisons que vous découvrirez dans le cours. Bien évidemment, la science matérialiste qui nie l'existence du monde spirituel ne peut pas connaître ces clés. Sachez enfin que ce cours va très au-delà de tout ce qui a été publié à ce jour sur la loi d'attraction et dans des programmes pour devenir soi-disant riche facilement et rapidement.

La particularité de ce cours est que les enseignements ont été donnés directement sous forme de dictées orales par Mère Marie, plus connue sous le nom de Vierge Marie par l'Église catholique. Mère Marie est aujourd'hui un être ascensionné qui occupe la fonction de Mère divine pour tous les êtres humains sur Terre, et donc pas seulement pour les personnes catholiques. Mère Marie est accompagnée de représentants de la Mère divine et du Père divin, qui sont des Maîtres ascensionnés servant comme des enseignants spirituels universels pour l'humanité. Si vous n'êtes pas familier avec les Maîtres ascensionnés, vous trouverez une brève description dans les annexes, mais aussi des informations plus détaillées sur le site français *maitresascensionnes.fr* ou sur le site anglais *ascendedmasterresources.com*. Ces sites contiennent de nombreux enseignements récents dictés à travers Kim Michaels par les Maîtres ascensionnés et des outils concrets pour suivre le chemin vers la maîtrise de soi.

En plus des clés, vous trouverez dans ce cours une technique spirituelle très efficace pour élever votre conscience. De nombreux livres spirituels peuvent vous apporter la compréhension et même vous inspirer, mais ils ne vous permettent pas nécessairement de vous transformer ni de changer votre vie de manière durable. Ce cours contient une combinaison d'enseignements et d'outils pratiques pour invoquer la lumière spirituelle. Les invocations peuvent vous aider à vous transcender véritablement pour atteindre un niveau supérieur sur votre chemin personnel.

L'enseignement de chaque clé est donc suivi d'une invocation que vous devez lire à voix haute. Vous pouvez lire l'invocation de manière lente et méditative ou prononcer les mots plus rapidement et avec plus de puissance dans votre voix. Il n'y a pas qu'une seule façon de donner une invocation, mais celle-ci ne fonctionnera vraiment que si vous la lisez à voix haute. Selon votre vitesse, il vous faudra environ vingt minutes pour donner une invocation. Si vous souhaitez des instructions plus détaillées sur la manière de donner une invocation, vous pouvez consulter l'onglet *Outils* sur le site français *maitresascensionnes.fr* ou le site anglais *transcendencetoolbox.com*.

Pour commencer ce cours, vous devez étudier la première dictée, puis donner la première invocation au moins une fois. Mais il est préférable de donner l'invocation une fois par jour pendant neuf jours consécutifs. Vous n'avez pas besoin de relire la dictée avant de donner l'invocation, mais vous constaterez probablement que lire une partie de la dictée vous aidera à tirer davantage profit de l'invocation. Vous pouvez ensuite passer à la dictée suivante et ainsi de suite jusqu'à ce que vous ayez parcouru toutes les dictées et toutes les invocations. N'hésitez pas à faire preuve de créativité dans l'utilisation des invocations. Par exemple, vous pouvez donner les invocations pour le soutien d'autres personnes et l'élévation de la conscience collective.

Si vous faites l'effort de surmonter votre résistance initiale et de créer un élan pour donner des invocations, vous découvrirez probablement que c'est l'un des outils spirituels les plus puissants et les plus efficaces que vous ayez jamais utilisés. En combinant cet outil avec une volonté d'examiner votre propre psyché et de recadrer vos croyances limitantes, vous pouvez transformer votre vie en une spirale ascendante qui augmentera votre capacité à manifester l'abondance spirituelle et matérielle. En vérité, comme le disent les Maîtres, tout tourne autour de votre libre arbitre. Si vous pouvez accepter que la transcendance soit possible pour vous, alors vous allez surement manifester les résultats. Invoquez et vous recevrez.

Sachez que ce cours est un cadeau très spécial du cœur de la Mère divine. Les mots du cours sont donnés sous forme de dictée directe, ce qui signifie qu'ils contiennent des clés subtiles pour déverrouiller votre compréhension. Vous ne tirerez pas pleinement parti du cours en le lisant avec un esprit intellectuel et linéaire. Le cours est conçu pour débloquer votre intuition, votre connaissance mystique intérieure, et ainsi vous reconnecter à ce que vous savez déjà au plus profond de votre être. L'étude du cours peut être abordée comme un processus d'adoration de la Mère divine. Si vous abordez le cours avec révérence, vous en tirerez de plus grands bénéfices.

Vous pouvez utiliser le cours de diverses manières, notamment comme outil de méditation ou de contemplation. Lire les dictées à haute voix est en soi un exercice puissant. Vous pouvez étudier tout seul les dictées et donner les invocations par vous-même. Cependant, l'étude de ce cours au sein d'un groupe sera encore plus efficace. Le cours n'appartient à aucune organisation et n'est contrôlé par aucune organisation. Il peut donc être utilisé librement par des groupes formels ou informels. Il y a un grand avantage à ce qu'un groupe de personnes se réunisse régulièrement, étudie et discute d'une clé et donne l'invocation correspondante ensemble. Lorsque deux ou plus de personnes se réunissent au nom de la Mère divine, elle manifeste toujours sa présence au milieu d'elles.

Ce cours comprend au total vingt-quatre clés et vingt-quatre invocations, et il est publié en trois volumes distincts, à raison de huit clés et huit invocations par volume. Afin d'obtenir des résultats optimaux, il est important de suivre le cours dans le bon ordre. Vous devez donc commencer par le volume 1, puis continuer avec le volume 2 et terminer avec le volume 3.

Notes sur la traduction

Comme il existe parfois plusieurs mots français possibles pour un même mot anglais et inversement, nous avons choisi les mots français qui traduisent au mieux l'esprit de l'enseignement des Maîtres ascensionnés. Voici quelques exemples :

All, Allness : *Tout* ou *grand Tout* avec un 'T' majuscule
Ascended Host : *royaume ascensionné* ou *maîtres ascensionnés*
Catch-22 : *impasse* ou *problème insoluble*
Christhood : *christité* ou *état christique*
Chist mind : *esprit du Christ*
Christ self : *Soi christique*
Conscious You : *Soi conscient* ou *Vous conscient*
I AM Presence : *Présence JE SUIS*
Mind : *esprit* avec un 'e' minuscule ou *mental*
Oneness : *unité*
Outer mind : *mental extérieur* ou *intellect*
Realm : *royaume* ou *domaine*
River of Life : *Fleuve de Vie*
Self : *moi* pour le moi inférieur ou *soi* pour le soi supérieur
Higher self : *soi supérieur*
Lower self : *moi inférieur* ou *ego*
Separated self : *moi séparé*
Spirit : *Esprit* avec un 'E' majuscule
Spirit of Christ : *Esprit du Christ*
Holy Spirit : *Esprit Saint* ou *Saint-Esprit*

Pour la traduction des versets bibliques, nous utilisons la Bible en français, version Louis Segond 1910, que vous pouvez trouver sur *info-bible.org*. Il est important de noter que ce n'est pas un cours religieux réservé aux chrétiens. C'est un enseignement mystique universel qui vise à vous libérer de toutes les fausses images de Dieu et de Jésus. Il vous permettra de comprendre les véritables significations de certains versets et d'expérimenter la conscience universelle du Christ qui est la clé de votre abondance.

1. Reprendre votre rôle de cocréateur

Mon cœur bien-aimé, vous pourriez vous demander comment un être qui a été conçu comme un cocréateur avec Dieu, un être qui est né de la conscience du Tout de Dieu, un être qui est vraiment Dieu manifesté en tant que courant de vie individuel, pourrait éventuellement perdre la conscience du Tout dont il est issu. Le fait de réfléchir à cette question peut vous être bénéfique.

Il n'y a pas qu'une seule réponse à cette question car chaque cocréateur a été conçu comme un individu unique. La raison exacte qui vous a fait perdre votre connexion à votre source ne sera pas la même que pour quelqu'un d'autre. La clé pour comprendre ce mystère consiste à réfléchir au dilemme de savoir comment équilibrer le fait que vous avez une conscience en tant qu'être individuel et distinct, et en même temps vous êtes une expression du Tout de l'Être de Dieu.

C'est le défi central qui accompagne le don de l'individualité et du libre arbitre. Aucun cocréateur n'a jamais pu échapper à ce défi. Beaucoup ont relevé le défi assez facilement, tandis que d'autres ont mis beaucoup de temps à résoudre l'énigme. Une partie substantielle des cocréateurs, y compris la plupart des milliards de courants de vie qui habitent actuellement la planète Terre, n'ont toujours pas résolu l'énigme de l'individualité.

La clé pour résoudre l'énigme est de réaliser ce qu'est exactement un être individuel. Qui êtes-vous ? Qu'est-ce que vous êtes ? Quel est le cœur de votre identité ? Toute création a commencé avec la singularité du Créateur. Au commencement, il n'y avait que Dieu, le Créateur, et Dieu était et *est* un Être entier et autonome. Le Créateur a une conscience de soi et il a un sentiment distinct de son identité. Le Créateur a commencé par créer les deux forces de base, à savoir la force d'expansion du Père et la force de contraction de la Mère. Ces forces ne sont pas simplement des forces inertes, comme les forces de la nature que vous voyez sur la planète Terre telles que la gravité et le magnétisme.

Ces deux forces spirituelles de base sont guidées par deux êtres conscients de soi qui sont les premiers cocréateurs issus du Créateur. Ces deux êtres sont ce que la Bible appelle l'Alpha et l'Oméga, le commencement et la fin. Ces deux êtres ne sont pas séparés du Créateur, ils sont vraiment des extensions, des manifestations du Créateur. C'est pourquoi vous avez ce verset dans la Bible : « *Je suis l'Alpha et l'Oméga, le commencement et la fin, dit le Seigneur Dieu, celui qui est, qui était et qui vient, le Tout-Puissant* » (Apocalypse 1.8). Nous avons maintenant le Créateur qui s'est manifesté comme deux êtres conscients d'eux-mêmes, deux cocréateurs. Chacun de ces êtres a une conscience de soi, et donc chacun a un sens du soi en tant qu'être distinct, en tant qu'individu distinct. Parce qu'Alpha et Oméga ont été créés directement par le Créateur, leur connexion au Créateur est si forte qu'ils ne peuvent pas perdre la conscience de leur connexion et de leur unité.

Alpha et Omega ont créé une progéniture, et il existe un certain nombre d'êtres conscients de soi qui descendent directement d'Alpha et d'Omega. La progéniture directe d'Alpha et d'Oméga a ensuite créé sa propre progéniture, et ainsi de suite à travers de nombreuses sphères de création. Aucune image linéaire ne peut donner une description complètement exacte de la réalité spirituelle. Parce que votre esprit est encore tellement programmé pour penser en termes linéaires, je tente l'impossible en décrivant cela de manière linéaire. Tous les êtres conscients de soi dans l'ensemble du monde de forme font partie du même arbre généalogique qui les ramène au Créateur unique. Sans Lui, rien de ce qui a été fait n'a été fait.

Si vous regardez le dessin d'un arbre généalogique, vous pouvez voir qu'un arbre généalogique a de nombreuses branches, représentant différentes générations. Plus vous vous éloignez du Créateur sur l'Arbre de Vie, plus votre connexion avec le Créateur est affaiblie. Plus vous vous éloignez du Créateur, plus il devient facile de perdre votre conscience de cette connexion. Vous pouvez devenir tellement concentré sur votre individualité que vous finissez par oublier votre origine et vous voir comme un être séparé flottant comme un navire à la dérive sur un océan sans fin.

L'image d'un arbre généalogique a de sérieuses limites lorsqu'il s'agit de considérer le Corps de Dieu, l'Arbre de Vie. Dans un arbre généalogique, vous êtes né dans une certaine position et vous ne pouvez jamais changer cette position. Dans le Corps de Dieu, chaque être conscient de soi, peu importe d'où il vient, a la possibilité de s'élever à travers les différents niveaux jusqu'à ce qu'il atteigne finalement la pleine conscience de Dieu. De même, un être conscient de soi peut descendre en dessous du niveau auquel il est né et donc s'éloigner encore plus de la conscience de Dieu.

Qu'est-ce qui détermine si vous montez plus haut ou descendez plus bas sur l'Arbre de Vie ? Le facteur décisif est votre sens du soi, votre conscience de soi, votre sentiment d'identité. Vous êtes né dans une certaine famille et votre famille a une généalogie qui remonte à plusieurs générations. Vos gènes et votre éducation ont influencé qui vous êtes aujourd'hui, qui vous pensez être. Ce que beaucoup de gens ne réalisent pas, c'est que votre sentiment d'identité n'est pas fixe. Bien qu'il puisse être affecté par des forces extérieures, vous avez le potentiel de régner sur votre soi et de changer votre sens du soi en fonction de votre vision la plus élevée.

***

Votre corps physique est le produit des gènes transmis dans votre famille, et votre éducation est le produit de la vision du monde et de la culture de votre famille et de la société. Vous êtes toujours un individu distinct et vous pouvez vous élever au-dessus de vos antécédents familiaux à bien des égards, comme de nombreuses personnes l'ont prouvé. Parce que vous êtes vraiment un être spirituel, vous avez une totale liberté pour vous élever au-dessus de votre sentiment d'identité actuel et même au-dessus du sentiment d'identité avec lequel votre être individuel est né. Le cœur même de votre être est votre sens du soi, votre sentiment d'identité.

Lorsque le Créateur vous a donné la conscience de soi, l'imagination et le libre arbitre, il a créé un être qui n'a pas d'identité fixe et immuable. Vous êtes littéralement ce que vous pensez être, vous êtes ce que vous vous voyez être. Si vous vous voyez comme un fils de Dieu, alors vous *êtes* un fils de Dieu. Si vous vous voyez comme un être humain mortel, alors vous *êtes* un être humain mortel, du moins dans le monde du temps et de l'espace.

Mais vous pouvez changer votre sentiment d'identité et votre conscience de soi en utilisant votre imagination et votre libre arbitre. Vous pouvez oublier ou nier que vous êtes un fils ou une fille de Dieu et, à la place, envisager et accepter le sentiment d'identité en tant que pécheur mortel. De même, vous pouvez laisser derrière vous le sentiment limité d'identité en tant qu'être humain et récupérer la véritable identité avec laquelle vous êtes né. Vous pouvez alors construire sur ce concept immaculé et devenir plus que ce pour quoi vous avez été créé, ce qui est vraiment l'espoir du Créateur pour vous.

Comprendre ces concepts peut nécessiter un peu de réflexion avec le cœur, car l'esprit analytique ne pourra pas résoudre ce qui lui apparaîtra comme une contradiction. L'esprit universel du Christ conserve l'empreinte divine, le concept immaculé, pour votre individualité, l'individualité dont vous étiez doté lorsque votre courant de vie est apparu pour la première fois. Cette empreinte ne peut jamais être perdue, et le plus grand être spirituel dont vous êtes sorti existera dans le royaume spirituel, quoi que vous fassiez ici sur Terre.

Cet être spirituel est d'abord et avant tout votre Présence JE SUIS, mais votre Présence JE SUIS fait partie de l'arbre généalogique qui remonte, à travers de nombreuses générations ou niveaux, jusqu'au Créateur. En tant qu'être individuel, vous êtes plus que votre Présence JE SUIS, plus que votre arbre généalogique et plus que votre Créateur. Quand je dis « plus », je ne veux pas dire cela de manière comparative, comme si vous étiez meilleur que Dieu. Ce que je veux dire, c'est que vous avez une conscience de soi distincte qui est au-delà de la conscience de soi du Créateur et des membres de votre famille spirituelle.

Vous avez une conscience de soi distincte qui a deux aspects, à savoir la « conscience » et le « soi ». Vous êtes conscient que vous existez, que vous êtes un être, que vous avez la vie en vous. Cette conscience est focalisée sur ce que vous considérez comme votre « soi », votre identité. Votre conscience est le contenant de votre être et votre soi est le contenu du contenant de votre être individuel. La conscience vous donne l'existence, et le soi donne à votre existence une orientation spécifique et, ainsi, un moyen de vous exprimer dans le monde de forme.

La conscience est indépendante du soi en ce sens qu'elle ne dépend d'aucune forme. Elle peut exister en tant que conscience pure sans être focalisée sur ou à travers une individualité spécifique, et c'est cette conscience qui est au cœur même de l'Être de Dieu. Le Dieu ultime est un état de pure conscience, et cette conscience est au-delà de la forme, ce qui signifie qu'elle ne peut jamais être perdue ni divisée. Elle peut s'exprimer à travers une forme particulière, à travers un soi individuel, parce que sans elle rien de ce qui a été fait n'a été fait. Le contenu de ce soi individuel peut obscurcir la pure conscience ; pourtant, la pure conscience est immuable et éternelle.

Comme le dit un vieux proverbe indien : « Les hommes peuvent venir et les hommes peuvent partir, mais je continue pour toujours. » Le sens du soi est changeant, et il dépend de la façon dont vous vous voyez. Tout dépend du contenu que vous mettez dans le contenant du soi, et, évidemment, votre sens du soi peut être affecté par le monde de forme. C'est pourquoi le Soi conscient peut se perdre dans la forme et oublier la conscience pure qui est sa source. Vous pouvez changer votre conscience de soi en changeant votre sens du soi, en changeant le contenu du contenant de votre être.

Votre conscience est comme une feuille de papier blanc, et sur ce papier le Créateur a dessiné un beau dessin de votre empreinte divine. Lorsque vous commencez à accepter un sens inférieur du soi, c'est comme si vous griffonnez à l'encre noire sur le papier. Si vous continuez à faire cela, vous finirez par atteindre un stade où vos gribouillis couvriront non seulement votre empreinte divine mais aussi le papier blanc. Votre conscience pure et la matrice de votre soi spirituel ont été recouvertes d'un enchevêtrement de lignes noires sans structure clairement définie. Heureusement, les lignes noires ne sont pas faites avec un marqueur permanent. Les lignes noires sont dessinées sur une feuille de plastique transparent, ce qui signifie que le papier blanc et l'empreinte originelle sont toujours intacts et inaltérés.

***

Avant qu'une forme distincte puisse être créée, elle doit exister comme une image mentale dans un esprit conscient de soi. L'esprit conscient de soi que j'ai appelé l'esprit universel du Christ est le dépositaire permanent de l'image mentale, l'empreinte, qui décrit votre individualité, l'individualité avec laquelle vous avez été créé. Au fur et à mesure que vous grandissez dans la conscience de soi, vous êtes censé construire sur cette base et élargir votre sens du soi afin que vous deveniez plus que ce pour quoi vous avez été créé. Lorsque vous cocréez en harmonie avec les lois de Dieu, votre sens élargi du soi sera également enregistré dans la conscience du Christ. Une fois acquise, votre accomplissement ne peut jamais être perdu.

Avant qu'une forme puisse se manifester, l'image mentale doit être projetée sur la lumière Mater. L'image mentale, l'empreinte de votre identité individuelle, n'est pas un être conscient de soi capable d'entrer dans le monde de forme et de commencer à agir en tant que cocréateur. L'empreinte, le concept immaculé, n'est qu'une idée formée dans l'esprit de l'Être spirituel supérieur duquel vous êtes né. C'est un être *potentiel*, et non un être *manifesté*. Ce qui entre dans le monde de forme est le Soi conscient, le Soi conscient de soi, qui est conscient de lui-même en tant qu'être distinct et individualisé. Dieu crée d'abord l'empreinte de votre être, mais cette empreinte ne devient vivante que lorsque Dieu lui insuffle la vie en laissant une partie de son propre être animer le soi avec une pure conscience.

Lors de sa création, ce sens du soi était, bien sûr, en parfait alignement avec votre empreinte divine. Au fur et à mesure qu'il voyage dans le monde de forme et exerce son imagination et son libre arbitre, il peut devenir *plus* que l'empreinte originelle ou il peut devenir *moins*. L'empreinte divine de votre identité est conservée en permanence dans l'esprit universel du Christ. Le Soi conscient, votre sens actuel du soi, est, à tout moment, ce qu'il pense être, ce qu'il se voit être. Cela signifie que lorsque vous changez votre conscience de soi, l'ancien vous, l'ancien sens du soi, meurt et n'est plus. Quand un grain de blé germe en terre, le grain de blé n'est plus. Il se transforme en germe et le grain cesse d'exister. Lorsque la pousse devient une plante, la pousse n'est plus. Elle existe toujours en tant que *concept,* mais elle n'existe plus en tant que réalité manifestée car elle a été remplacée par la plante.

Cela peut sembler abstrait, mais considérez votre propre expérience dans cette vie. Quand vous aviez cinq ans, vous ne vous regardiez pas ou vous ne regardiez pas le monde comme vous le faites aujourd'hui. Vous aviez une perspective différente, et très probablement une perspective plus limitée. Où est cet enfant aujourd'hui ? En pratique, il n'existe plus. Le corps de l'enfant n'existe pas sous la forme qu'il avait à l'époque. Il a une existence continue en ce sens qu'il est devenu votre corps actuel. Le sens du soi de l'enfant de cinq ans n'existe pas sous la même forme parce qu'il est devenu le sens du soi que vous êtes aujourd'hui. Je dois vous avertir que cette analogie a certaines limites car ce qui vous est arrivé dans votre enfance a pu créer des blessures psychologiques qui vous affectent encore aujourd'hui. Néanmoins, cette analogie illustre le stade où la conscience de soi qui existait alors a été remplacée par un sens du soi plus grand.

Je vous encourage à ouvrir votre cœur et à rechercher une compréhension intuitive de l'intérieur qui va au-delà des mots que je vous donne. Lorsque vous vous êtes aventuré pour la première fois dans le monde de forme en tant qu'être distinct, vous aviez le sens du soi qui était une expression de votre empreinte divine, l'individualité qui vous a été donnée par Dieu. Pendant un certain temps, vous vous êtes appuyé sur ce sens du soi. À un moment donné dans un passé lointain, vous avez commencé à aller dans la direction opposée.

Vous avez commencé à contracter votre sens du soi au lieu de l'élargir. Au lieu d'étendre votre connexion à votre Présence JE SUIS, vous avez commencé à limiter progressivement cette connexion. Vous avez limité votre sens du soi et vous êtes devenu plus focalisé sur le contenu du contenant de l'être, oubliant progressivement le contenant lui-même. Vous êtes devenu plus focalisé sur le sens du soi que vous avez créé selon vos expériences dans le monde plutôt selon le sens du soi immortel préservé dans l'esprit du Christ.

Au début, c'était un processus graduel, mais il est arrivé un moment critique où vous avez franchi un point de non-retour, bien qu'il y ait toujours la possibilité d'un retour à votre empreinte divine. Une fois passé ce stade, vous êtes piégé dans le sens limité du soi que vous avez créé. Vous avez perdu votre connexion consciente à votre Présence JE SUIS, et donc vous avez oublié votre véritable origine. Votre sens du soi n'était plus basé sur le fait que vous êtes une extension de votre Présence JE SUIS et que vous y êtes éternellement connecté. Vous avez maintenant construit un nouveau sens du soi basé sur la séparation d'avec votre Présence JE SUIS, ou plutôt sur la séparation d'avec l'image de Dieu que vous aviez construite à partir des idées trouvées dans ce monde.

Vous avez sans doute déjà mis une casserole d'eau sur la cuisinière et allumé le brûleur. Pendant un certain temps, l'eau se réchauffe progressivement et aucun changement n'est perceptible. Lorsque l'eau atteint une certaine température, des bulles commencent à se former et, peu de temps après, l'eau calme se transforme en eau bouillante. Si vous continuez à chauffer la casserole, toute l'eau finira par se transformer en vapeur. Les molécules d'eau réelles existent toujours, mais elles ont pris une forme nettement différente et n'apparaissent donc plus comme de l'eau liquide. Elles apparaissent maintenant sous forme de vapeur invisible avec des qualités différentes de l'eau liquide. Bien que les molécules d'eau existent toujours, l'eau que vous avez mise dans la casserole n'existe plus.

Vous avez commencé la descente vers un sentiment inférieur d'identité comme un processus très graduel. Au début, vous avez à peine remarqué que vous vous sépariez de votre Présence JE SUIS plutôt que de vous en rapprocher. Il est arrivé un moment où votre connexion à votre Présence JE SUIS a été réduite à un stade critique, et très brusquement vous avez perdu la conscience de cette connexion. C'était quelque chose qui s'est passé littéralement en un clin d'œil.

Vous pourriez envisager comment vous pouvez étirer un élastique pendant longtemps sans le casser, et vous pouvez toujours lui redonner sa forme d'origine. Mais, à un moment donné, il se casse, puis il ne peut plus reprendre sa forme d'origine. Ceci est illustré dans la vieille énigme pour enfants sur Humpty Dumpty qui a fait une grande chute. Et tous les chevaux et les hommes du roi, c'est-à-dire toutes les forces du monde matériel, ne pouvaient plus remettre Humpty Dumpty ensemble de nouveau.

Avant de perdre la connexion consciente à votre Présence JE SUIS, vous vous voyiez encore comme un être spirituel connecté à quelque chose de plus grand que vous, vous étiez connecté à quelque chose au-delà du monde matériel. Après avoir passé le point de séparation, vous vous êtes vu comme un individu distinct, séparé de ce que vous perceviez maintenant comme un Dieu extérieur et séparé des autres êtres conscients de soi. Vous ne vous voyiez plus comme un être spirituel mais comme un être confiné dans les limites du monde matériel, les limites du temps et de l'espace.

Ce fut un changement assez dramatique parce que la conscience de votre sens du soi en tant qu'être spirituel, le soi que vous étiez avant la séparation, est littéralement mort dans le processus. Le sens du soi que vous aviez avant de passer ce point critique de descente n'est plus. Il a été remplacé par un nouveau sens du soi qui n'est plus basé sur une connexion à votre source mais sur la séparation d'avec votre source. Le Soi conscient a maintenu une existence continue, mais le contenu du contenant de votre soi est entièrement différent, peut-être en opposition avec votre empreinte divine.

***

Cette descente dans un sens inférieur du soi est ce que la Bible décrit dans l'histoire de la chute d'Adam et Ève. Contrairement à la croyance populaire, cette histoire n'a jamais été censée être prise littéralement. Elle ne décrit pas deux personnes qui étaient les ancêtres de toute l'humanité. Au lieu de cela, elle illustre le processus de chute dans un sens inférieur du soi, un état de conscience inférieur, que chaque être qui est actuellement sur Terre a traversé dans un passé lointain, c'est-à-dire il y a de nombreuses vies. Si vous pouvez accepter ce fait, vous pouvez tirer de précieuses leçons de l'histoire d'Adam et Ève. Si vous ne pouvez pas accepter ce fait, vous resterez piégé par l'interprétation littérale de cette histoire. Si vous aviez été attaché à cette interprétation, vous ne seriez pas en train de lire ce cours. Vous auriez depuis longtemps qualifié ce cours d'hérésie ou de blasphème.

Mon cœur bien-aimé, dans l'histoire d'Adam et Ève, il y a une figure masculine et une figure féminine. L'histoire raconte qu'Adam a été créé en premier, puis Eve a été créée à partir de la côte d'Adam. En réalité, cela vise à illustrer que votre Présence JE SUIS est l'aspect masculin ou spirituel de votre être total. Le Soi conscient, le sens du soi qui est descendu dans le monde matériel, est la polarité féminine de votre être total. Votre Présence JE SUIS réside en permanence dans le royaume spirituel et n'est pas affectée du tout par ce qui se passe dans ce monde.

Ce n'est pas votre Présence JE SUIS qui a été tentée par le Serpent et qui est tombée dans la conscience de séparation, la conscience de dualité. C'est l'aspect féminin de votre être, le Soi conscient, qui a été tenté de prendre la conscience de dualité, la conscience du bien et du mal relatifs. C'est la conscience dans laquelle vous pensez pouvoir trouver vos propres définitions du bien et du mal plutôt que d'accepter la définition absolue de la conscience du Christ, à savoir que le bien signifie quelque chose qui est en harmonie avec les lois de Dieu et que le mal signifie quelque chose qui s'oppose au Tout.

Dans l'histoire d'Adam et Ève, Ève a été tentée par quelque chose d'extérieur à elle-même. Il y a plusieurs interprétations valables pour le Serpent qui illustrent différents aspects du processus de la chute. Pour notre discussion actuelle, je voudrais utiliser l'interprétation la plus large et la plus universelle, et dire que le Serpent représente un certain état de conscience qui est la contrepartie inévitable de votre libre arbitre. Lorsque Dieu vous a donné le libre arbitre, il était inévitable que vous acquériez la capacité d'aller à l'encontre des lois de Dieu au lieu de suivre ces lois. C'est la tentation qui vient du fait que vous êtes un être conscient de soi doté d'imagination et de libre arbitre.

Vous pouvez imaginer qu'il est possible d'aller à l'encontre des lois de Dieu, et vous pouvez décider de le faire. Cette tentation est toujours présente comme un potentiel, mais il n'est pas nécessaire que vous vous livriez à cette tentation et que vous y participiez. Il est tout à fait possible pour un cocréateur conscient de soi d'ignorer complètement cette tentation et de continuer à cocréer dans le cadre des lois de Dieu. Certains cocréateurs ont choisi de regarder la tentation et de commencer à se demander ce qui se passerait réellement s'ils décidaient d'aller à l'encontre des lois de Dieu, s'ils décidaient d'ignorer les instructions venant d'en haut.

Ces considérations ont surgi dans l'esprit, l'esprit de raisonnement, l'esprit d'analyse. Elles sont apparues parce qu'en tant que cocréateur nouveau et inexpérimenté vous n'aviez pas encore la pleine compréhension consciente des lois de Dieu. Vous n'avez pas pleinement compris que ces lois ne restreignent pas votre liberté de création, qu'elles la sauvegardent seulement afin que vous puissiez exprimer votre individualité en harmonie avec le Corps de Dieu. Parce que votre conscience de soi n'avait pas été suffisamment élargie, vous n'aviez pas encore compris que vous ne faites qu'un avec le Corps de Dieu, et donc ce que vous faites aux autres, vous vous le faites à vous-même. Vous n'aviez pas pleinement compris que suivre les lois de Dieu est d'un intérêt personnel éclairé.

À cause de cette compréhension limitée, il était possible que vous commenciez à vous demander ce qui se passerait si vous décidiez d'aller à l'encontre des lois et des instructions de Dieu. Il vous était possible de commencer à penser que les lois de Dieu imposaient des restrictions à votre liberté de créer et que vous devriez être autorisé à expérimenter votre créativité sans être limité par quoi que ce soit. Vous avez toujours été autorisé à expérimenter votre créativité, mais, comme l'univers fonctionne comme un miroir, vous récolterez inévitablement ce que vous semez. Les lois de Dieu sont établies pour s'assurer que vous ne récoltez que des conséquences positives qui élargissent votre propre vie et la vie de tout le Corps de Dieu. Les lois de Dieu ne vous restreignent pas vraiment, et le sens de la restriction est né d'une compréhension limitée de la vie.

Vous avez commencé avec une compréhension limitée de la façon dont le monde fonctionne, mais Dieu ne vous a pas laissé seul dans cette compréhension limitée. L'histoire du jardin d'Éden dit qu'Adam et Ève ont marché et parlé avec Dieu. Ce « Dieu » n'était pas Dieu au sens ultime, mais un représentant du Créateur qui a servi d'enseignant spirituel pour votre courant de vie. Parce que votre sens du soi était encore nouveau et inexpérimenté, vous étiez encore un enfant de Dieu et vous n'étiez pas encore devenu un cocréateur pleinement conscient.

Au fur et à mesure que vous avez commencé à exercer vos facultés créatives et que vous avez pris conscience du pouvoir de votre imagination et de votre libre arbitre, vous avez également commencé à prendre davantage conscience du fruit de la connaissance du bien et du mal. Cet « arbre » représente le fait que vous avez la possibilité d'aller délibérément à l'encontre des lois de Dieu et de vous séparer de votre source. Au fur et à mesure que vous avez pris conscience de ce fruit, vous avez été tenté d'en manger afin de savoir ce qui se passerait.

L'enseignant spirituel dans le jardin était bien conscient de ce qui se passerait si vous mangiez le fruit. Parce que vous n'aviez pas encore pleinement compris pourquoi suivre les lois de Dieu était dans votre meilleur intérêt, l'enseignant a dû vous donner une compréhension plus limitée. C'est comparable à la façon dont vous enseignez à un enfant à ne pas toucher un poêle chaud et à ne pas se brûler. L'enfant n'a pas encore assez d'expérience pour comprendre ce que signifie se brûler, et, en tant que parent responsable, vous ne voulez pas que l'enfant souffre d'une grave brûlure. Vous essayez d'apprendre à l'enfant à ne pas toucher le poêle, même s'il ne comprend pas pourquoi.

L'enseignant du Jardin d'Éden avait dit aux êtres conscients de soi sous sa direction que, s'ils mangeaient le fruit de la connaissance du bien et du mal, ils mourraient sûrement. Beaucoup de personnes spirituelles ont étudié cette histoire et ont pensé que le Dieu dans le jardin devait avoir menti à Adam et Ève. Après tout, ils ont mangé le fruit et ils ne moururent pas mais furent chassés du jardin. Mais c'est raisonner avec la même compréhension limitée qui a rendu impossible pour l'enseignant d'expliquer pourquoi ils ne devaient pas manger le fruit. Lorsqu'un sens du soi dépasse le stade critique et perd sa connexion consciente à la Présence JE SUIS, ce sens du soi meurt littéralement et n'est plus. C'est ce que l'enseignant savait, mais ce que les cocréateurs inexpérimentés n'ont pas pu saisir. Ils n'avaient pas encore assez de conscience de soi pour savoir qu'ils sont ce qu'ils pensent être.

Si vous prenez une grenouille et que vous la mettez dans une casserole d'eau bouillante, elle sentira immédiatement la chaleur et sautera. Si vous mettez la grenouille dans une casserole d'eau froide et que vous chauffez l'eau, la transition est si progressive que la grenouille ne s'en apercevra pas et, par conséquent, elle bouillira jusqu'à la mort. C'est précisément ce qui peut arriver à un être conscient de soi qui n'a pas encore atteint la pleine compréhension des ramifications de l'utilisation de son imagination et de son libre arbitre pour expérimenter la conscience de dualité, la connaissance du bien et du mal. Au début, vous pouvez commencer à abuser de votre imagination et de votre libre arbitre sans en ressentir immédiatement les conséquences. Vous deviendrez progressivement de plus en plus enveloppé dans la conscience de dualité, mais la transition est si graduelle que vous ne la remarquez pas.

Il arrivera éventuellement un point de non-retour lorsque vous effectuerez soudainement la transition vers une étape différente de la conscience de soi. Comme l'eau bouillante se transforme en vapeur, votre sens du soi change et vous êtes maintenant piégé dans la conscience de dualité dans laquelle vous vous voyez séparé de Dieu. Le sens du soi qui maintenait au moins une certaine connexion avec la Présence JE SUIS est maintenant mort. De cette conscience naît un nouveau moi, mais ce moi est un moi mortel, basé sur la séparation et la dualité. Ce moi est maintenant la façon dont le Soi conscient se définit. Vous êtes ce que vous vous percevez comme étant. Ainsi si vous vous considérez comme un être humain mortel séparé de Dieu, alors c'est ce que vous êtes, du moins ici et maintenant, dans le temps et l'espace.

Mon cœur bien-aimé, cette mort du sens spirituel du soi est le problème *central* sur la planète Terre. On pourrait bien dire que c'est le *seul* problème sur la planète Terre. Tous les nombreux problèmes spécifiques que vous voyez sur cette planète découlent vraiment de la conscience du bien et du mal relatifs, la conscience de dualité qui amène les êtres conscients de soi à créer leurs propres définitions de ce qui est bien ou mal, bon ou mauvais. Ces définitions sont toutes en décalage avec la réalité de Dieu, la vérité de Dieu, parce qu'elles sont complètement basées sur la conscience de l'antéchrist. La conscience de l'antéchrist est la conscience de la séparation d'avec votre source alors que la conscience du Christ est la conscience de l'unité avec votre source.

Si chaque être humain sur cette planète a sa propre définition du bien et du mal, il est inévitable que les gens s'affrontent. Si chaque être humain définit le bien comme ce qui est bon pour son « moi », alors comment pourrait-il y avoir la paix et l'harmonie sur cette planète ? Si chaque être humain pense que sa définition de la vérité est la seule absolue, est-il étonnant que la guerre existe sur cette planète ? La seule façon de créer une planète pacifique est qu'au moins une masse critique de personnes s'élève au-dessus de la conscience de dualité. Ce n'est que lorsque les gens ont la même définition du bien et du mal, à savoir la définition absolue de l'esprit du Christ, que nous pouvons espérer surmonter les conflits et les guerres sur cette planète.

Lorsque vous vous voyez comme une extension de votre Présence JE SUIS, vous avez une certaine dose de la conscience du Christ. Lorsque vous vous voyez séparé de votre Présence JE SUIS ou séparé de Dieu, vous êtes piégé dans la conscience de l'antéchrist. Il y a une étape intermédiaire où vous avez encore des éléments de la conscience du Christ avec des éléments de la conscience de l'antéchrist. Lorsque vous dépassez le stade où vous perdez tous les éléments de la conscience du Christ, vous êtes littéralement mort dans un sens spirituel.

C'est pourquoi Jésus a dit : « *En vérité, en vérité, je vous le dis, si vous ne mangez la chair du Fils de l'homme et si vous ne buvez son sang, vous n'avez point la vie en vous* » (Jean 6.53). Il voulait dire que si vous ne prenez pas la conscience du Christ, vous n'avez pas la vie en vous. Vous n'avez littéralement aucune vie spirituelle en vous si vous n'avez pas une dose de la conscience du Christ à l'intérieur de la sphère de votre sens du soi, à l'intérieur du contenant de votre soi.

***

Cela nous amène au point où nous pouvons acquérir une nouvelle compréhension de l'idée que vous ne pouvez pas être sauvé sans le Christ et que le Christ est le seul sauveur, le seul chemin vers Dieu. Comme Jésus l'a dit : « *Nul ne vient au Père que par moi* » (Jean 14.6). Il ne parlait pas de sa propre personne extérieure mais de la conscience du Christ qui est votre lien avec la réalité et la vie de Dieu. Jésus a comparé le royaume des cieux, qui est une autre façon de décrire la conscience du Christ, à du levain (Matthieu 13.33).

Lorsque vous faites de la pâte et que vous ajoutez le levain, cela fait lever tout le pain, et c'est pourquoi vous pouvez faire du pain. Ce n'est que lorsque vous ajoutez une dose de la conscience du Christ qui est brisée pour vous (1 Corinthiens 11.24) que votre conscience peut s'élever au-dessus de la dualité, l'esprit de l'antéchrist. Ce n'est qu'en prenant une dose de la conscience du

Christ et qu'en lui permettant d'élever votre sens du soi – en lui permettant de disperser l'ombre de l'antéchrist par la lumière du Christ – que vous pouvez retourner à votre état précédent et vous accepter de nouveau comme un fils ou une fille de Dieu.

Jésus a également expliqué cela lorsqu'il a dit à Nicodème que, pour entrer dans le royaume des cieux, vous devez naître de nouveau (Jean 3.1-8). Nicodème a discuté avec Jésus et a demandé comment un homme pouvait naître de nouveau. Pouvait-il entrer une seconde fois dans le ventre de sa mère ? Nicodème était tellement piégé dans la conscience de dualité qu'il a pris les paroles de Jésus littéralement et il n'a donc pas réussi à en saisir le sens profond. Lorsque vous descendez dans la conscience de dualité, votre sens spirituel du soi meurt littéralement. Vous mourez dans un sens spirituel parce que votre sentiment d'identité en tant qu'être spirituel cesse d'exister. Vous faites la transition vers un nouveau sentiment d'identité en tant qu'être mortel séparé de Dieu.

Comment pourriez-vous retourner dans le royaume des cieux dans lequel vous vous considérez comme un fils ou une fille de Dieu ? Vous ne pouvez le faire que d'une seule manière, à savoir lorsque votre sens spirituel du soi renaît et que vous retrouvez l'identité spirituelle correcte. Vous pouvez commencer le processus de récupération de votre véritable identité qui est encore préservée en tant que concept immaculé dans l'esprit du Christ. Lorsque vous retrouvez pleinement cette identité, vous retournerez à votre ancienne demeure, vous réclamerez votre héritage divin. Vous serez comme le fils prodigue qui revient dans la maison de son père après une longue absence (Luc 15.11).

Lorsque vous faites la transition d'un sens spirituel du soi à un sens dualiste du soi, d'un sens du soi basé sur le roc du Christ à un sens du soi basé sur les sables de l'antéchrist, votre ancien sens du soi meurt. Lorsque vous inversez cette direction et revenez à votre sens spirituel du soi, le sens du soi que vous avez en ce moment, le sens du soi qui est basé sur la séparation, doit également mourir. Vous ne pouvez pas emporter ce sens du soi avec vous dans le royaume des cieux, et la raison en est simple. Le sens mortel du soi est né du sentiment de séparation d'avec Dieu. Votre sens spirituel du soi est né du sentiment d'unité avec Dieu. Ce qui est né de la séparation ne peut jamais entrer dans l'unité, le moi mortel ne peut jamais saisir ni accepter la réalité de Dieu. Le sens du soi basé sur la dualité et la séparation ne peut jamais surmonter le sentiment d'être séparé de Dieu.

Ce qui peut surmonter le sentiment de séparation, c'est le Soi conscient, alors que vous remplacez le contenu du contenant du soi par un nouveau sens du soi. C'est pourquoi vous devez permettre à ce sens du soi de mourir, car l'oiseau Phénix a été brûlé dans le feu, puis s'est levé des cendres et, à partir de là, s'est élevé dans les cieux. Vous devez permettre à votre sens du soi actuel d'être brûlé par le feu dévorant de Dieu, le feu qui consume tout ce qui n'est pas comme Lui, consumant ainsi tout ce qui est né de la dualité et de l'esprit de l'antéchrist. Vous devez avoir confiance que cela ne signifiera pas la perte de votre conscience en tant qu'être distinct. Au lieu de cela, un nouveau sens du soi naîtra. Votre sens spirituel du soi renaîtra, sera ressuscité et renaîtra des cendres de l'ancien soi. Ce nouveau sens du soi sera basé sur l'empreinte divine conçue par Dieu.

Ce seul point est la différence essentielle entre les faux enseignants et les vrais enseignants. Les faux enseignants vous promettront que vous pouvez atteindre l'abondance de Dieu – certains d'entre eux vous promettront même que vous pouvez avoir le salut et la vie éternelle – sans laisser mourir le sens dualiste du soi. Ils vous promettront qu'ils ont découvert un raccourci par lequel vous pouvez préserver le sens mortel du soi et le rendre d'une manière ou d'une autre acceptable aux yeux de Dieu.

Mon cœur bien-aimé, c'est une promesse complètement fausse. C'est ce que l'Ancien Testament appelle le chemin qui semble droit à un homme (Proverbes 14.12), ce qui signifie un être conscient de soi piégé dans la dualité. Pourtant, son issue est la voie de la mort, car il vous maintient piégé dans la conscience de la mort spirituelle. Jésus a comparé le royaume des cieux à un festin de noces (Matthieu 22.1-14). Un homme était entré dans la fête sans habit de noces sans avoir remplacé le moi mortel par le

Soi christique. On lui a alors lié les mains et les pieds avant de le jeter dehors dans les ténèbres. Bien que cela semble très dramatique, cela illustre vraiment le fait que pendant que vous restez dans la conscience de dualité, vous êtes lié par vos propres croyances dualistes et vous devez rester dans les ténèbres de l'esprit de l'antéchrist.

Cette idée est si importante que j'y reviendrai plus en détail dans les prochains chapitres. Alors que je vous dévoile l'erreur de cette fausse image du salut, vous arriverez vraiment à comprendre la clé principale pour expérimenter la vie abondante là où vous êtes. J'attends avec impatience de vous dévoiler cette compréhension plus profonde du vrai salut par la renaissance de soi et de la voie qui semble fausse à l'esprit dualiste, mais dont l'issue est la vie éternelle.

2. J'invoque ma renaissance spirituelle

Au nom de JE SUIS CE QUE JE SUIS, de Jésus-Christ, j'appelle Maraytaïe, Mère Marie et toutes les représentantes de la Mère divine. Aidez-moi à renaître spirituellement en laissant mourir mon sens du soi séparé et mortel. Aidez-moi à accepter mes pouvoirs créateurs et à prendre conscience des facteurs qui bloquent le flux de ma créativité donnée par Dieu.

Aidez-moi aussi... *(ajouter vos demandes personnelles)*.

I. Je change mon sens du soi

1. J'accepte le défi de l'individualité et du libre arbitre. J'équilibre ma conscience en tant qu'être individuel et distinct avec ma conscience que je suis une expression du Tout de l'Être de Dieu.

Ô Mère cosmique, tu sonnes le gong
Pour me rappeler à la maison.
Je sais que tu m'aimes tendrement,
Et cela me libère vraiment.

**Maraytaïe, fais résonner
Le chant qui ouvre la porte cosmique.
Ta mélodie me fait vibrer
Pour recréer mon sens du soi.**

2. Le cœur même de mon être est mon sens du soi, mon sentiment d'identité.

Ô Mère cosmique, serre-moi très fort,
Je brille avec ta propre lumière.
Ta musique purifie mon cœur,
Je transmets à tous ton amour.

**Maraytaïe, fais résonner
Le chant qui ouvre la porte cosmique.**

Ta mélodie me fait vibrer
Pour recréer mon sens du soi.

3. Mon sentiment d'identité n'est pas figé. Je prends le pouvoir de mon soi et j'aligne mon sens du soi avec ma vision la plus élevée.

Ô Mère cosmique, nous faisons un,
Ton cœur est un soleil ardent.
Mon être ne peut qu'amplifier
Le son sacré que tu émets.

Maraytaïe, fais résonner
Le chant qui ouvre la porte cosmique.
Ta mélodie me fait vibrer
Pour recréer mon sens du soi.

4. Je suis un être spirituel. Je suis entièrement libre de m'élever au-dessus de mon sentiment actuel d'identité, voire de m'élever au-dessus du sentiment d'identité avec lequel mon être individuel est né.

Ô Mère cosmique, j'entends le son
Subtil de la sphère sacrée.
En m'accordant avec ce son,
Je surmonte le moi inférieur.

Maraytaïe, fais résonner
Le chant qui ouvre la porte cosmique.
Ta mélodie me fait vibrer
Pour recréer mon sens du soi.

5. Lorsque le Créateur m'a donné la conscience de soi, l'imagination et le libre arbitre, Il a créé un être qui n'a pas d'identité fixe et immuable. Je suis ce que je pense être, je suis ce que je me vois être. Je me vois comme un fils ou une fille de Dieu.

Ô Mère cosmique, je rentre chez moi,
Je suis en phase avec le OM,
Le son des sons m'élèvera,
Et seule la lumière brille en moi.

Maraytaïe, fais résonner
Le chant qui ouvre la porte cosmique.
Ta mélodie me fait vibrer
Pour recréer mon sens du soi.

6. Je change mon sentiment d'identité et je change ma conscience de soi en utilisant mon imagination et mon libre arbitre.

Ô Mère cosmique, je fais partie
De la grande symphonie cosmique.
Je suis vraiment un instrument
Pour le son envoyé du ciel.

Maraytaïe, fais résonner
Le chant qui ouvre la porte cosmique.
Ta mélodie me fait vibrer
Pour recréer mon sens du soi.

7. Je laisse derrière moi le sentiment limité d'identité en tant qu'être humain et je revendique la véritable identité avec laquelle je suis né. Je m'appuie sur ce concept immaculé et je deviens plus que ce pour quoi j'ai été créé.

Ô Mère cosmique, je veux entrer
Dans le hall de musique sacrée.
Je m'élève avec toute la vie
Vers le firmament étoilé.

Maraytaïe, fais résonner
Le chant qui ouvre la porte cosmique.
Ta mélodie me fait vibrer
Pour recréer mon sens du soi.

8. Ma conscience de soi a deux aspects, à savoir la « conscience » et le « soi ». Ma conscience est le contenant de mon être et mon soi est le contenu du contenant de mon être individuel.

Ô Mère cosmique, accorde ma voix,
Mon être entier chante avec toi.
Ta mélodie résonne en moi,
Et je célèbre l'amour cosmique.

Maraytaïe, fais résonner
Le chant qui ouvre la porte cosmique.
Ta mélodie me fait vibrer
Pour recréer mon sens du soi.

9. Ma conscience est indépendante du soi et ne dépend d'aucune forme. Elle peut exister en tant que pure conscience sans être focalisée sur ou à travers une individualité spécifique, et c'est cette conscience qui est le cœur même de l'Être de Dieu.

Ô Mère cosmique, je t'aime tant,
Ton chant me garde toujours fidèle.
Ton amour sacré me remplit,
Et je ne me sens jamais seul.

Maraytaïe, fais résonner
Le chant qui ouvre la porte cosmique.
Ta mélodie me fait vibrer
Pour recréer mon sens du soi.

II. J'abandonne le moi séparé

1. Je change ma conscience de soi en changeant mon sens du soi, en changeant le contenu de mon contenant du soi.

Ô Mère cosmique, tu sonnes le gong
Pour me rappeler à la maison.
Je sais que tu m'aimes tendrement,
Et cela me libère vraiment.

Maraytaïe, fais résonner
Le chant qui ouvre la porte cosmique.
Ta mélodie me fait vibrer
Pour recréer mon sens du soi.

2. Le Soi conscient est ce qu'il pense être, ce qu'il se voit être. Quand je change ma conscience de soi, l'ancien moi, l'ancien sens du soi, meurt et n'est plus.

Ô Mère cosmique, serre-moi très fort,
Je brille avec ta propre lumière.

Ta musique purifie mon cœur,
Je transmets à tous ton amour.

Maraytaïe, fais résonner
Le chant qui ouvre la porte cosmique.
Ta mélodie me fait vibrer
Pour recréer mon sens du soi.

3. Je déplace consciemment mon attention du contenu vers le contenant du soi. J'abandonne le sens du soi que j'ai créé dans ce monde et je redécouvre le sens immortel du soi préservé dans l'esprit du Christ.

Ô Mère cosmique, nous faisons un,
Ton cœur est un soleil ardent.
Mon être ne peut qu'amplifier
Le son sacré que tu émets.

Maraytaïe, fais résonner
Le chant qui ouvre la porte cosmique.
Ta mélodie me fait vibrer
Pour recréer mon sens du soi.

4. Je ne suis plus piégé dans le sens limité du soi que j'ai créé. Je récupère ma connexion consciente à ma Présence JE SUIS et je me souviens de ma véritable origine.

Ô Mère cosmique, j'entends le son
Subtil de la sphère sacrée.
En m'accordant avec ce son,
Je surmonte le moi inférieur.

Maraytaïe, fais résonner
Le chant qui ouvre la porte cosmique.
Ta mélodie me fait vibrer
Pour recréer mon sens du soi.

5. Mon sens du soi est basé sur le fait que je suis une extension de ma Présence JE SUIS et que je suis éternellement connecté à elle. J'abandonne le sens du soi basé sur la séparation d'avec ma Présence JE SUIS.

Ô Mère cosmique, je rentre chez moi,
Je suis en phase avec le OM,
Le son des sons m'élèvera,
Et seule la lumière brille en moi.

Maraytaïe, fais résonner
Le chant qui ouvre la porte cosmique.
Ta mélodie me fait vibrer
Pour recréer mon sens du soi.

6. Je me vois comme un être spirituel connecté à quelque chose de plus grand que moi, je suis connecté à quelque chose au-delà du monde matériel.

Ô Mère cosmique, je fais partie
De la grande symphonie cosmique.
Je suis vraiment un instrument
Pour le son envoyé du ciel.

Maraytaïe, fais résonner
Le chant qui ouvre la porte cosmique.
Ta mélodie me fait vibrer
Pour recréer mon sens du soi.

7. Ma Présence JE SUIS est l'aspect masculin de mon être total. Le Soi conscient, le sens du soi qui est descendu dans le monde matériel, est la polarité féminine de mon être total.

Ô Mère cosmique, je veux entrer
Dans le hall de musique sacrée.
Je m'élève avec toute la vie
Vers le firmament étoilé.

Maraytaïe, fais résonner
Le chant qui ouvre la porte cosmique.
Ta mélodie me fait vibrer
Pour recréer mon sens du soi.

8. Grâce à l'esprit du Christ, je m'élève au-dessus de la tentation de prendre la conscience de dualité, la conscience du bien et du mal relatifs.

Ô Mère cosmique, accorde ma voix,
Mon être entier chante avec toi.
Ta mélodie résonne en moi,
Et je célèbre l'amour cosmique.

**Maraytaïe, fais résonner
Le chant qui ouvre la porte cosmique.
Ta mélodie me fait vibrer
Pour recréer mon sens du soi.**

9. Le fait de prendre la conscience de dualité a causé la mort de mon sens spirituel du soi. C'est le problème central dans ma vie et sur la planète Terre.

Ô Mère cosmique, je t'aime tant,
Ton chant me garde toujours fidèle.
Ton amour sacré me remplit,
Et je ne me sens jamais seul.

**Maraytaïe, fais résonner
Le chant qui ouvre la porte cosmique.
Ta mélodie me fait vibrer
Pour recréer mon sens du soi.**

III. Je prends la conscience du Christ

1. Tous les nombreux problèmes spécifiques sur cette planète proviennent de la conscience du bien et du mal relatifs, la conscience de dualité, qui pousse les êtres conscients de soi à créer leur propre définition de ce qui est bien ou mal, bon ou mauvais.

Ô Mère cosmique, tu sonnes le gong
Pour me rappeler à la maison.
Je sais que tu m'aimes tendrement,
Et cela me libère vraiment.

**Maraytaïe, fais résonner
Le chant qui ouvre la porte cosmique.
Ta mélodie me fait vibrer
Pour recréer mon sens du soi.**

2. Si chaque être humain a sa propre définition du bien et du mal, il est inévitable que les gens s'affrontent. Comment peut-il y avoir la paix et l'harmonie sur cette planète si chaque être humain définit le bien comme ce qui est bon pour son « moi » ?

Ô Mère cosmique, serre-moi très fort,
Je brille avec ta propre lumière.
Ta musique purifie mon cœur,
Je transmets à tous ton amour.

Maraytaïe, fais résonner
Le chant qui ouvre la porte cosmique.
Ta mélodie me fait vibrer
Pour recréer mon sens du soi.

3. J'aide à créer une planète pacifique en m'élevant au-dessus de la conscience de dualité. Ma définition du bien et du mal est la définition absolue de l'esprit du Christ, et j'aide à consumer les conflits et les guerres de cette planète.

Ô Mère cosmique, nous faisons un,
Ton cœur est un soleil ardent.
Mon être ne peut qu'amplifier
Le son sacré que tu émets.

Maraytaïe, fais résonner
Le chant qui ouvre la porte cosmique.
Ta mélodie me fait vibrer
Pour recréer mon sens du soi.

4. Je prends la conscience du Christ et j'ai la vie en moi.

Ô Mère cosmique, j'entends le son
Subtil de la sphère sacrée.
En m'accordant avec ce son,
Je surmonte le moi inférieur.

Maraytaïe, fais résonner
Le chant qui ouvre la porte cosmique.
Ta mélodie me fait vibrer
Pour recréer mon sens du soi.

5. J'ai la vie spirituelle en moi parce que j'ai une dose de la conscience du Christ dans la sphère de mon sens du soi, dans le contenant du soi.

Ô Mère cosmique, je rentre chez moi,
Je suis en phase avec le OM,
Le son des sons m'élèvera,
Et seule la lumière brille en moi.

Maraytaïe, fais résonner
Le chant qui ouvre la porte cosmique.
Ta mélodie me fait vibrer
Pour recréer mon sens du soi.

6. Je prends une dose de la conscience du Christ. Je lui permets d'élever mon sens du soi et de dissiper les ténèbres de l'antéchrist avec la lumière du Christ.

Ô Mère cosmique, je fais partie
De la grande symphonie cosmique.
Je suis vraiment un instrument
Pour le son envoyé du ciel.

Maraytaïe, fais résonner
Le chant qui ouvre la porte cosmique.
Ta mélodie me fait vibrer
Pour recréer mon sens du soi.

7. Je retourne dans mon ancienne demeure et je m'accepte comme un fils ou une fille de Dieu.

Ô Mère cosmique, je veux entrer
Dans le hall de musique sacrée.
Je m'élève avec toute la vie
Vers le firmament étoilé.

Maraytaïe, fais résonner
Le chant qui ouvre la porte cosmique.
Ta mélodie me fait vibrer
Pour recréer mon sens du soi.

8. J'entre dans le royaume des cieux en naissant de nouveau. Mon sens spirituel du soi renaît et je retrouve ma véritable identité spirituelle.

Ô Mère cosmique, accorde ma voix,
Mon être entier chante avec toi.
Ta mélodie résonne en moi,
Et je célèbre l'amour cosmique.

Maraytaïe, fais résonner
Le chant qui ouvre la porte cosmique.
Ta mélodie me fait vibrer
Pour recréer mon sens du soi.

9. Je revendique ma véritable identité qui est encore préservée comme le concept immaculé dans l'esprit du Christ.

Ô Mère cosmique, je t'aime tant,
Ton chant me garde toujours fidèle.
Ton amour sacré me remplit,
Et je ne me sens jamais seul.

Maraytaïe, fais résonner
Le chant qui ouvre la porte cosmique.
Ta mélodie me fait vibrer
Pour recréer mon sens du soi.

IV. Je renais dans un nouveau soi

1. Je retrouve ma véritable identité. Je retourne à mon ancienne demeure, je récupère mon héritage divin. Je suis le fils ou la fille prodigue qui retourne dans la maison de mon Père.

Ô Mère cosmique, tu sonnes le gong
Pour me rappeler à la maison.
Je sais que tu m'aimes tendrement,
Et cela me libère vraiment.

Maraytaïe, fais résonner
Le chant qui ouvre la porte cosmique.

Ta mélodie me fait vibrer
Pour recréer mon sens du soi.

2. Lorsque j'ai fait la transition d'un sens spirituel du soi à un sens dualiste du soi, d'un sens du soi basé sur le roc du Christ à un sens du soi basé sur les sables mouvants de l'antéchrist, mon sens spirituel du soi est mort.

Ô Mère cosmique, serre-moi très fort,
Je brille avec ta propre lumière.
Ta musique purifie mon cœur,
Je transmets à tous ton amour.

Maraytaïe, fais résonner
Le chant qui ouvre la porte cosmique.
Ta mélodie me fait vibrer
Pour recréer mon sens du soi.

3. J'inverse cette direction et je retourne à mon sens spirituel du soi. Je laisse mourir le sens du soi basé sur la séparation. Je l'abandonne complètement.

Ô Mère cosmique, nous faisons un,
Ton cœur est un soleil ardent.
Mon être ne peut qu'amplifier
Le son sacré que tu émets.

Maraytaïe, fais résonner
Le chant qui ouvre la porte cosmique.
Ta mélodie me fait vibrer
Pour recréer mon sens du soi.

4. Je ne peux pas emporter le sens séparé du soi avec moi dans le royaume des cieux. Ce qui est né de la séparation ne peut jamais entrer dans l'unité, le moi mortel ne peut jamais saisir ni accepter la réalité de Dieu. Le sens du soi qui est basé sur la dualité et la séparation ne peut jamais vaincre le sentiment d'être séparé de Dieu.

Ô Mère cosmique, j'entends le son
Subtil de la sphère sacrée.

En m'accordant avec ce son,
Je surmonte le moi inférieur.

Maraytaïe, fais résonner
Le chant qui ouvre la porte cosmique.
Ta mélodie me fait vibrer
Pour recréer mon sens du soi.

5. Ce qui peut surmonter le sentiment de séparation, c'est le Soi conscient. Je remplace le contenu du contenant du soi par un nouveau sens du soi.

Ô Mère cosmique, je rentre chez moi,
Je suis en phase avec le OM,
Le son des sons m'élèvera,
Et seule la lumière brille en moi.

Maraytaïe, fais résonner
Le chant qui ouvre la porte cosmique.
Ta mélodie me fait vibrer
Pour recréer mon sens du soi.

6. Je permets à mon sens actuel du soi d'être brûlé par le feu dévorant de Dieu, le feu qui consume tout ce qui n'est pas comme Lui, consumant ainsi tout ce qui est né de la dualité et de l'esprit de l'antéchrist.

Ô Mère cosmique, je fais partie
De la grande symphonie cosmique.
Je suis vraiment un instrument
Pour le son envoyé du ciel.

Maraytaïe, fais résonner
Le chant qui ouvre la porte cosmique.
Ta mélodie me fait vibrer
Pour recréer mon sens du soi.

7. J'ai une confiance inébranlable que cela ne signifiera pas la perte de ma conscience en tant qu'être distinct. Un nouveau sens du soi va naître.

Ô Mère cosmique, je veux entrer
Dans le hall de musique sacrée.
Je m'élève avec toute la vie
Vers le firmament étoilé.

Maraytaïe, fais résonner
Le chant qui ouvre la porte cosmique.
Ta mélodie me fait vibrer
Pour recréer mon sens du soi.

8. Mon sens spirituel du soi renaît, revient à la vie et s'élève au-dessus des cendres de l'ancien moi.

Ô Mère cosmique, accorde ma voix,
Mon être entier chante avec toi.
Ta mélodie résonne en moi,
Et je célèbre l'amour cosmique.

Maraytaïe, fais résonner
Le chant qui ouvre la porte cosmique.
Ta mélodie me fait vibrer
Pour recréer mon sens du soi.

9. Je suis mon nouveau sens du soi basé sur l'empreinte divine conçue par Dieu. Je serai ce que je serai, car JE SUIS PLUS.

Ô Mère cosmique, je t'aime tant,
Ton chant me garde toujours fidèle.
Ton amour sacré me remplit,
Et je ne me sens jamais seul.

Maraytaïe, fais résonner
Le chant qui ouvre la porte cosmique.
Ta mélodie me fait vibrer
Pour recréer mon sens du soi.

Sceau final :

Au nom de la Mère divine, je demande à Maraytaïe et à Mère Marie de me sceller, ainsi que toutes les personnes de mon cercle d'influence, dans le flux créateur de la Mère divine, le Fleuve de Vie.

Je demande la multiplication de mes appels par toutes les repré-sentantes de la Mère divine afin que nous formions le flux parfait en huit de « comme en haut, ainsi en bas ». J'accepte donc que cela soit pleinement manifesté parce que la bouche du Seigneur, la Mère divine que JE SUIS, l'a prononcé. Amen.

3. Ne pas laisser le moi mortel vous bloquer

Mon cœur bien-aimé, je sais que cela peut sembler dramatique quand je vous dis que votre sens actuel du soi doit mourir. Mais, ce n'est pas aussi dramatique que cela puisse paraître. Tous les êtres conscients de soi ont une grande peur de perdre leur identité, leur sens du soi. Votre existence même est basée sur le fait que vous avez des caractéristiques individuelles qui font de vous un être distinct. Vous avez été créé pour développer votre individualité et prendre la domination d'abord sur votre soi, puis sur le monde dans lequel vous vivez.

La dernière chose que vous voulez est de perdre votre individualité, de vous perdre. À première vue, il peut sembler terrifiant de considérer l'idée que vous devez perdre votre sentiment d'identité actuel. Pourtant, votre sentiment d'identité actuel n'est pas votre véritable individualité. Au contraire, c'est une image limitée de soi qui cache la plus grande beauté et la perfection de votre individualité donnée par Dieu.

Avez-vous perdu quelque chose dans le processus par lequel votre corps est passé du stade d'un enfant à celui d'un adulte ? Certes, vous avez perdu le corps d'un bébé et vous avez maintenant le corps d'un adulte, mais est-ce une perte nette ou est-ce plutôt un gain ? Si je vous disais que je vous donnerais un million de dollars si vous me donniez un dollar, perdriez-vous quelque chose dans ce marché ? Oui, vous perdriez un dollar mais vous obtiendriez un million de dollars à la place, et donc vous seriez bien mieux loti que vous ne l'étiez avant que nous ayons conclu ce marché.

Lorsque vous remplacez quelque chose par quelque chose de mieux, vous ne le perdez pas vraiment. Votre véritable individualité – que Dieu vous a donnée au début – est un million de fois plus belle et parfaite que l'individualité que vous avez été amené à accepter dans le monde matérialiste d'aujourd'hui. Il n'y a pas de perte mais un gain pour vous-même et pour le soi supérieur, notamment le Corps de Dieu dont vous faites partie.

Lorsque vous êtes descendu dans l'état de conscience inférieur, la conscience de dualité, l'esprit de l'antéchrist, vous l'avez fait graduellement. Pour remonter à la conscience du Christ, à votre véritable identité, vous le ferez également progressivement. Vous n'arriverez pas à un stade où votre sens actuel du soi meurt sans avoir rien d'autre à mettre à la place. Vous vous élèverez graduellement à un sens plus élevé du soi et à une estime de soi plus élevée, et donc vous ne ressentirez jamais une perte mais seulement un gain. Il n'y a vraiment rien à craindre.

Au fur et à mesure que vous avancerez dans les chapitres suivants et que vous appliquerez les outils que je vous donne dans ce cours, vous finirez par surmonter votre peur parce que vous vous ouvrirez à l'Être supérieur que vous êtes vraiment. Alors que vous parcourez ce chemin graduel de rétablissement de votre connexion avec votre Présence JE SUIS, vous ferez un jour l'expérience d'un rayon du soleil de votre Présence JE SUIS qui brillera directement dans votre être inférieur. Et, au fur et à mesure que ce rayon remplira votre être, vous expérimenterez l'amour parfait, l'amour inconditionnel, que votre Présence JE SUIS et votre Créateur ont pour vous. Cet amour parfait chassera toutes vos peurs.

***

Mon cœur bien-aimé, pourquoi est-ce que je vous dis que votre sens actuel du soi doit mourir ? Pourquoi est-ce que je vous donne un message qui pourrait sembler effrayant et qui pourrait ne pas sembler être très attrayant pour votre sens actuel du soi ? Pourquoi suis-je si directe au lieu d'employer un message plus doux et attrayant qui rend le chemin plus facile et moins effrayant ? Pourquoi courais-je le risque d'effrayer ceux qui ne veulent pas affronter leur peur ? Je le fais pour de nombreuses raisons, mais l'une des raisons principales est que je veux vous donner le vrai chemin vers la vie abondante, et même vers la vie éternelle.

Les faux gourous font la promesse que vous pouvez manifester l'abondance de Dieu ou même être sauvé sans abandonner votre sens actuel du soi ni laisser votre sens mortel du soi mourir. C'est un message qui est très attrayant pour votre sens mortel du soi, et c'est pourquoi les personnes qui sont piégées dans ce sens mortel du soi achèteront les services offerts par les faux enseignants. C'est la voie qui semble juste à un être humain, mais qui ne peut jamais mener à la vraie vie abondante qui dure pour l'éternité. Ma première et principale motivation pour vous transmettre cette vérité peu populaire et peu attrayante est précisément que c'est *la* vérité. Et seule la vérité vous rendra libre.

Une autre raison importante est que, lorsque vous savez et acceptez la vérité selon laquelle votre sens actuel du soi doit mourir – afin que vous puissiez renaître dans un sens du soi plus élevé et plus spirituel –, votre chemin devient alors tellement plus facile à parcourir. Au cours des deux mille dernières années depuis mon ascension, j'ai vu des millions de personnes s'efforcer sincèrement d'appliquer les enseignements donnés par mon bien-aimé Jésus. J'ai vu tant de cœurs sincères se donner à fond pour marcher sur le chemin qui leur a été transmis par les Églises chrétiennes officielles. Mais, parce que ces Églises avaient retiré certains des concepts clés que Jésus avait enseignés, la plupart des chrétiens sincères n'avaient pas acquis une véritable compréhension pour laisser le moi mortel mourir et ainsi renaître dans un sens spirituel et immortel du soi.

Beaucoup de ces personnes se sont retrouvées piégées dans la fausse voie consistant à perfectionner le moi mortel et à l'adapter d'une manière ou d'une autre aux idéaux prêchés par le Christ. Cela a amené de nombreuses personnes à utiliser l'intellect pour créer un idéal, une image mentale, une idole de ce à quoi un vrai disciple du Christ devait ressembler, et comment une telle personne devait se comporter. Elles ont passé leur vie, souvent avec beaucoup de sincérité et de dévotion, à essayer de se modeler sur cette image mentale en utilisant leur volonté extérieure.

Cela a souvent été une bataille difficile, et la simple raison est que, jusqu'à ce que vous laissiez mourir le moi mortel, vous serez inévitablement une maison divisée contre elle-même (Marc 3.25). Chaque fois que le Soi conscient fait un pas de plus vers la christité, le moi mortel vous ramène en arrière et ainsi vous restez piégé dans le dilemme décrit par Paul quand il a dit : « *Car je ne fais pas le bien que je veux, et je fais le mal que je ne veux pas* » (Romains 7.19). Cela a fait que tant de gens sincères se sont sentis honteux ou coupables parce qu'ils ne pouvaient pas être à la hauteur de l'image mentale que leur donnait leur Église, une image mentale qui était, dès le début, issue de la dualité de l'antéchrist.

C'était une fausse image, ce qui signifie que personne ne pouvait être à la hauteur de cette image idolâtre de la perfection humaine qui n'a rien à voir avec la perfection du cœur. Rappelez-vous que Jésus a dit que seuls les cœurs purs verront Dieu (Matthieu 5.8). Le vrai sens est que Dieu ne vous demande pas de manifester une perfection humaine extérieure fondée sur un idéal issu de l'esprit de l'antéchrist. Dieu recherche une qualité intérieure, à savoir la pureté de votre cœur. Comment atteindre la pureté du cœur ? Vous le faites en laissant le moi impur, le moi mortel, mourir afin qu'il puisse être remplacé par votre vrai soi, le soi que Dieu a créé dans la perfection divine et qui n'a jamais quitté la perfection.

***

Mon cœur bien-aimé, quand je considère la souffrance endurée par tant de personnes sincères et dévotes, mon cœur déborde vraiment de compassion teintée de chagrin. Je vois tellement de personnes qui ont parcouru la Via Dolorosa pendant toute une vie, et parfois pendant plusieurs vies, avant de finalement craquer sous la pression, de réaliser que quelque chose n'allait pas et qu'il manquait quelque chose. Elles ne pouvaient souvent pas comprendre ce qui n'allait pas, et beaucoup d'entre elles ont fini par sentir qu'elles avaient dû recevoir une fausse promesse, que Jésus leur avait fait une fausse promesse. Même si elles ont suivi le chemin qu'il était censé tracer, elles n'ont pas atteint l'état de conscience ou l'état de grâce, qu'elles ont appelé la sainteté ou qualifié par d'autres noms. Beaucoup de ces personnes ont fini par se sentir déçues par le christianisme et ont ressenti de la colère contre Jésus lui-même.

De nombreuses personnes qui sont incarnées dans la société matérialiste d'aujourd'hui et qui rejettent le christianisme ont, dans des vies antérieures, suivi avec diligence la voie tracée par les Églises chrétiennes. Elles ont été tellement déçues par ce chemin que, dans cette vie, elles n'acceptent tout simplement plus l'hypocrisie du christianisme. Elles jettent l'enfant Jésus avec l'eau sale du bain de l'Église et rejettent Jésus en même temps que son message. Certaines de ces personnes sont devenues athées et souscrivent à la religion du matérialisme scientifique. D'autres ne suivent aucune religion et sont devenus indifférents au côté spirituel de la vie. Beaucoup de gens ont rejoint ce qu'on appelle le mouvement New Age et ont donc décidé de suivre d'autres enseignements ou d'autres maîtres spirituels, mais ils évitent Jésus comme la peste.

C'est un grand fardeau pour mon cœur parce que je connais le concept immaculé de ce que le mouvement chrétien aurait pu être. Je vois l'immense impact que cela aurait pu avoir sur la planète Terre si au moins une masse critique de chrétiens était restée fidèle aux enseignements intérieurs de Jésus. Imaginez simplement ce qui aurait pu se passer si, au cours des deux mille dernières années, le message principal du mouvement chrétien avait été que Jésus fût un exemple à suivre et que tous les êtres humains ont le potentiel de marcher sur ses traces et d'atteindre leur christité personnelle. Considérez l'impact que la courte mission de Jésus a eu sur cette planète. Considérez ensuite l'impact que cela aurait eu si des milliers de personnes avaient atteint le même état de conscience et avaient proposé de nouvelles idées et de nouveaux enseignements pour faire avancer l'humanité.

Il peut être difficile pour vous, avec votre niveau actuel de conscience et de compréhension, d'imaginer à quoi cela aurait pu ressembler, mais je peux vous assurer que la Terre aurait été si différente aujourd'hui que vous la reconnaîtriez à peine. Je vous ai demandé plus haut de considérer la lutte humaine, la lutte de pouvoir humaine. Je vous ai dit qu'aujourd'hui vous voyez une situation où une petite élite du pouvoir a réussi à s'emparer du pouvoir, de la richesse et des ressources naturelles. Si la vraie promesse du christianisme avait été accomplie, cette élite du pouvoir aurait depuis longtemps disparu de la Terre. Vous auriez vu une société avec une plus grande abondance et une plus grande égalité pour tous.

Quand vous regardez la Terre aujourd'hui, pouvez-vous sérieusement croire que Jésus aurait voulu une société élitiste dans laquelle quelques pour cent de la population des nations riches contrôlent la majorité de la richesse ? Pouvez-vous sérieusement croire que Jésus aurait voulu une société planétaire dans laquelle quelques pays riches consomment la majorité des ressources tandis que des millions d'enfants dans les pays pauvres risquent de mourir de faim – et en effet des millions d'entre eux meurent de faim chaque année ? Pouvez-vous voir le maître spirituel qui a tendu la main aux lépreux et aux autres parias accepter et tolérer un tel état de fait ?

Mon cœur bien-aimé, pouvez-vous alors sentir ma ferveur quand je vous dis que le fait même que la religion chrétienne ait été utilisée comme justification de cet élitisme est une abomination et une complète moquerie des véritables enseignements de Jésus ? Jésus n'a-t-il pas dit : « *Toutes les fois que vous avez fait ces choses à l'un de ces plus petits de mes frères, c'est à moi que vous les avez faites* » (Matthieu 25.40). N'a-t-il pas dit de faire aux autres ce que vous voudriez qu'ils vous fassent à vous-même (Matthieu 7.12).

La tragédie de la perte des enseignements originaux de Jésus est en effet la plus grande tragédie qui se soit produite sur la planète Terre dans l'histoire connue. C'est une tragédie précisément parce qu'il y avait un grand potentiel pour créer une société d'abondance et d'égalité des chances pour tous. Cette promesse n'a pour l'instant pas été tenue. Au lieu de cela, le christianisme est devenu un outil pour les faux enseignants qui ont utilisé leur version pervertie des enseignements de Jésus pour justifier leur élitisme et leur emprise sur la population générale. Regardez la réalité historique, plus précisément la façon dont, pendant des siècles, l'Église, qui prétendait être la seule véritable Église de Jésus-Christ, avait la mainmise sur la vie intellectuelle et religieuse de l'Europe.

Considérez comment, pendant l'âge des ténèbres, l'Église a empêché toute nouvelle idée et toute nouvelle invention de surgir, et a ainsi maintenu la société entière dans un état arriéré dans lequel le peuple était l'esclave d'une petite élite. Considérez comment cette même Église a tenté d'arrêter le développement de la science, de l'éducation et de la technologie qui aurait allégé le fardeau des gens ordinaires. Considérez comment cette même Église a construit des cathédrales et édifié des palais pour ses propres dirigeants alors qu'une grande partie de la population mourait de faim et vivait dans une pauvreté abjecte. Pouvez-vous vraiment dire qu'une telle Église représentait Jésus-Christ et ses véritables enseignements ?

Non, vous ne le pouvez pas ! Si vous êtes franc avec vous-même, vous vous rendrez compte de l'erreur de certaines doctrines et de l'énorme fossé entre les fruits du christianisme et les véritables enseignements intérieurs du Christ. Jésus vous a mis en garde contre les faux prophètes en disant : *« C'est à leurs fruits que vous les reconnaîtrez »* (Matthieu 7.20). Les faux docteurs sont en effet partout dans l'Église, dans l'État, dans les médias, dans les sciences. Ce sont eux qui utilisent leur pouvoir pour défendre le statu quo et qui vous disent que le moi mortel est l'autorité ultime sur la planète Terre et qu'il n'y a pas d'autorité supérieure à la vérité relative qu'ils revendiquent comme la vérité absolue et qu'ils utilisent pour justifier leur pouvoir et leurs privilèges.

Il y a effectivement une élite sur cette planète qui a fait un dieu, un faux dieu, une idole, du moi mortel, le moi qui est issu de l'état de dualité ou la vérité relative de l'antéchrist. Cette vérité relative de l'antéchrist a été élevée à la fois dans l'Église et dans l'État comme la vérité absolue et incontestable que personne n'a le droit de contester. C'est vraiment l'abomination de la désolation (Daniel 11.31) qui se tient dans le lieu saint où elle ne devrait pas y être (Marc 13.14), et c'est la vraie raison pour laquelle Jésus a renversé les tables des changeurs dans le Temple. Si Jésus marchait sur la terre aujourd'hui, il renverserait les tables de ceux qui font la promotion de leur marchandise de vérité relative basée sur l'esprit de l'antéchrist à la fois dans l'Église et dans l'État, dans les médias, dans les systèmes éducatifs, dans les systèmes de santé et dans tous les autres domaines de la société.

Pourquoi est-ce que j'en parle avec tant de ferveur ? Parce que j'espère vous réveiller à la vérité que, si vous voulez vraiment récupérer votre sens immortel du soi, votre véritable identité spirituelle, vous ne pouvez pas vous attendre à ce que cela se produise sans résistance ni opposition de la part des forces de ce monde. Ces forces existent depuis très longtemps sur cette planète, et ce sont ces mêmes forces qui ont tué Jésus lorsqu'il a marché sur la terre et qu'il a défié leur pouvoir sur les gens. Ces forces savaient que, si les êtres humains commençaient à croire que le royaume de Dieu était en eux (Luc 17.21), elles n'auraient plus aucun pouvoir sur le peuple. Elles devaient tuer le prédicateur qui révélait cette vérité aux humains, la vérité qui les libérerait de l'élite du pouvoir.

Après avoir tué Jésus, ces forces ont tenté de tuer tous ses disciples, puis elles ont finalement réussi à tuer son exemple. Depuis près de deux mille ans, presque personne n'a osé suivre les traces du Christ et personne n'a osé se déclarer être le Christ vivant devant les pouvoirs en place. De nombreuses personnes spirituelles sincères ont suivi un chemin « extérieur », un chemin qui semblait juste aux personnes piégées dans la conscience de dualité. Ce chemin ne pouvait jamais les conduire au véritable objectif de remplacer le moi mortel par le vrai soi, ce chemin ne pouvait jamais les aider à récupérer leur christité ici sur Terre.

***

Mon cœur bien-aimé, si vous voulez récupérer votre sentiment immortel d'identité, vous devez suivre les traces de Jésus et revendiquer votre christité personnelle. Ce faisant, vous devrez briser l'opposition à votre christité qui se manifeste comme une force de l'antéchrist qui influence tous les domaines de la vie sur cette planète. D'abord et avant tout, vous devrez briser la programmation à laquelle vous avez été soumis depuis l'enfance et même dans de nombreuses vies passées – une programmation visant uniquement à vous faire renier votre christité.

Je ne dis pas cela pour provoquer la peur en vous. Je le dis pour vous donner une idée réaliste de ce qu'il vous faudra faire pour manifester votre christité. Je vous dis aussi cela parce que, lorsque vous vous rendez compte qu'il y a une opposition à votre christité, vous acquérez une compréhension entièrement nouvelle, et ainsi vous êtes habilité à surmonter cette opposition. Ce que vous ne savez pas *peut* en effet vous blesser, et de nombreux chercheurs spirituels sincères ont ralenti ou interrompu leur progression parce qu'ils n'étaient pas conscients de la force qui s'opposait à leur croissance. Comment pouvez-vous vous protéger de quelque chose dont vous ignorez l'existence ou que vous ne comprenez pas ?

Au cours des deux mille dernières années, j'ai observé des millions de personnes qui s'efforçaient sincèrement de manifester un état de conscience plus spirituel et un sens plus spirituel de la vie. Je les ai vues dans la religion chrétienne, dans d'autres religions et dans le mouvement New Age, et même dans des mouvements qui ne sont pas ouvertement spirituels. J'observe ces gens et je vois la sincérité et l'amour de leur cœur. Je vois aussi que, malgré leur sincérité et leurs grands efforts, ils ne font pas les progrès qu'ils voudraient faire. Ils ne font pas les progrès nécessaires pour manifester la conscience du Christ. Beaucoup d'entre eux suivent le schéma consistant à faire un pas en avant puis à reculer de deux pas.

Mon cœur bien-aimé, si vous vous êtes engagé dans une démarche de développement personnel ou de développement spirituel depuis un certain temps, vous avez peut-être remarqué cela dans votre propre vie ou vous l'avez peut-être observé dans la vie des autres. Tant de personnes se réveillent soudainement et réalisent qu'il y a plus dans la vie, qu'il y a un côté spirituel dans la vie. Elles trouvent un enseignement, un livre ou un enseignant qui leur dit qu'il y a plus dans la vie, qu'elles peuvent dépasser leurs limitations actuelles et manifester une vie plus abondante, à la fois spirituellement et matériellement. Ces personnes deviennent très enthousiastes, et la raison en est qu'au plus profond d'elles-mêmes elles savent qu'il y a du vrai dans ces approches et qu'il leur est possible de s'élever à un état de conscience supérieur.

Cette mémoire intérieure est construite dans leur être par Dieu et ne peut donc jamais être complètement perdue. Lorsque vous trouvez un enseignant extérieur ou un enseignement qui ravivent cette mémoire, vous savez que c'est vrai et vous devenez immédiatement très enthousiaste. Malheureusement, lorsqu'il s'agit de manifester réellement cette conscience supérieure et la promesse donnée par l'enseignement extérieur, la plupart des gens trouvent que c'est très difficile à accomplir. Beaucoup de gens ont fait des efforts sincères, souvent pendant des décennies, sans vraiment sentir qu'ils progressaient ni que les promesses faites par l'enseignement extérieur s'accomplissaient dans leur vie. Certains ont abandonné dans le désespoir et ont laissé tomber le concept de la voie spirituelle, pensant que c'était une promesse vide faite par un faux enseignant.

Mon cœur bien-aimé, c'est précisément le complot caché derrière les activités des faux enseignants. Vous avez peut-être entendu le dicton populaire : « Le découragement est l'outil le plus pointu de la boîte à outils du diable. » Il y a du vrai dans ce dicton, bien que le diable ait de nombreux autres outils très efficaces pour vous éloigner du vrai chemin. Le découragement est un problème très réel pour tous les chercheurs spirituels. Si vous avez vécu cela dans votre propre vie ou l'avez observé dans la vie des autres, vous saurez que progresser sur le chemin spirituel n'est pas nécessaire-ment une chose facile. Pourquoi n'est-ce pas facile ? C'est difficile précisément parce qu'il y a quelque chose que vous ne savez pas ou que vous ne comprenez pas. Ce que vous ne savez pas, c'est qu'il y a une opposition à votre progrès.

Vous n'avez pas été informé qu'il existe une force qui s'oppose à votre progrès spirituel. Le christianisme pourrait parler du diable ou de l'antéchrist, mais puisque le christianisme ne décrit pas un chemin viable vers la christité personnelle, comment peut-il vous donner une véritable compréhension de l'opposition à votre progression sur le chemin ? De nombreux enseignements New Age parlent d'un chemin spirituel, mais hésitent à parler d'une force qui s'oppose à votre progression. L'ensemble de l'establishment scientifique rejette tout ce qui ne peut être prouvé par la science, et ils bafouent l'ancienne idée selon laquelle il existe des « mauvais esprits » qui peuvent influencer votre vie.

Comment pouvez-vous éventuellement progresser si vous ne savez pas qu'il existe une opposition et si vous ne comprenez pas la nature de cette opposition ni comment elle acquiert une influence sur votre façon de penser et votre sens du soi ? Vous rendrez votre progression infiniment plus difficile tant que vous resterez ignorant de ce problème. C'est comme marcher sur une montagne et ne pas se rendre compte que vous traînez derrière vous une grande ancre de bateau qui se coince à chaque rocher.

✳✳✳

Beaucoup de personnes réagiront avec peur lorsque je parle de forces obscures ou d'une force de l'antéchrist. L'un des précédents présidents américains a dit : « *N'ayons peur de rien, sauf de la peur elle-même* », et je voudrais vous expliquer pourquoi cette affirmation est vraie. Votre état de conscience actuel et votre sens actuel du soi reposent sur la vérité relative issue de l'esprit de l'antéchrist – ou du moins sont influencés par elle. L'esprit de l'antéchrist crée une image mentale, une idole, qui obscurcit la réalité et la vérité. On pourrait dire que la conscience du Christ est comme une intense lumière qui brille sur tout, dans toutes les directions, afin qu'il n'y ait pas d'ombres de sorte que rien ne reste caché. Tout est visible dans la lumière éclatante du Soleil de Dieu, l'esprit du Christ. Il n'y a ni changement ni ombre de variation (Jacques 1.17), il n'y a pas de place pour le mensonge ni la tromperie.

Une fois que vous entrez dans la conscience de dualité, vous vous trouvez soudainement dans une situation dans laquelle les mensonges et les tromperies sont possibles. L'essence de la dualité est qu'il est possible de créer une image mentale qui cache la réalité et la vérité. Vous avez alors une situation dans laquelle vous pouvez créer une façade qui cache quelque chose derrière. Cette image peut cacher la vérité, mais elle peut aussi cacher un mensonge, elle peut cacher des intentions impures. Nous avons en conséquence la possibilité qu'un être conscient de soi puisse délibérément et malicieusement tromper un autre. Quand vous êtes dans la vérité de la conscience du Christ, rien n'est caché, tout est tel qu'il paraît.

Dans la conscience du Christ, il n'y a pas de mensonges, il n'y a pas de tromperie, il n'y a pas de manipulation, il n'y a pas de simulation qui donnent l'impression que tout est sûr en surface alors qu'il y a des dangers cachés en dessous. Lorsque vous entrez dans la conscience de dualité, les mensonges et les tromperies deviennent possibles, et c'est vraiment pourquoi Jésus a dit que le diable est le père des mensonges (Jean 8.44). L'interprétation la plus universelle du concept du diable est qu'il s'agit de la conscience de l'antéchrist dans laquelle une vérité relative a remplacé la vérité absolue.

Cet état de dualité ouvre la possibilité qu'une situation puisse sembler inoffensive en surface, mais en dessous se cachent des dangers cachés qui peuvent entraver votre progression vers la christité. La tromperie est tout autour de vous. Vous savez très bien que les gens peuvent mentir, qu'ils peuvent prétendre être vos amis mais qu'en réalité ils sont vos ennemis. C'est pourquoi Jésus a parlé de ceux qui viennent en vêtements de brebis, mais intérieurement ils sont comme des loups ravisseurs (Matthieu 7.15). Tout au long de l'histoire, la tromperie a été une partie inévitable de la vie sur la planète Terre. La tromperie n'est inévitable que tant que les gens sont piégés dans la conscience de dualité qui les empêche de voir la vérité absolue du Christ.

Lorsqu'une masse critique de personnes s'élèvera à la conscience du Christ, la tromperie ne sera plus possible sur Terre. Les individus qui se servent de la tromperie pour gagner du pouvoir et des privilèges ne veulent pas voir ce jour arriver. Ils feront tout ce qui est en leur pouvoir pour empêcher que cela se produise. Il n'est pas difficile de voir qu'à travers l'histoire il y a eu une élite du pouvoir qui s'est opposée au progrès vers plus de liberté, d'égalité et de justice dans la société. Considérez l'opposition à l'instauration de la démocratie. Considérez comment le trône britannique s'est opposé aux colonies américaines émergentes et à leur tentative d'établir une nouvelle forme de gouvernement avec liberté et justice pour tous.

Il existe en effet une force sur la planète Terre qui s'oppose au progrès afin de maintenir le pouvoir et les privilèges. Cette force n'est généralement pas reconnue. Elle est cachée à la vue de la plupart des êtres humains sur cette planète, et, vraiment, si vous regardez l'histoire, vous verrez que cette force ne peut survivre qu'en restant dans l'ombre ou en faisant semblant d'être autre chose. Si cette force était dénoncée et vue pour ce qu'elle est, la plupart des humains sur cette Terre choisiront de s'en séparer et refuseront ainsi de lui donner du pouvoir.

La force de l'antéchrist cherchera toujours à rester cachée ou à prendre l'apparence d'une force bienveillante. L'opposition à votre progression vers la christité ne sera pas évidente ; elle sera cachée dans l'ombre où il peut être difficile de la voir. Pourquoi est-ce si important ? Considérez ce que je vous ai dit ici dans le contexte du dicton selon lequel nous n'avons rien à craindre que la peur elle-même.

Quelle est l'essence de la peur ? C'est quand vous êtes repoussé par quelque chose, c'est quand vous voulez vous éloigner de quelque chose. L'effet psychologique de la peur est qu'une fois que vous avez peur de quelque chose, vous ne voulez plus le regarder, vous voulez l'ignorer ou le fuir. Cette réticence à regarder quelque chose en face donne à la force de l'antéchrist, qui est entièrement basée sur la tromperie, un avantage incroyable qui peut véritablement entraver non seulement votre progrès personnel mais aussi freiner le progrès de la société. La peur des êtres humains et leur réticence à regarder ce qu'ils craignent deviennent un *catch-22*, une situation à laquelle il n'y a apparemment pas d'échappatoire.

Si vous voulez manifester la vie abondante, il n'y a qu'un seul véritable moyen pour vous de le faire. C'est de vous élever au-dessus du sens limité du soi qui est basé sur la dualité, ce qui signifie qu'il est basé sur les mensonges et les tromperies de l'esprit de l'antéchrist. Vous devez remonter l'escalier de la même manière que vous l'avez descendu, c'est-à-dire en prenant des décisions conscientes. Si vous avez peur de considérer l'existence d'une force de l'antéchrist, si vous avez peur de regarder les mensonges promus par cette force, vous n'aurez aucune chance de vous libérer de ces mensonges. Tant de chercheurs spirituels sincères freinent leur progression personnelle précisément parce qu'ils n'affronteront pas leur peur. Ils ne se retourneront pas et ne regarderont pas la force même qui s'oppose à leur progrès et qui les garde piégés dans un ensemble de mensonges emprisonnant leur esprit.

Les mensonges de l'antéchrist peuvent être subtils, mais, une fois que vous avez acquis une certaine dose de la vérité du Christ, ils ne sont pas difficiles à démasquer. Avant de pouvoir commencer à démasquer les mensonges de l'antéchrist, vous devez être prêt à les regarder. Si vous êtes tellement pris au piège de la peur que vous avez même peur de jeter un coup d'œil sur ce que vous traînez derrière vous, comment pouvez-vous vous en libérer ? Si vous grimpez une montagne et que vous sentez que vous tirez un poids mort derrière vous, comment pouvez-vous vous en libérer si vous avez peur de vous retourner et de le regarder ?

Ce qui entrave votre progression sur le chemin spirituel, c'est le poids mort des mensonges de l'antéchrist que vous tirez derrière vous, parce que vous leur permettez de rester dans votre conscience, dans le contenant du soi. Vous leur permettez de rester parce que vous ne les avez pas regardés et ne les avez pas vus pour ce qu'ils sont, à savoir des illusions qui n'ont aucune réalité. Ils n'ont, comme Jésus l'a dit à propos du diable, aucune vérité en eux (Jean 8.44), et donc ils n'ont aucun pouvoir réel sur vous. Si une idée n'est qu'une illusion, comment peut-elle avoir un réel pouvoir sur vous ? À partir du moment où vous la voyez comme une illusion, elle perd tout pouvoir de vous influencer. Elle ne peut maintenir son pouvoir qu'en vous faisant peur de regarder l'illusion.

***

Mon cœur bien-aimé, il n'y a vraiment qu'une seule façon de surmonter la peur, et c'est de reconnaître que la seule chose que vous devez vraiment craindre est la peur elle-même. L'effet psychologique de la peur est la paralysie, ce qui signifie que vous n'êtes pas disposé à regarder ce que vous craignez. Si vous n'êtes pas prêt à regarder la condition que vous craignez, comment pouvez-vous en venir à reconnaître qu'elle découle de la dualité de l'antéchrist et n'a donc aucune réalité ? Comment pouvez-vous surmonter l'illusion que cette condition irréelle peut avoir un quelconque pouvoir sur vous ?

Tous les enfants ont eu peur du noir, mais ils ont fini par surmonter cette peur en acceptant d'y faire face, en acceptant de sortir la nuit ou d'aller dans une pièce sombre pour voir que rien de mal ne leur arrive. Considérez comment les êtres humains, au Moyen Âge, avaient peur de nombreuses maladies parce qu'ils ne comprenaient pas qu'elles étaient causées par des bactéries. Une fois que les humains ont réalisé qu'il y avait des bactéries dangereuses dans l'eau qu'ils boivent, ils ont appris à purifier leur eau et ils ont ainsi surmonté la peur du choléra et d'autres maladies, leur permettant d'éliminer de nombreuses maladies.

La peur est une force qui vous maintient lié, piégé et emprisonné. Le principal facteur qui vous maintient piégé dans la prison humaine est précisément la peur. Qu'est-ce qui peut vous libérer de cette prison ? C'est, comme Jésus vous l'a dit, la vérité qui vous rendra libre (Jean 8.32). Afin de trouver cette vérité, vous devez être prêt à affronter vos peurs et à jeter un coup d'œil aux conditions que vous craignez. Lorsque vous arriverez à comprendre ces conditions, vous verrez que vous n'avez aucune raison de les craindre.

Une fois que vous aurez compris les conditions qui semblaient si effrayantes lorsque vous étiez dans l'ignorance, vous verrez que vous avez un moyen de surmonter ces conditions et de les laisser derrière vous. C'est l'essence du chemin spirituel, à savoir que vous faites face à vos peurs, et ainsi vous voyez que vous n'avez aucune raison d'avoir peur. En réalisant que vous n'avez aucune raison de craindre une condition particulière, vous avez surmonté cette limitation et fait un pas de plus vers la vie abondante.

C'est l'essence du chemin de transcendance. C'est d'abord et avant tout la transcendance des conditions de votre propre psychologie, à savoir la peur qui vous fait craindre de faire un autre pas en avant ou de laisser derrière vous certaines limitations. La peur est toujours une peur de l'inconnu, elle naît toujours de l'ignorance. Vous pensez qu'il y a une condition à laquelle vous n'avez aucune défense ni aucune échappatoire, et donc vous avez même peur de regarder de plus près cette condition. L'idée que vous n'avez aucune défense n'existe que dans votre propre esprit, et elle est basée sur l'ignorance ou des informations incorrectes. Une fois que vous aurez surmonté cette ignorance, vous verrez comment vous pouvez surmonter la condition et la laisser derrière vous. Le chemin consiste à surmonter l'ignorance – l'ignorance qui découle de la dualité de l'esprit de l'antéchrist – en la remplaçant par la vérité indivise du Christ.

***

Permettez-moi de revenir au concept qu'il y a une force de l'antéchrist qui s'oppose à votre chemin vers la christité. C'est la force même qui a tué Jésus il y a deux mille ans. Jésus a été envoyé par Dieu pour être un précurseur d'une nouvelle ère dans laquelle les êtres humains étaient censés surmonter leur peur afin qu'ils ne soient plus les suiveurs aveugles des dirigeants aveugles et finissent ainsi dans le fossé de la dualité et de la relativité (Matthieu 15.14). La force de l'antéchrist a tué Jésus, et vous savez par l'histoire qu'au cours des siècles suivants cette force a tenté de tuer tous les chrétiens.

Lorsque cette force s'est rendu compte qu'elle ne pouvait pas tuer le mouvement chrétien, elle a fait autre chose. Elle a changé sa stratégie en se basant sur la devise : « Si vous ne pouvez pas les vaincre, rejoignez-les. » Les individus qui étaient les représentants de la force de l'antéchrist, les faux prédicateurs dont Jésus avait dit qu'ils viendraient en son nom (Matthieu 24.5) ont donc rejoint la religion chrétienne. Ils ont utilisé la seule arme qui est leur arme universelle, à savoir la stratégie du diviser pour mieux régner. En entrant dans la religion chrétienne, ils en firent une maison divisée contre elle-même. Après un certain temps, la division a été surmontée parce qu'à présent la religion chrétienne a remplacé les vrais enseignements du Christ par une image taillée, une fausse image, qui a transformé Jésus en une idole au lieu d'en faire un exemple.

Sur la planète Terre, il existe en effet une force extérieure qui s'oppose à votre progression vers la vie abondante. Cette force cherche d'abord et avant tout à maintenir les êtres humains dans l'ignorance de la possibilité d'atteindre la vie abondante et la conscience du Christ. Si cela ne fonctionne pas, cette force cherche à détourner les humains en leur faisant suivre le faux chemin consistant à glorifier le moi mortel plutôt que de le vaincre et de renaître spirituellement. Si la force de l'antéchrist ne peut vous empêcher de découvrir le vrai chemin, elle cherche, par tous les moyens possibles, à vous transformer en une maison divisée contre elle-même afin que vous doutiez de votre capacité et de votre mérite à suivre le chemin. Elle cherche à vous faire douter de chaque aspect du chemin vers la christité afin que vous l'abandonniez ou que vous mettiez une éternité pour le terminer.

Qu'est-ce qui permet à cette force de l'antéchrist d'influencer votre vie et votre conscience ? Qu'y a-t-il à l'intérieur de vous qu'elle peut utiliser comme arme contre vous afin de planter la graine du doute dans votre esprit, comme le Serpent l'a fait dans l'esprit d'Ève ? Qu'est-ce qu'elle peut utiliser pour vous transformer en une maison divisée contre elle-même ? C'est le fait même que, dans votre sphère du soi, dans le contenant du soi, vous avez certaines croyances issues des mensonges de l'antéchrist, des mensonges serpentins. C'est ce que Jésus a expliqué lorsqu'il a dit : *« Le prince de ce monde vient et il n'a rien en moi »* (Jean 14.30).

Le prince de ce monde est l'esprit de l'antéchrist. Le fait qu'il n'avait rien en Jésus montre que Jésus s'était élevé au niveau où il avait purifié son esprit et ses esprits conscient et inconscient de tous les éléments de l'antéchrist et de tous les mensonges serpentins. Parce que Jésus n'avait pas de mensonges dans son être, le prince de ce monde n'avait rien en lui par lequel Jésus puisse être transformé en une maison divisée contre elle-même. Il n'y avait aucun moyen de faire douter Jésus de lui-même ou de Dieu ou de le faire douter du chemin parce que Jésus avait rétabli sa connexion avec sa Présence JE SUIS à travers laquelle il avait accès à la vérité du Christ qui peut instantanément dissiper les mensonges et les tromperies de l'esprit de l'antéchrist.

Je comprends parfaitement que, dans votre état de conscience actuel, vous ayez certains éléments de l'antéchrist dans votre être. Je ne vous blâme en aucune façon, car c'est une conséquence inévitable d'avoir grandi dans le monde d'aujourd'hui. Je comprends parfaitement que, parce que vous avez ces éléments de l'antéchrist en vous, vous ayez certains doutes et que ces doutes vous fassent peur. Vous n'avez aucune raison de craindre les mensonges de l'antéchrist parce que vous pouvez surmonter ces mensonges en recherchant la vérité du Christ. Tant que vous restez dans la conscience de dualité, tant que vous continuez à croire en certains mensonges dualistes, votre conscience est une maison bâtie sur le sable (Matthieu 7.26), ce qui signifie qu'elle est bâtie sur la vérité relative de l'antéchrist.

Si votre « vérité » est relative, alors les forces de l'antéchrist auront toujours quelque chose en vous par lequel elles pourront vous manipuler et vous faire entrer dans la conscience du doute qui mène à la peur. Tant que vous permettez à des éléments de dualité de rester dans votre conscience, dans le contenant du soi, vous n'échapperez jamais totalement à la peur. L'esprit de l'antéchrist aura toujours un moyen de vous manipuler pour que vous doutiez de vous-même ou de Dieu. C'est précisément ce doute qui engendre la peur.

Si vous doutez que Dieu vous protège contre tout mal, vous craindrez inévitablement le mal. Lorsque vous aurez la vérité de l'esprit du Christ, vous saurez qu'il n'y a aucune raison de craindre le mal, car il ne peut vous influencer que si vous avez des éléments de dualité dans votre conscience. Lorsque vous permettez à la vérité du Christ d'être en vous et de dissiper toutes les ténèbres, le prince de ce monde n'a rien en vous par lequel il puisse vous contrôler par la peur, le doute ou tout autre sentiment négatif.

Ces idées rejoignent ce que j'ai dit au début de ce chapitre, à savoir que votre sens mortel du soi doit mourir. Votre sens mortel du soi est né de la conscience de dualité, ce qui signifie qu'il est entièrement établi sur les mensonges de l'esprit serpentin. Tant que vous, c'est-à-dire le Soi conscient, vous vous accrochez à ces éléments de soi qui sont basés sur la dualité, vous ne pouvez pas progresser au maximum sur votre chemin spirituel. Les faux enseignants et la force de l'antéchrist le savent très bien et c'est pourquoi ils ont tenté de vous mettre dans un piège. Dans cet état de paralysie, vous avez certains mensonges de l'antéchrist dans le contenant du soi et, en même temps, vous avez peur de regarder ces mensonges.

Si vous avez peur de regarder les mensonges de l'antéchrist, vous n'avez aucune chance de voir que ce sont des mensonges, que ce sont des illusions et qu'ils n'ont aucun pouvoir sur vous. Ces mensonges *auront* un pouvoir sur vous, même s'ils n'ont aucune réalité. Ce sont vraiment des illusions, mais, tant que vous avez peur de les regarder et de réaliser que ce sont des illusions, ces dernières détiennent toujours un pouvoir sur vous, elles vous maintiennent toujours piégé dans une prison mentale de limitation, de manque, de souffrance et de douleur.

Tant que vous chercherez à vous accrocher au sens mortel du soi ou à un élément particulier de ce moi mortel, vous ne surmonterez jamais complètement les mensonges dont il est issu. Vous ne serez jamais libéré de certaines illusions. Au début de ce cours, je vous ai donné l'image que vous êtes pris au piège dans une prison et que la prison a une porte avec un certain nombre de serrures. Chacune des serrures de la porte de la prison représente un mensonge particulier de l'antéchrist, un mensonge serpentin particulier. Afin de trouver la clé qui déverrouillera une serrure particulière, vous devez jeter un œil au mensonge serpentin. Vous devez arriver à la pleine et consciente reconnaissance de pourquoi c'est un mensonge, pourquoi c'est une illusion et pourquoi rien de ce qui est irréel ne peut avoir de réel pouvoir sur vous.

Vous avez probablement entendu le vieux conte de fées sur les nouveaux habits de l'empereur. Un groupe de tailleurs est venu voir l'empereur et a promis de lui confectionner un ensemble de vêtements neufs des plus sophistiqués, au-delà de tout ce que quiconque avait jamais vu. Ces personnes ont réussi à tromper non seulement l'empereur mais aussi toute sa cour, et même le peuple de son empire, en leur faisant croire qu'il portait un véritable ensemble de vêtements. Leur tromperie était si complète que personne ne pouvait ou ne voulait vraiment la voir, jusqu'à ce que l'empereur passe devant les yeux innocents d'un petit enfant. Finalement, ce petit enfant prit la parole et dit : « Mais l'empereur est nu ! » En un instant, la population s'était réveillée et réalisa la vérité qu'elle n'avait pas été capable de voir parce qu'elle ne voulait pas regarder de plus près la tromperie.

Faisons le parallèle avec la situation sur Terre. Il y a une élite du pouvoir composée de personnes incarnées physiquement et, derrière elle, se trouve une force de l'antéchrist. Pendant des milliers d'années, cette force combinée a réussi à contrôler la majorité de la population de cette planète. Son pouvoir et son contrôle reposent sur un ensemble de mensonges, et, par conséquent, son pouvoir ne peut exister et continuer d'exister que tant que la plupart des êtres humains sur cette planète croient en ces mensonges. Cette force de l'antéchrist n'a qu'un seul moyen pour maintenir son pouvoir : c'est de garder les gens ignorants afin qu'ils ne puissent pas découvrir les mensonges sur lesquels son pouvoir est basé. L'une des principales armes que cette force utilise pour maintenir leur illusion est de faire en sorte que les gens aient peur de regarder cette illusion.

***

Mon cœur bien-aimé, cette force de l'antéchrist sait très bien qu'au moment où vous décidez de regarder l'un de ces mensonges, il y a une forte probabilité que vous puissiez le découvrir. Cette force sait que, si vous allez au-delà de la vérité relative de la conscience de dualité, en recherchant la vérité du Christ, vous découvrirez inévitablement son mensonge. Vous verrez que c'est une illusion, que c'est une maison construite sur le sable, ou plus exactement sur les sables mouvants de la conscience de dualité.

La force de l'antéchrist sait aussi que Jésus a fait une véritable promesse lorsqu'il a dit : *« Demandez, et l'on vous donnera ; cherchez, et vous trouverez ; frappez, et l'on vous ouvrira »* (Matthieu 7.7). Cette force sait que, dans votre cœur, se trouve la *clé de la science* (Luc 11.52). Lorsque vous décidez d'utiliser cette clé de la science et vous demandez une meilleure compréhension d'un aspect particulier de la vie, vous recevrez cette compréhension supérieure. La force de l'antéchrist sait aussi qu'avant de pouvoir demander la vérité qui vous rendra libre, vous devez vaincre votre peur de regarder le mensonge.

Vous devez également surmonter la peur qui vous maintient dans l'illusion et vous attache à une image mentale particulière, qui dit que la vie doit être d'une certaine manière. Vous devez être prêt à regarder au-delà de la vérité *relative* que vous croyez actuellement être une vérité *absolue*. Vous devez être disposé à ouvrir votre esprit à la vérité supérieure du Christ. Si vous êtes prêt à suivre l'appel de Jésus à devenir comme des petits enfants (Matthieu 18.3) – ce qui signifie que vous êtes prêt à regarder un aspect particulier de la vie et une vérité relative particulière avec l'esprit innocent et ouvert d'un enfant –, vous *allez* recevoir la vérité supérieure de l'esprit du Christ. Lorsque vous aurez cette vérité, vous pourrez voir qu'il s'agit d'une illusion complète et qu'il n'a donc aucun pouvoir sur vous.

Les forces obscures de cette planète n'ont aucun pouvoir sur vous, sauf le pouvoir que vous leur donnez par votre libre arbitre. Il y a du vrai dans le dicton selon lequel si les gens savaient mieux, ils feraient mieux., Si vous saviez qu'une limitation particulière à laquelle vous faites face est basée sur un mensonge et qu'elle n'est rien de plus qu'une illusion, ne seriez-vous pas d'accord que vous seriez capable de vous libérer de cette limitation ? Peut-être vous souvenez-vous que, lorsque vous étiez enfant, on vous a dit que cela apportait de la malchance si vous marchez sur les fissures d'un trottoir, ou peut-être aviez-vous une superstition d'enfance similaire ? Une telle croyance pouvait gravement affecter votre façon de marcher, mais, à un moment donné, vous avez simplement décidé que cela ne pouvait pas être vrai.

À partir de ce moment-là, l'illusion n'avait plus de pouvoir sur vous et vous pouviez alors marcher librement sur le chemin de la vie. Imaginez que vous viviez depuis des années avec la conviction que vous deviez beaucoup d'argent à la banque. Vous vous êtes inquiété de la façon de rembourser l'argent, et cela a gravement affecté votre vie. Un matin, vous recevez une lettre disant que la banque a fait une erreur et que vous ne devez rien. Souhaitez-vous garder votre sentiment d'inquiétude ? Insisteriez-vous pour rembourser la dette qui n'était qu'une illusion ? Ou voudriez-vous simplement la laisser derrière vous et poursuivre votre vie ?

Vous êtes actuellement pris au piège dans une prison de limitations et de souffrances humaines. Cette prison n'existe vraiment que dans votre esprit et dans la conscience collective de l'humanité. La prison a une porte et la porte a de nombreuses serrures, mais chaque serrure représente une illusion, un mensonge serpentin. Le vrai secret de la vie est que, même si les serrures semblent tenir la porte fermée, aucune des serrures n'est réellement verrouillée. Ce qui semble verrouiller la porte de la prison humaine est un ensemble d'illusions qui proviennent de la « vérité » relative – les mensonges serpentins – de l'esprit de l'antéchrist. En réalité, la porte de la prison humaine n'est pas verrouillée !

Vous pensez que vous êtes pris au piège dans une prison, mais la porte n'a jamais été verrouillée. Vous n'avez tout simplement pas eu le courage d'examiner de plus près la serrure et de découvrir qu'elle ne bloque pas l'ouverture de la porte. Les gens sont pris au piège uniquement parce qu'ils croient en l'illusion que la porte est verrouillée. En réalité, la porte de la prison n'est pas verrouillée. Lorsque vous réalisez cette vérité, vous pouvez instantanément marcher jusqu'à la porte, l'ouvrir et la franchir, laissant ainsi derrière vous les limitations humaines.

Je suis pleinement consciente que, dans votre état de conscience actuel, il vous sera très difficile de croire ce que je viens de vous dire. Pourtant, c'est la vérité absolue. Pourquoi est-il si difficile d'accepter cette vérité ? C'est difficile précisément parce que vous avez encore un certain nombre de « vérités » relatives dans votre contenant du soi, des illusions que vous croyez être vraies. Votre sens du soi est toujours établi sur les mensonges dualistes de l'esprit de l'antéchrist, et, tant que vous vous accrochez à ces mensonges, vous ne pouvez pas accepter que la porte de la prison humaine ne soit pas réellement verrouillée. Chacun des mensonges apparaît comme un verrou qui vous retient dans un état limité et vous empêche d'échapper à la prison humaine.

Tant que vous croyez en ces mensonges et que vous n'avez pas vus que ce sont des illusions, alors évidemment vous ne pouvez pas accepter la vérité que la porte n'est pas verrouillée. Je ne m'attends pas à ce que vous puissiez accepter instantanément que la porte ne soit pas verrouillée, et franchir cette porte. C'est pourquoi je suis venue vous proposer un chemin graduel par lequel vous pouvez systématiquement arriver à voir clair dans chacun des mensonges dans le contenant du soi. Lorsque vous découvrez un mensonge, vous pouvez le rejeter comme irréel, comme une illusion, et ainsi vous en libérer. Pour chaque mensonge que vous laissez derrière vous, vous faites un pas de plus vers la manifestation de votre christité personnelle. À un certain moment dans le futur, peut-être dans un futur pas trop lointain, vous atteindrez soudainement un stade critique, un point de non-retour.

Lorsque vous avez commencé à descendre en dessous de la conscience du Christ, vous l'avez fait très progressivement et vous avez finalement atteint un point de non-retour en oubliant votre connexion avec votre présence JE SUIS. Cependant, en remontant l'escalier, vous allez arriver au même point en sens inverse. En franchissant ce point, vous rétablissez une connexion consciente avec votre Présence JE SUIS. Vous savez alors que le chemin est réel et que la promesse de la conscience du Christ est une réalité que vous pouvez manifester dans votre vie.

***

Vous avez sans doute vu quelques-uns des vieux châteaux qui ont une tour ronde en pierre à l'intérieur de laquelle se trouve un escalier en colimaçon. En haut de l'escalier se trouve une porte qui mène au toit du château où vous baignez dans un soleil radieux. Lorsque vous commencez à descendre l'escalier en colimaçon, la lumière du soleil brille toujours à travers la porte et se reflète sur les murs de la cage d'escalier. Au fur et à mesure que vous descendez, l'escalier se courbe et vous arrivez à un point où vous ne pouvez plus voir à travers la porte ni apercevoir le ciel bleu. Vous ne pouvez pas voir d'où vient la lumière du soleil, mais vous pouvez toujours voir le reflet de la lumière sur les murs.

En descendant encore plus loin, vous arrivez à un autre point critique. En franchissant ce point, vous ne voyez plus le reflet du soleil sur les murs. À partir de ce moment, vous n'avez plus aucune preuve directe qu'il y a de la lumière qui brille à travers la porte en haut de l'escalier. Au fur et à mesure que vous descendez l'escalier, vous allez de plus en plus loin dans l'obscurité jusqu'à ce que vous atteigniez les catacombes, sous le château, dans lesquelles vous êtes dans l'obscurité totale. Ceci est une illustration de ce qui se passe dans votre conscience. Vous avez commencé en haut de l'escalier où vous pouviez voir le ciel bleu et la lumière directe du soleil. Ceci, bien sûr, représente votre Présence JE SUIS et la lumière de Dieu qui brille à travers le soleil de votre être.

En descendant l'escalier, en descendant dans la conscience de dualité, vous perdez la connexion directe et consciente avec votre Présence JE SUIS. Vous avez encore un souvenir qu'il y a une partie supérieure de votre être. En descendant encore plus loin, vous avez même perdu cette mémoire, et la seule question qui reste est de savoir jusqu'où vous avez réellement descendu l'escalier. Puisque vous lisez ce cours, vous n'êtes pas descendu tout en bas de l'escalier. Ou peut-être l'avez-vous fait dans une vie antérieure, mais vous avez depuis longtemps commencé la montée. Si vous n'aviez pas été sur la voie ascendante, vous ne seriez pas ouvert à ce cours ni à aucune des idées que je vous présente.

Vous deviez vous permettre de savoir, avec votre connaissance intérieure, que vous marchez déjà sur le chemin spirituel qui mène à la vie abondante de la conscience du Christ. Vous devez vous permettre de sentir que vous êtes ancré sur ce chemin et sentir qu'il s'agit bien d'une victoire. Si vous n'y avez jamais pensé auparavant, je vous demande de prendre un peu de temps pour considérer le fait même que vous êtes sur le chemin de retour et que vous avez déjà fait des progrès significatifs.

Lorsque vous avez ce sentiment d'être fermement ancré sur le chemin, je vous demande alors de considérer ce que je vous ai dit dans cette clé, à savoir pourquoi il est si important que votre sens mortel du soi soit autorisé à mourir. Ce sens mortel du soi est un poids mort que vous traînez derrière vous, un poids qui rend inutilement difficile la montée de l'escalier en colimaçon. Si vous étiez prêt à vous retourner et à regarder le poids, vous pourriez couper la corde qui le relie à vous. Au fur et à mesure que ce poids diminue, il vous sera beaucoup plus facile de monter l'escalier.

Si vous n'acceptez pas le fait que votre sens actuel du soi doit mourir avant de pouvoir franchir la prochaine étape de l'escalier en colimaçon, vous vous rendrez la vie beaucoup plus difficile. Le chemin spirituel peut devenir si laborieux et douloureux qu'il devient littéralement comme la Via Dolorosa que tant de chrétiens croyaient devoir suivre pour être sauvé. Au Moyen Âge, la plupart des chrétiens croyaient que c'était le seul chemin vers le salut et que c'était le chemin même démontré par Jésus. Ils étaient concentrés sur la crucifixion de Jésus et ses souffrances sur la croix, et ils pensaient que, pour suivre la religion chrétienne, ils devaient souffrir comme Jésus a souffert.

L'univers est un miroir. Si vous projetez dans ce miroir l'image mentale que la vie est souffrance, alors la lumière Mater manifestera des conditions physiques qui affirmeront votre image. C'est vraiment ce qui est arrivé à l'humanité pendant l'âge des ténèbres. Les êtres humains étaient tellement focalisés sur la souffrance qu'ils ont en fait créé la souffrance extérieure qui s'est manifestée pendant ces temps sombres. Ce sera difficile à accepter pour certaines personnes dans le monde d'aujourd'hui, mais c'est néanmoins la vérité.

Les êtres humains étaient tellement focalisés sur la souffrance parce qu'ils en sont venus à accepter une fausse image, une idole des enseignements de Jésus. Même si Jésus a vraiment souffert sur la croix, il n'y est resté que quelques heures. Sa vie entière a duré trente-trois ans et son ministère public a duré trois ans. Est-il juste de laisser ces dernières heures sur la croix devenir l'image principale et déterminante que vous avez de la vie, de la mission et des enseignements de Jésus ? Des milliers et des milliers de personnes ont été crucifiées pendant cette période. Il n'y avait vraiment rien dans la crucifixion de Jésus qui le rendait spécial.

Ce qui a rendu Jésus spécial, c'est qu'il est ressuscité et qu'il est apparu dans son corps spirituel ressuscité après la crucifixion. Ce qui rendait Jésus spécial, c'est qu'avant sa crucifixion il a fait la démonstration de la maîtrise de l'esprit sur la matière, ce qui est la véritable clé de la vie abondante. Jésus n'est pas venu montrer la Via Dolorosa, un chemin de souffrance. Il est venu pour démontrer la vie abondante et le chemin vers cette abondance. C'est pourquoi il a dit : *« Je suis venu afin qu'ils aient la vie, et qu'ils l'aient en abondance »* (Jean 10.10).

Jésus a démontré la vie abondante en guérissant les malades, en ressuscitant les morts, en changeant l'eau en vin, en multipliant les pains et les poissons, en marchant sur l'eau et en donnant des enseignements qui ont ouvert le cœur de nombreuses personnes. Jésus est vraiment venu pour montrer que tout le monde peut surmonter le sentiment de lutte et manifester à la place la vie abondante. Quelle est la clé pour surmonter le sentiment de lutte ? C'est surmonter le sens du soi basé sur l'image mentale que la vie est une lutte, et sur le moi qui est issu de la séparation d'avec Dieu et d'avec son abondance.

Ce n'est que lorsque vous surmonterez ce sens du soi que vous arrêterez de projeter l'image de la lutte dans le miroir cosmique. Ce n'est que lorsque vous arrêtez de projeter une telle image que le miroir peut cesser de vous refléter les conditions matérielles qui rendent la vie difficile. La clé est de réaliser que vous êtes plus qu'une image de soi limitée. Votre vraie réalité est le Soi conscient, mais vous ne voyez qu'à travers le sens mortel du soi comme si vous portiez une paire de lunettes colorées. Laisser le moi mortel mourir ne signifie pas la mort de votre individualité, car le Soi conscient ne peut jamais mourir. Laisser le moi mortel mourir signifie que le Soi conscient sera libre d'accepter un sens supérieur du soi, qu'il renaîtra dans votre sens spirituel du soi.

Mon cœur bien-aimé, pouvez-vous sentir ma Présence avec vous alors que je vous dis ces mots ? Pouvez-vous ressentir l'amour intense du cœur d'une mère, l'amour de la mère qui ne veut rien de plus que de voir ses enfants bien-aimés être libérés de leur peur du noir ? Pouvez-vous sentir combien j'ai envie de vous serrer dans mes bras et de vous dire qu'il n'y a rien à craindre et que tout ira bien ? Pouvez-vous sentir combien j'ai envie de vous caresser les cheveux, d'essuyer les larmes de vos joues, de vous regarder dans les yeux et de dire : « Mon enfant, tout ira bien. Oublions le passé, sortons du sous-sol sombre dans lequel tu as eu peur et marchons vers la chaleur du soleil qui dissipera toutes tes peurs. »

Je suis votre Mère spirituelle et je suis ici pour vous libérer. Afin de vous libérer de toutes les limitations, je dois d'abord vous libérer de la peur qui vous fait peur de regarder le mensonge qui est au cœur même de chaque limitation à laquelle vous faites face. Prenez ma main et courons vers le soleil, et rions des larmes et des peurs du sens mortel du soi. Saluons plutôt le soleil du nouveau jour, le nouveau sens du soi, par lequel vous oubliez cet ancien moi. Dans cet oubli, vous permettez à l'ancien moi de mourir sans même remarquer qu'il est parti. Vous êtes comme un enfant qui est tellement absorbé par un nouveau jouet que le vieux jouet usé est oublié sur le terrain de jeu de la vie. Vous êtes tellement focalisé sur le nouveau soi que vous oubliez tout de l'ancien, et donc vous renaissez dans un nouveau sens du soi, dans un nouvel être.

Vous renaissez dans le concept immaculé qui est à jamais préservé dans l'esprit du Christ mais qui est également gardé dans le cœur de votre Mère spirituelle. Je tiens pour vous le concept immaculé, comme je l'ai vraiment tenu pour Jésus jusqu'à l'accomplissement même de sa mission. Je vous aime et mon amour est inconditionnel. Je connais votre véritable potentiel et je suis prête à vous aider à vous élever au-dessus de toutes les conditions qui vous empêchent de manifester pleinement votre potentiel sur cette Terre. Prenez ma main, et je marcherai avec vous comme j'ai marché avec Jésus à chaque étape du chemin vers sa christité et son ascension dans la lumière.

4. J'invoque ma libération de la peur

Au nom de JE SUIS CE QUE JE SUIS, de Jésus-Christ, j'appelle Nada, Mère Marie et toutes les représentantes de la Mère divine. Aidez-moi à surmonter l'effet paralysant de la peur. Aidez-moi à accepter mes pouvoirs créateurs et à prendre conscience des facteurs qui bloquent le flux de ma créativité donnée par Dieu.

Aidez-moi aussi… *(ajouter vos demandes personnelles).*

I. Je suis plus que mes peurs

1. Je rétablis ma connexion à ma Présence JE SUIS. J'expérimente un rayon du soleil de ma Présence JE SUIS qui brille directement dans mon être inférieur.

Ô Nada, toute ta grâce cosmique
Remplit mon espace intérieur.
Ton chant est comme un baume sacré,
Et mon mental est apaisé.

**Nada, ta mélodie secrète
Libère mon mental pour toujours.
En dirigeant ta symphonie,
Je décrète la paix éternelle.**

2. Je fais l'expérience de l'amour parfait et inconditionnel que ma Présence JE SUIS et mon Créateur ont pour moi. Cet amour parfait consume toutes mes peurs.

Ô Nada, ton esprit bouddhique
Me procure la paix intérieure.
En faisant résonner ton chant,
J'assimile pleinement ton amour.

**Nada, ta mélodie secrète
Libère mon mental pour toujours.**

En dirigeant ta symphonie,
Je décrète la paix éternelle.

3. Je transcende le faux chemin qui consiste à chercher à perfectionner le moi mortel. J'abandonne mon idéal, mon image mentale, mon idole de ce qu'une vraie personne spirituelle devrait et ne devrait pas être.

Ô Nada, beauté si sublime,
Je te suis au-delà du temps.
C'est avec le son silencieux
Que nous recréons l'univers.

Nada, ta mélodie secrète
Libère mon mental pour toujours.
En dirigeant ta symphonie,
Je décrète la paix éternelle.

4. J'abandonne la fausse image, l'idéal impossible, l'image idolâtre de la perfection humaine qui n'a rien à voir avec la perfection du cœur.

Ô Nada, dans un futur proche,
Rien ne peut résister au Christ.
C'est avec l'esprit du Bouddha
Que nous concevons l'avenir.

Nada, ta mélodie secrète
Libère mon mental pour toujours.
En dirigeant ta symphonie,
Je décrète la paix éternelle.

5. Dieu n'exige pas que je manifeste une perfection humaine extérieure établie sur un idéal issu de l'esprit de l'antéchrist. Dieu recherche une qualité intérieure, à savoir la pureté de mon cœur. Je laisse le moi impur mourir, et il est remplacé par mon vrai soi, créé dans la perfection divine.

Ô Nada, nous voulons un monde
Où la force n'est plus justifiée.

L'esprit du Christ règne en maître,
Et nous voyons le Christ en tout.

Nada, ta mélodie secrète
Libère mon mental pour toujours.
En dirigeant ta symphonie,
Je décrète la paix éternelle.

6. Je récupère mon sentiment immortel d'identité en suivant les traces de Jésus. Je brise la force de l'antéchrist qui s'oppose à ma christité et qui a influencé tous les domaines de la vie sur cette planète.

Ô Nada, la paix est la norme,
Et mon esprit est enfin libre.
Je ne m'adapte plus à la forme,
Et j'exploite tout mon potentiel.

Nada, ta mélodie secrète
Libère mon mental pour toujours.
En dirigeant ta symphonie,
Je décrète la paix éternelle.

7. L'esprit de l'antéchrist crée une image mentale, une idole, qui obscurcit la réalité. La conscience du Christ est comme une lumière intense qui brille sur tout dans toutes les directions afin qu'il n'y ait pas d'ombre, de sorte que rien ne soit caché.

Ô Nada, quelle joie débordante !
Je peux vraiment vivre ma vie.
J'ai tout le droit de m'amuser,
Et de briller comme un soleil.

Nada, ta mélodie secrète
Libère mon mental pour toujours.
En dirigeant ta symphonie,
Je décrète la paix éternelle.

8. Tout est visible dans la lumière éclatante du soleil de Dieu, l'esprit du Christ. Il n'y a pas d'ombre ni de place pour le mensonge et la tromperie. Je cherche à ne rien cacher au Christ.

Ô Nada, servir est la clé
Pour vivre dans la réalité.
Je vois que toute la vie est une,
Je commence mon plus grand service.

Nada, ta mélodie secrète
Libère mon mental pour toujours.
En dirigeant ta symphonie,
Je décrète la paix éternelle.

9. Je transcende la conscience de dualité et je vois la vérité absolue du Christ. Je fais partie de ceux qui s'élèvent à la conscience du Christ afin de bannir la tromperie de cette planète.

Ô Nada, nous décrétons que
La vie sur Terre soit abondante,
Et nous faisons manifester
Le royaume de Dieu sur la Terre.

Nada, ta mélodie secrète
Libère mon mental pour toujours.
En dirigeant ta symphonie,
Je décrète la paix éternelle.

II. J'affronte mes peurs

1. L'essence de la peur réside dans le fait que je cherche à éviter quelque chose. Une fois que j'ai peur de quelque chose, je ne veux plus le regarder. Tant que je ne regarde pas ce que je crains, je ne peux pas voir son irréalité, et donc je ne peux pas me libérer de la peur.

Ô Nada, toute ta grâce cosmique
Remplit mon espace intérieur.
Ton chant est comme un baume sacré,
Et mon mental est apaisé.

Nada, ta mélodie secrète
Libère mon mental pour toujours.
En dirigeant ta symphonie,
Je décrète la paix éternelle.

2. Je transcende le sens limité du soi basé sur la dualité, les mensonges et les tromperies de l'esprit de l'antéchrist. Je remonte l'escalier en prenant des décisions conscientes.

Ô Nada, ton esprit bouddhique
Me procure la paix intérieure.
En faisant résonner ton chant,
J'assimile pleinement ton amour.

Nada, ta mélodie secrète
Libère mon mental pour toujours.
En dirigeant ta symphonie,
Je décrète la paix éternelle.

3. Je me libère des mensonges promus par la force de l'antéchrist. Je confronte mes peurs. Je regarde la force même qui s'oppose à ma progression et je libère mon esprit de ses mensonges.

Ô Nada, beauté si sublime,
Je te suis au-delà du temps.
C'est avec le son silencieux
Que nous recréons l'univers.

Nada, ta mélodie secrète
Libère mon mental pour toujours.
En dirigeant ta symphonie,
Je décrète la paix éternelle.

4. Les mensonges de l'antéchrist peuvent être subtils, mais, avec une dose de la vérité du Christ, ils ne sont pas difficiles à démasquer. Les mensonges du diable n'ont aucune vérité en eux, ils n'ont aucun pouvoir réel sur moi. Dès que je vois un mensonge comme une illusion, il perd tout pouvoir de m'influencer.

Ô Nada, dans un futur proche,
Rien ne peut résister au Christ.
C'est avec l'esprit du Bouddha
Que nous concevons l'avenir.

Nada, ta mélodie secrète
Libère mon mental pour toujours.
En dirigeant ta symphonie,
Je décrète la paix éternelle.

5. L'effet psychologique de la peur est la paralysie, ce qui signifie que je ne veux pas regarder ce que je crains. Je décide que je suis prêt à examiner la condition que je crains. Je reconnais qu'elle provient de la dualité de l'antéchrist et n'a aucune réalité.

Ô Nada, nous voulons un monde
Où la force n'est plus justifiée.
L'esprit du Christ règne en maître,
Et nous voyons le Christ en tout.

Nada, ta mélodie secrète
Libère mon mental pour toujours.
En dirigeant ta symphonie,
Je décrète la paix éternelle.

6. Je marche sur le chemin spirituel en affrontant mes peurs. Je vois que je n'ai aucune raison d'avoir peur. Je réalise que je n'ai aucune raison de craindre une condition particulière, et ainsi je surmonte cette limitation et je fais un pas de plus vers la vie abondante.

Ô Nada, la paix est la norme,
Et mon esprit est enfin libre.
Je ne m'adapte plus à la forme,
Et j'exploite tout mon potentiel.

Nada, ta mélodie secrète
Libère mon mental pour toujours.

En dirigeant ta symphonie,
Je décrète la paix éternelle.

7. Je marche sur le chemin de la transcendance en abandonnant les conditions de ma propre psychologie, y compris la peur qui m'empêche de faire un autre pas en avant ou de laisser certaines limitations derrière moi.

Ô Nada, quelle joie débordante !
Je peux vraiment vivre ma vie.
J'ai tout le droit de m'amuser,
Et de briller comme un soleil.

Nada, ta mélodie secrète
Libère mon mental pour toujours.
En dirigeant ta symphonie,
Je décrète la paix éternelle.

8. La peur est toujours une peur de l'inconnu et elle vient de l'ignorance. Une fois que j'ai surmonté l'ignorance, je vois comment je peux surmonter n'importe quelle condition et la laisser derrière moi.

Ô Nada, servir est la clé
Pour vivre dans la réalité.
Je vois que toute la vie est une,
Je commence mon plus grand service.

Nada, ta mélodie secrète
Libère mon mental pour toujours.
En dirigeant ta symphonie,
Je décrète la paix éternelle.

9. Je marche sur le chemin qui consiste à surmonter l'ignorance issue de la dualité de l'esprit de l'antéchrist. Je remplace l'ignorance par la vérité indivise du Christ.

Ô Nada, nous décrétons que
La vie sur Terre soit abondante,

Et nous faisons manifester
Le royaume de Dieu sur la Terre.

**Nada, ta mélodie secrète
Libère mon mental pour toujours.
En dirigeant ta symphonie,
Je décrète la paix éternelle.**

III. Je vois clair dans tous les mensonges

1. Je me libère de la force de l'antéchrist en purgeant mon contenant du soi de toutes les croyances qui découlent des mensonges de l'antéchrist, les mensonges serpentins. Le prince de ce monde vient et n'a rien en moi.

Ô Nada, toute ta grâce cosmique
Remplit mon espace intérieur.
Ton chant est comme un baume sacré,
Et mon mental est apaisé.

**Nada, ta mélodie secrète
Libère mon mental pour toujours.
En dirigeant ta symphonie,
Je décrète la paix éternelle.**

2. Je transcende tout doute en moi, en Dieu et dans le chemin. Je rétablis ma connexion à ma Présence JE SUIS, à travers laquelle j'ai accès à la vérité du Christ qui dissipera instantanément les mensonges et les tromperies de l'esprit de l'antéchrist.

Ô Nada, ton esprit bouddhique
Me procure la paix intérieure.
En faisant résonner ton chant,
J'assimile pleinement ton amour.

**Nada, ta mélodie secrète
Libère mon mental pour toujours.
En dirigeant ta symphonie,
Je décrète la paix éternelle.**

3. J'ai la vérité de l'esprit du Christ, et je sais qu'il n'y a aucune raison de craindre le mal. Je permets à la vérité du Christ d'être en moi et de dissiper toutes les ténèbres. Le prince de ce monde n'a rien en moi qui lui permet de me contrôler par la peur, le doute ou tout autre sentiment négatif.

Ô Nada, beauté si sublime,
Je te suis au-delà du temps.
C'est avec le son silencieux
Que nous recréons l'univers.

Nada, ta mélodie secrète
Libère mon mental pour toujours.
En dirigeant ta symphonie,
Je décrète la paix éternelle.

4. Je vois que les faux enseignants et la force de l'antéchrist ont tenté de me mettre dans un piège. Je transcende cet état de paralysie parce que je n'ai pas peur de regarder en face les mensonges de l'antéchrist dans mon contenant du soi.

Ô Nada, dans un futur proche,
Rien ne peut résister au Christ.
C'est avec l'esprit du Bouddha
Que nous concevons l'avenir.

Nada, ta mélodie secrète
Libère mon mental pour toujours.
En dirigeant ta symphonie,
Je décrète la paix éternelle.

5. Les mensonges de l'antéchrist sont des illusions. Tant que j'ai peur de les regarder et de réaliser qu'ils sont des illusions, ils détiennent toujours un pouvoir sur moi, ils me retiennent toujours piégé dans une prison mentale de limitation, de manque, de souffrance et de douleur.

Ô Nada, nous voulons un monde
Où la force n'est plus justifiée.

L'esprit du Christ règne en maître,
Et nous voyons le Christ en tout.

Nada, ta mélodie secrète
Libère mon mental pour toujours.
En dirigeant ta symphonie,
Je décrète la paix éternelle.

6. J'abandonne mon sens mortel du soi. Je surmonte les mensonges d'où ce moi mortel est issu. Je suis libre de toutes les illusions.

Ô Nada, la paix est la norme,
Et mon esprit est enfin libre.
Je ne m'adapte plus à la forme,
Et j'exploite tout mon potentiel.

Nada, ta mélodie secrète
Libère mon mental pour toujours.
En dirigeant ta symphonie,
Je décrète la paix éternelle.

7. J'utilise la clé de la science dans mon cœur. Je demande une compréhension supérieure d'un aspect particulier de la vie, et je reçois cette compréhension supérieure.

Ô Nada, quelle joie débordante !
Je peux vraiment vivre ma vie.
J'ai tout le droit de m'amuser,
Et de briller comme un soleil.

Nada, ta mélodie secrète
Libère mon mental pour toujours.
En dirigeant ta symphonie,
Je décrète la paix éternelle.

8. Je suis prêt à regarder au-delà de la vérité relative que mon intellect considère comme une vérité absolue. J'ouvre mon esprit à la vérité supérieure du Christ.

Ô Nada, servir est la clé
Pour vivre dans la réalité.
Je vois que toute la vie est une,
Je commence mon plus grand service.

Nada, ta mélodie secrète
Libère mon mental pour toujours.
En dirigeant ta symphonie,
Je décrète la paix éternelle.

9. Je marche sur un chemin graduel par lequel je parviens systématiquement à démasquer chacun des mensonges dans le contenant du soi. Dès que je vois un mensonge, je le rejette comme irréel, comme une illusion, et ainsi je m'en libère.

Ô Nada, nous décrétons que
La vie sur Terre soit abondante,
Et nous faisons manifester
Le royaume de Dieu sur la Terre.

Nada, ta mélodie secrète
Libère mon mental pour toujours.
En dirigeant ta symphonie,
Je décrète la paix éternelle.

IV. Je m'élève au-dessus de la conscience de mort

1. Pour chaque mensonge que je laisse derrière moi, je fais un pas de plus vers la manifestation de ma christité personnelle. J'atteins le stade critique, le point de non-retour, où je rétablis une connexion consciente avec ma Présence JE SUIS.

Ô Nada, toute ta grâce cosmique
Remplit mon espace intérieur.
Ton chant est comme un baume sacré,
Et mon mental est apaisé.

Nada, ta mélodie secrète
Libère mon mental pour toujours.

**En dirigeant ta symphonie,
Je décrète la paix éternelle.**

2. Je me permets de savoir, avec ma connaissance intérieure, que je marche déjà sur le chemin spirituel qui mène à la vie abondante de la conscience du Christ. Je m'autorise à sentir que je suis ancré sur ce chemin. Je sens que c'est effectivement une victoire.

Ô Nada, ton esprit bouddhique
Me procure la paix intérieure.
En faisant résonner ton chant,
J'assimile pleinement ton amour.

**Nada, ta mélodie secrète
Libère mon mental pour toujours.
En dirigeant ta symphonie,
Je décrète la paix éternelle.**

3. J'accepte de laisser mon sens actuel du soi mourir pour pouvoir franchir la marche suivante de l'escalier en colimaçon. En regardant mon moi mortel et en le laissant mourir, il devient plus facile pour moi de marcher sur le chemin.

Ô Nada, beauté si sublime,
Je te suis au-delà du temps.
C'est avec le son silencieux
Que nous recréons l'univers.

**Nada, ta mélodie secrète
Libère mon mental pour toujours.
En dirigeant ta symphonie,
Je décrète la paix éternelle.**

4. Je vois que Jésus est venu faire la démonstration que tout le monde peut surmonter le sentiment de lutte et manifester la vie abondante. Je surmonte le sentiment de lutte en abandonnant le sens du soi basé sur l'image mentale que la vie est un combat.

Ô Nada, dans un futur proche,
Rien ne peut résister au Christ.

C'est avec l'esprit du Bouddha
Que nous concevons l'avenir.

Nada, ta mélodie secrète
Libère mon mental pour toujours.
En dirigeant ta symphonie,
Je décrète la paix éternelle.

5. Je suis plus que l'image limitée de soi. Ma vraie réalité est le Soi conscient. Laisser le moi mortel mourir ne signifie pas la mort de mon individualité parce que le Soi conscient ne peut jamais mourir. Je suis libre d'accepter un sens supérieur du soi, je renais dans mon sens spirituel du soi.

Ô Nada, nous voulons un monde
Où la force n'est plus justifiée.
L'esprit du Christ règne en maître,
Et nous voyons le Christ en tout.

Nada, ta mélodie secrète
Libère mon mental pour toujours.
En dirigeant ta symphonie,
Je décrète la paix éternelle.

6. Bien-aimée Mère Marie, bien-aimée Mère spirituelle, je sais que tu es là pour me libérer. J'abandonne ma peur dans tes bras aimants. Je suis prêt à regarder le mensonge qui est au cœur même de chaque limitation à laquelle je suis confronté.

Ô Nada, la paix est la norme,
Et mon esprit est enfin libre.
Je ne m'adapte plus à la forme,
Et j'exploite tout mon potentiel.

Nada, ta mélodie secrète
Libère mon mental pour toujours.
En dirigeant ta symphonie,
Je décrète la paix éternelle.

7. Je salue le soleil du nouveau jour, le nouveau sens du soi, par lequel j'oublie mon ancien moi. Je laisse l'ancien moi mourir sans même m'apercevoir qu'il est parti. Je suis comme un enfant qui est tellement absorbé par un nouveau jouet qu'il oublie le vieux jouet usé sur le terrain du jeu de la vie.

Ô Nada, quelle joie débordante !
Je peux vraiment vivre ma vie.
J'ai tout le droit de m'amuser,
Et de briller comme un soleil.

Nada, ta mélodie secrète
Libère mon mental pour toujours.
En dirigeant ta symphonie,
Je décrète la paix éternelle.

8. Je renais dans le concept immaculé qui est toujours conservé dans l'esprit du Christ mais qui est également gardé dans le cœur de ma Mère spirituelle. Mère Marie tient pour moi le concept immaculé, comme elle le tenait pour Jésus, jusqu'à l'accomplissement même de ma mission.

Ô Nada, servir est la clé
Pour vivre dans la réalité.
Je vois que toute la vie est une,
Je commence mon plus grand service.

Nada, ta mélodie secrète
Libère mon mental pour toujours.
En dirigeant ta symphonie,
Je décrète la paix éternelle.

9. Mère Marie m'aime et son amour est inconditionnel. Je connais mon véritable potentiel et je suis prêt à m'élever au-dessus de toutes les conditions qui m'empêchent de manifester pleinement ce potentiel sur Terre. Je prends la main de Mère Marie, et elle marche avec moi, comme elle a marché avec Jésus, à chaque pas du chemin vers ma christité et mon ascension dans la lumière.

Ô Nada, nous décrétons que
La vie sur Terre soit abondante,
Et nous faisons manifester
Le royaume de Dieu sur la Terre.

**Nada, ta mélodie secrète
Libère mon mental pour toujours.
En dirigeant ta symphonie,
Je décrète la paix éternelle.**

Sceau final :

Au nom de la Mère divine, je demande à Nada et à Mère Marie de
me sceller, ainsi que toutes les personnes de mon cercle d'influence, dans le flux créateur de la Mère divine, le Fleuve de Vie.
Je demande la multiplication de mes appels par toutes les
représentantes de la Mère divine afin que nous formions le flux
parfait en huit de « comme en haut, ainsi en bas ». J'accepte donc
que cela soit pleinement manifesté parce que la bouche du
Seigneur, la Mère divine que JE SUIS, l'a prononcé. Amen.

5. Examiner le Soi de plus près

Mon cœur bien-aimé, il est temps pour nous de regarder de plus près qui vous êtes vraiment, d'examiner de plus près votre Soi. Je vous ai dit que vous avez été créé à partir de l'Être de Dieu. J'ai dit que l'origine de votre identité, l'origine de votre Soi, est la pure conscience. Le *Vous* individuel est formé de cette pure conscience, et nous pourrions l'appeler le *Vous conscient* ou le *Soi conscient*. Ce Soi conscient est ce qui vous donne le sentiment que vous existez et que vous existez en tant qu'être distinct. Ce sentiment d'existence est un état de conscience très pur et universel, et il n'a vraiment aucune caractéristique individuelle.

Au cœur même de cette conscience se trouve le sentiment que vous existez en tant que partie d'un ensemble plus vaste, mais que votre conscience est concentrée sur un point particulier de cet ensemble. Au lieu d'avoir la conscience globale de votre Créateur, qui regarde pour ainsi dire *l'intérieur* de la création *à partir de l'extérieur,* vous avez une conscience localisée. Vous êtes *à l'intérieur* de la création, la regardant de l'intérieur, d'un point de vue particulier à l'intérieur de l'ensemble.

Nous pourrions comparer cela à ce que je vous ai dit plus haut sur la création du monde de forme. Le Créateur se retire dans un certain espace, crée un vide et se contracte en une singularité. La tâche du Créateur est de combler le vide, et il commence par définir une sphère qu'il va ensuite remplir de lumière pour la distinguer du vide. Cette sphère devient le macrocosme. Dans cette sphère, le Créateur est toujours présent, mais le Créateur se retire maintenant dans une sphère plus petite et se contracte en un seul point. Ce point devient le Soi conscient et la sphère devient votre contenant du soi, votre *sphère du soi*. Vous êtes une sphère dans la plus grande sphère de la conscience de votre Créateur, vous êtes le microcosme dans le macrocosme de votre Créateur.

Votre tâche est de multiplier ce que Dieu vous a donné, de multiplier vos talents, afin que vous puissiez régner, d'abord, sur la sphère du soi – le microcosme – et, ensuite, sur la sphère plus large – le macrocosme –, c'est-à-dire l'univers matériel. Lorsque vous aurez pris cette domination sur votre sphère du soi en la remplissant de lumière en harmonie avec les lois de Dieu, vous deviendrez un être christique, un être spirituel immortel. Cela vous donnera le pouvoir de régner sur la Terre pour faire manifester la vie abondante du royaume de Dieu dans le physique. Vous serez ici en bas tout ce que vous êtes en haut, vous serez *« comme en haut, ainsi en bas »*. Ceci, et *seulement* ceci, apportera le royaume de Dieu sur Terre.

Le Soi conscient est vraiment le cœur de votre identité individuelle, mais c'est un état de pure conscience. Il a une conscience individuelle mais il n'a pas de caractéristiques individuelles. Il ne peut pas s'exprimer directement dans le monde de forme. Pour s'exprimer, il doit avoir une individualité, un sentiment d'identité, à travers lequel il peut s'exprimer. Encore une fois, faisons l'analogie avec un projecteur de film. S'il n'y a pas de pellicule dans le projecteur, il projettera simplement un rectangle de lumière blanche sur l'écran. Il a besoin d'une pellicule à travers laquelle il peut projeter des images réelles qui peuvent agiter la lumière Mère et lui faire prendre une forme.

Comme un projecteur de film peut projeter des images à travers n'importe quelle pellicule, le Soi conscient peut s'exprimer à travers n'importe quel sentiment d'identité. Le Soi conscient peut s'identifier *à* tout ce qu'il choisit. C'est la tâche du Soi conscient de construire son sentiment d'identité, et Dieu vous a donné la liberté totale de choisir selon votre imagination et votre libre arbitre. Dieu vous a donné la liberté de « nommer » votre identité et même de tout nommer sur Terre selon votre sentiment d'identité (Genèse 2.19).

Le Soi conscient ne commence pas avec une page blanche. Il a une fondation sur laquelle il peut construire son sentiment d'identité, à savoir l'individualité divine ancrée dans votre Présence JE SUIS. Votre Présence JE SUIS réside en permanence dans les vibrations supérieures du royaume spirituel, et son individualité ne peut pas être directement exprimée dans l'univers matériel. Son individualité ne peut s'exprimer que lorsque le Soi conscient l'utilise pour construire un sentiment d'identité qui ressemble à la pellicule d'un projecteur de cinéma.

Votre sphère du soi a une partie supérieure et une partie inférieure. La partie supérieure réside dans le royaume spirituel et contient votre Présence JE SUIS. La partie inférieure vibre dans le spectre de fréquences de l'univers matériel, et c'est à travers cette partie inférieure que vous vous exprimez dans le monde matériel. Comparez cela au chiffre « 8 ». La partie supérieure est dans le royaume spirituel, la partie inférieure est dans le royaume matériel, et le Soi conscient est au centre, dans le nœud.

Je vous donnerai plus tard des enseignements plus détaillés sur la partie inférieure de votre sphère du soi, mais, pour l'instant, le concept important est que le Soi conscient dirige la lumière de votre Présence JE SUIS, la laissant couler à travers un sentiment d'identité qu'il construit. Ce sentiment d'identité peut être basé sur tout ce que le Soi conscient permet dans la partie inférieure de la sphère du soi. Vous pouvez construire ce sentiment d'identité sur le roc du Christ, l'individualité ancrée dans votre Présence JE SUIS, ou sur les sables mouvants de la conscience de dualité.

C'est pourquoi le Soi conscient a la capacité de devenir *plus* ou *moins* que ce pour quoi vous avez été créé. Vous pouvez soit développer l'individualité que Dieu vous a donnée, soit construire un sentiment d'identité qui est inférieur à ce que Dieu envisage pour vous. Vous avez la liberté de choisir ce que vous voulez, mais vous ferez inévitablement l'expérience de ce que vous choisissez. Vous verrez le monde à travers le filtre du sentiment d'identité que vous construisez, et vous vous exprimerez en fonction de cette identité. Votre identité déterminera ce que vous projetez dans le miroir cosmique, qui, bien sûr, détermine ce qui vous est renvoyé.

***

Nous avons maintenant trois aspects de votre être. Nous avons la partie supérieure de votre sphère du soi, et elle est remplie de votre Présence JE SUIS. Ce soi spirituel contient votre empreinte divine, qui est l'individualité définie par votre Créateur et préservée à jamais dans l'Esprit universel du Christ. Nous avons ensuite le Soi conscient, qui est situé au nœud entre la partie supérieure et la partie inférieure de votre sphère du soi. Nous avons la partie inférieure de votre sphère du soi, qui est la partie que le Soi conscient utilise pour s'exprimer dans le monde matériel.

Dans cette partie inférieure réside votre sentiment d'identité, qui est la pellicule à travers laquelle vous projetez des images sur l'écran de la vie, sur la lumière Mère. Comme c'est le cas avec le vide, la partie inférieure de votre contenant du soi n'était pas pleine lorsque votre courant de vie a vu le jour. Il y avait un espace vide, et c'est à vous de le remplir. La question maintenant est de savoir ce que vous – c'est-à-dire le Soi conscient – permettez d'entrer dans le contenant du soi. Dieu vous a donné la liberté totale de choisir comment construire votre sentiment d'identité.

Cette liberté est votre opportunité suprême de devenir plus que ce pour quoi vous avez été créé, de construire sur la fondation établie par Dieu, d'être plus qu'un robot. Vous le faites en exprimant votre sens du soi dans le monde de forme. En exprimant vos pouvoirs créateurs et en voyant les résultats, vous ajoutez du contenu au contenant du soi. Lorsque vous faites cela en harmonie avec les lois de Dieu, vous n'ajoutez que des éléments durables et immortels au contenant du soi. De tels éléments peuvent en fait remonter jusqu'à la partie supérieure de la sphère du soi et être stockés dans l'esprit du Christ comme ce que Jésus a appelé votre trésor amassé dans le ciel (Matthieu 6.20).

Parce que vous avez le libre arbitre, vous pouvez utiliser vos capacités créatrices d'une manière qui n'est pas en harmonie avec les lois et l'intention créatrice de Dieu. Lorsque vous le faites, vous ajoutez également quelque chose à votre contenant du soi, et il résidera dans la partie inférieure de la sphère. Ce que vous ajoutez, ce sont des éléments mortels qui ne peuvent avoir d'existence permanente. C'est ce qui vous permet de créer un moi mortel, un sentiment d'individualité qui est inférieur à ce que Dieu vous a donné lorsque votre courant de vie est né.

Le cœur de votre identité, le Soi conscient, est indépendant du contenu qui pourrait ou non exister dans le contenant du soi. Le

Soi conscient peut exister indépendamment de votre soi immortel et de votre moi mortel, ce qui signifie qu'il s'agit d'un état de pure conscience complètement autosuffisant. Lorsqu'il s'agit d'exprimer vos pouvoirs créateurs dans le monde de la forme, le Soi conscient ne peut pas le faire tout seul. Pour s'exprimer, le Soi conscient doit laisser briller sa lumière à travers le contenu du contenant du soi parce que c'est ce contenu qui détermine les images qui sont projetées sur la lumière Mater. Le Soi conscient est un état de pure conscience qui s'exprime à travers un sens du soi qui existe dans sa sphère du soi. Le Soi conscient peut s'exprimer à travers soit le soi immortel, soit le moi mortel, en fonction de celui avec qui il choisit de s'identifier à un moment donné.

Parce que le Soi conscient peut exister indépendamment du soi immortel ou du moi mortel, on peut dire qu'il n'a pas de sentiment fixe d'individualité, pas de sentiment fixe d'identité. Le Soi conscient est l'Être pur de Dieu qui se focalise sur votre être individuel, mais il a le potentiel de s'identifier à n'importe quoi. Il a été créé dans une polarité avec votre soi immortel, mais il peut s'identifier avec tout ce qu'il choisit, y compris le Tout de l'Être de Dieu, votre soi immortel, votre moi mortel ou toute autre chose dans le monde de forme. Il peut littéralement s'identifier à un rocher s'il le souhaite. Le Soi conscient est le siège de votre libre arbitre, le siège de votre capacité à faire des choix. Vous êtes ce que vous pensez être, vous êtes ce que vous choisissez d'être *et vous pouvez changer ce choix à tout moment.*

Le Soi conscient doit s'exprimer à travers un sens du soi, un sentiment individuel d'identité. Comme je l'ai dit dans l'analogie d'un projecteur de film, il doit y avoir une pellicule à travers laquelle la lumière peut briller afin que des images distinctes soient projetées sur l'écran. Les images sur la pellicule sont les caractéristiques individuelles, les croyances et les images de soi qui existent à l'intérieur du contenant du soi. Le Soi conscient est comme l'opérateur qui détermine quelle pellicule est placée dans le projecteur.

Vous avez été créé avec un soi immortel, et vous pouvez ajouter à ce soi immortel en vous exprimant à travers des images qui sont en harmonie avec les lois de Dieu. À un moment donné dans le passé, le Soi conscient a décidé d'expérimenter la conscience de dualité, et il a mangé le fruit de la connaissance du bien et du mal. En ce faisant, il a ajouté du contenu au contenant du soi et ce contenu était basé sur la vérité relative qui émane de l'esprit de l'antéchrist.

Au début, les éléments dualistes n'affectaient guère votre expression créatrice ou le sens de qui vous étiez. Ils ne pouvaient pas éclipser ni obscurcir votre soi immortel. Au fur et à mesure que vous continuiez à expérimenter la conscience de dualité, vous avez ajouté de plus en plus de contenu mortel au contenant du soi, et graduellement ce contenu a commencé à cacher votre soi immortel. Cela vous a amené à devenir une maison divisée contre elle-même, et, à mesure que vous deveniez plus divisé, le Soi conscient a commencé à concentrer davantage son attention sur le sens dualiste du soi. Cela a renforcé le moi mortel et ajouté du contenu dualiste, créant une spirale descendante jusqu'au point critique où le Soi conscient a décidé qu'il était un être humain mortel plutôt qu'un Être spirituel immortel s'exprimant à travers une forme mortelle.

***

Le Soi conscient sera toujours ce qu'il pense être. À tout moment, le Soi conscient peut prendre la décision de changer son sentiment d'identité. Le Soi conscient est une individualisation de l'Être de Dieu, et Dieu a donné à Moïse le nom *« Je serai ce que je serai »*, signifiant que Dieu se réserve le droit de se transcender à tout moment et tout le temps. De même, vous avez le droit de changer d'identité à tout moment, vous avez le droit de vous transcender ou de vous contracter.

Vous avez peut-être construit une individualité très élaborée et complexe basée sur des images et des croyances dualistes. Vous vous êtes peut-être identifié à ce moi mortel pendant de nombreuses vies. Vous avez peut-être oublié que vous êtes un être spirituel et que vous avez un soi immortel. Vous pourriez même croire qu'il n'est tout simplement pas possible pour vous de changer votre sens du soi ou d'aller au-delà du moi mortel. Le véritable secret de la vie est qu'à tout moment, vous, c'est-à-dire le Soi conscient, êtes ce que vous pensez être. À tout moment, vous avez le pouvoir de changer votre perception de qui vous pensez être. À cet instant précis, vous avez le pouvoir du libre arbitre de prendre la décision consciente que vous ne vous identifierez plus comme un être humain mortel et que vous accepterez le fait que vous êtes un être spirituel immortel qui s'exprime temporairement à travers une forme mortelle.

Il y a ici une distinction subtile. Je vous ai parlé du concept d'un chemin et je l'ai comparé à un escalier en colimaçon. L'escalier en colimaçon comporte de nombreuses marches individuelles, et chaque marche représente une certaine décision basée sur la conscience de dualité. À chaque pas que vous avez descendu, vous avez pris la décision d'accepter un certain mensonge dualiste et de l'intégrer au contenu de votre contenant du soi, de l'intégrer à votre moi mortel. Cela a légèrement modifié votre sens du soi, et vous vous êtes éloigné du soi immortel pour vous rapprocher du moi mortel. Afin de vous élever au-dessus de ce niveau, vous devez voir à travers l'illusion dualiste et décider de la laisser derrière vous en acceptant la vérité du Christ qui remplace le mensonge de l'antéchrist, vous libérant ainsi de l'illusion.

La plupart des êtres humains sur Terre ont descendu de nombreuses marches dans l'escalier qui mène à la conscience de dualité. Il n'y a vraiment aucun raccourci qui vous emmènera d'où vous êtes maintenant à votre sens immortel du soi en un seul bond. Il n'y a aucun moyen de contourner le processus de remplacement de vos choix dualistes par des choix établis sur le roc de la conscience du Christ. Cela reviendrait à vous priver de votre libre arbitre et à contourner le but même de la création, à savoir que vous grandissez à travers les choix que vous faites. Si vous avez descendu un certain nombre de marches dans l'escalier en colimaçon, vous ne pouvez monter qu'en prenant une marche à la fois et en remplaçant l'illusion qu'elle représente par la vérité du Christ. Cela doit être fait par des choix conscients que *vous seul* pouvez faire.

Chacune des marches que vous avez descendues dans l'escalier en colimaçon représente un mensonge dualiste que vous avez mis dans le contenant du soi. Ces mensonges sont dans ce contenant, et ils y resteront jusqu'à ce que vous les effaciez en faisant de meilleurs choix. Le Soi conscient a une conscience qui est indépendante du contenu du contenant du soi. Vous pouvez, à cet instant précis, choisir de reconnecter votre conscience au sens pur de l'Être, au sens pur de la conscience, au sens pur du soi que vous êtes vraiment déjà. Votre sens pur du soi n'a pas été altéré par le fait que vous avez choisi de créer un moi mortel et que vous vous êtes identifié à lui temporairement. Votre sens pur du soi existe toujours dans sa forme originelle, et vous pouvez déplacer votre sentiment d'identité du moi mortel vers le soi immortel. Ceci est la vraie signification de l'enseignement de Jésus disant qu'un être humain doit renaître en Esprit (Jean 3.5) afin d'entrer dans le royaume de Dieu.

Tout a été créé à partir de la substance de Dieu, de l'Être de Dieu. Le Créateur est dans tout ce qui est créé dans le monde de forme. Dieu est ici avec vous en ce moment même, Dieu est présent partout, et donc le royaume de Dieu est vraiment ici avec vous. Si vous le souhaitez, vous pouvez changer votre sens du soi, votre sentiment d'identité, de sorte que vous acceptiez le fait que vous êtes déjà dans le royaume des cieux en ce moment. Mais cela ne change pas instantanément le contenu du contenant du soi. Cela ne signifiera pas que vous pouvez exprimer instantanément votre soi immortel, votre individualité divine, dans ce monde. Vous avez toujours le moi mortel, l'individualité humaine, qui obscurcit votre individualité divine. Vous devez toujours passer par le processus d'écarter systématiquement les mensonges dualistes qui composent votre moi mortel afin de révéler votre Soi divin.

En passant par ce processus, vous n'avez pas besoin de continuer à vous identifier au moi mortel. Vous n'avez pas besoin de continuer à penser que vous êtes en quelque sorte indigne ou incapable d'être dans le royaume de Dieu parce que vous avez ce moi mortel. Vous n'avez pas besoin de sentir que vous êtes banni du royaume des cieux, du Jardin d'Éden, et que vous ne pouvez pas entrer dans ce jardin tant que vous n'êtes pas complètement libéré du moi mortel.

Quand Jésus a dit que le royaume de Dieu est en vous, il disait vraiment que le royaume de Dieu est un état intérieur, un état de conscience. Il disait vraiment que le royaume de Dieu se manifeste dans votre vie lorsque le Soi conscient s'identifie comme étant dans le royaume de Dieu. Ce sentiment d'identité est indépendant du contenu du contenant du soi. Il vous est possible de détourner votre sens du soi du fait d'être un humain mortel qui est privé de la vie abondante, qui est séparé du royaume de Dieu. Vous pouvez changer votre sens du soi et reconnaître que vous êtes un être spirituel et que rien dans ce monde ne peut vous enlever cette véritable identité. Vous pouvez accepter qu'en ce moment même vous êtes dans le royaume de Dieu.

Vous êtes un chercheur spirituel et vous savez déjà que vous êtes plus que votre corps physique. Il y a un être plus grand, qui est ce que la plupart des gens appellent l'âme mais qui est vraiment le Soi conscient, qui porte temporairement le corps physique comme le corps porte un pardessus. Le moi mortel que vous avez créé peut être comparé au corps physique. Il n'est pas plus le vrai vous que le corps n'est le vrai vous. C'est simplement un pardessus que le vrai vous porte en ce moment. Vous ne pouvez pas vous débarrasser instantanément de ce moi mortel car il doit être dissous par une série de décisions graduelles.

Vous *pouvez* éliminer instantanément le sentiment que vous êtes confiné ou piégé à l'intérieur du moi mortel. Vous pouvez à tout moment décider d'aller à la porte de la prison et de tirer sur la poignée, ce qui vous permettra de voir que, même si la porte a plusieurs serrures individuelles, elle n'est pas verrouillée. Vous pouvez à tout moment ouvrir la porte et renaître dans un nouveau sentiment d'identité en tant qu'être en dehors de la prison.

Il y a une différence vaste et fondamentale entre regarder la vie depuis l'intérieur de la prison de votre moi mortel et regarder la vie depuis l'extérieur de cette prison. Quand vous regardez la vie de l'intérieur de la prison, vous pensez que vous, c'est-à-dire le Soi conscient, êtes confiné dans la prison. Quand vous regardez la vie de l'extérieur de la prison, vous voyez que le Soi conscient est bien plus que la prison. Vous pourriez comparer cette prison à une boîte en briques de la taille d'une maison, une boîte avec une porte en acier. Lorsque vous êtes à l'intérieur de la boîte, vous pensez que le monde est une boîte en briques. Lorsque vous êtes à l'extérieur, vous voyez que votre contenant du soi est beaucoup plus grand que la boîte en briques. La boîte existe toujours à l'intérieur de votre contenant du soi, mais vous n'y êtes pas confiné.

Je vous dis cela pour plusieurs raisons. La première est que, si vous pouvez accepter votre plus grand sentiment d'identité et renaître dans ce plus grand sens du soi, vous commencerez instantanément à ressentir une plus grande connexion avec le Tout de Dieu. Cela rendra votre chemin beaucoup plus agréable, beaucoup plus paisible. C'est presque comme la différence entre avoir de l'argent à la banque ou être endetté et ne pas avoir d'argent à dépenser.

Je vous dis aussi cela pour une raison très pratique. Lorsque vous êtes à l'intérieur de la boîte en briques, vous pensez que c'est votre vrai soi, votre véritable individualité. Vous savez inconsciemment que vous êtes un être conscient de soi qui est censé cocréer en exprimant son individualité. Vous ne pouvez pas supporter de n'avoir aucune individualité à travers laquelle vous exprimer. Si vous pensez que le moi mortel est votre seule individualité, vous vous sentirez émotionnellement attaché à chaque aspect de ce moi mortel, à chaque brique de la boîte.

Si un enseignant spirituel vient à vous et vous dit que vous devez jeter l'une des briques, vous ne voudrez pas ou ne pourrez pas le faire parce que vous aurez l'impression qu'en abandonnant une partie de votre moi mortel vous perdrez une partie de votre individualité. La distinction subtile est que votre moi mortel est entièrement basé sur les mensonges dualistes de l'esprit de l'antéchrist et il est construit à partir de ces mensonges. Chacun de ces mensonges est une brique qui fait partie de la boîte dans laquelle vous êtes piégé. Afin de retirer la boîte du contenant du soi, il faut systématiquement détacher chaque brique et la jeter. Pour chaque brique que vous jetez, vous montez une marche dans l'escalier en colimaçon.

Si vous regardez la vie de l'intérieur de la boîte, vous penserez que chaque brique est une partie irremplaçable de votre véritable individualité. Si vous perdiez toutes les briques, vous ne seriez rien, vous seriez une coquille vide, vous seriez un trou noir sans individualité. La plus grande peur que tout être conscient de soi a est la perte de son sentiment d'identité, et donc vous aurez peur de laisser tomber les mensonges dualistes que vous considérez comme faisant partie de votre individualité. C'est ce qui transforme le chemin spirituel en une lutte, en Via Dolorosa, où votre esprit conscient cherche à forcer votre esprit subconscient à lâcher l'une des briques de la boîte. Votre esprit subconscient s'accroche à cette brique comme s'il s'agissait d'une question de vie ou de mort, ce que votre esprit subconscient, votre moi mortel, croit qu'il est.

C'est pourquoi tant de personnes de religion chrétienne ou d'autres religions ou du mouvement New Age mènent une bataille constante et difficile. Avec leur esprit conscient, ils réalisent qu'ils doivent changer leur vie, et ils ont utilisé un enseignement spirituel extérieur pour construire une image mentale de la façon dont ils devraient être pour être sauvés ou devenir les personnes spirituelles qu'ils ont décidé d'être.

Leur esprit conscient cherche à imposer cette image mentale à leur subconscient afin que l'image mentale puisse remplacer leur sens actuel du soi. Mais les parties subconscientes de leur esprit résistent à cela, et il y a donc une bataille constante dans leur être, une bataille qui fait de vous une maison divisée contre elle-même, une maison construite sur le sable. C'est pourquoi de nombreux chercheurs spirituels sentent qu'ils font peu de progrès, c'est pourquoi ils ont l'impression qu'à chaque fois qu'ils font un pas en avant, quelque chose les ramène un ou deux pas en arrière.

Vous avez le libre arbitre, vous avez donc parfaitement le droit de continuer la lutte pour le reste de votre vie, et même pendant de nombreuses vies, si vous le désirez. Je n'ai aucune envie de vous dire comment vous devriez suivre votre propre chemin dans la vie. J'ai le désir de vous dire que le chemin spirituel, le chemin vers la vie abondante, le chemin vers le salut et la vie éternelle, ne doit pas être une lutte. Il vous est possible de sortir de la boîte du moi mortel. Lorsque vous sortez, vous voyez et savez que vous êtes plus que le moi mortel. Vous avez toujours cette boîte en briques dans le contenant du soi, mais, parce que vous savez que vous êtes plus que la boîte, parce que vous regardez le monde de l'extérieur de la boîte, vous n'avez plus aucun attachement émotionnel aux briques individuelles qui composent la boîte.

Vous savez que, si vous jetez une brique, vous ne perdez pas votre sentiment d'identité. Jeter une brique n'est plus une question de vie ou de mort. Vous n'avez plus besoin de vous battre pour conserver ces briques car vous savez qu'elles ne font pas vraiment partie de votre vrai vous. Lorsque vous réalisez cette vérité, il devient tellement plus facile de lâcher les briques. Vous pouvez maintenant les lâcher beaucoup plus rapidement et avec beaucoup moins de souffrance et de douleur. Au lieu de vous sentir mourir à chaque fois que vous lâchez une brique, vous sentez maintenant que vous allez vivre plus abondamment après chaque brique que vous jetez parce qu'elle ne pèse plus sur vous.

Mon cœur bien-aimé, pouvez-vous sentir l'immense diffé-rence que cela va faire dans votre vie ? Pouvez-vous sentir comment il est possible, en une étape de renaissance spirituelle, de tout changer dans votre vie ? Littéralement, lorsque vous franchis-sez la porte de la prison et sortez de votre moi mortel, tout dans votre vie changera. La façon dont vous regardez tout, va changer. Toute votre vision de la vie sera fondamentalement modifiée, votre vision de la vie sera immensément élargie.

Bien que cette expansion puisse être un grand changement au début, vous commencerez bientôt à sentir que vous êtes revenu à la façon dont les choses devraient être. Votre sens naturel du soi est l'être spirituel pur que vous êtes. Il n'est pas naturel que votre sens du soi soit confiné dans une petite boîte en briques, et donc, lorsque vous sortez de cette boîte, vous aurez littéralement l'impression d'être rentré chez vous, car vous *êtes* en effet rentré dans le royaume de votre Père, qui est le sens du soi qu'il a créé pour vous à l'origine.

***

Mon cœur bien-aimé, je ne sais que dire de plus pour vous convaincre de la vérité de mes paroles. Quand je regarde l'humanité, comme j'ai observé les êtres humains au cours des deux mille dernières années et même au-delà, je vois que la plupart des humains sur cette planète sont piégés dans de petites boîtes en briques. Chaque être humain a confiné son sens du soi dans cette petite boîte en briques qui constitue son moi mortel. Certains ne savent même pas qu'il y a une porte.

D'autres sont conscients que la boîte a une porte mais ils croient qu'elle est verrouillée et ils n'ont même pas pris la peine de vérifier si c'est vraiment vrai. Ils croient qu'ils n'ont aucun moyen d'échapper à la boîte. Certains croient même qu'ils n'ont pas besoin de s'échapper et ils ont intronisé le moi mortel et, dans certains cas, le prince de ce monde en tant que souverain de leur temple. Certains ont pris conscience de la possibilité de déverrouiller les serrures et éventuellement d'ouvrir la porte. Ils croient toujours qu'ils seront piégés à l'intérieur de la boîte jusqu'à ce que la dernière serrure soit ouverte.

Je me suis unie à la conscience et à l'Être de l'aspect Mère de Dieu. Comme Jésus l'a dit : « *Toutes les fois que vous avez fait ces choses à l'un de ces plus petits de mes frères, c'est à moi que vous les avez faites* » (Matthieu 25.40). En tant que Mère de Dieu, je ressens le même amour pour chacun des habitants de cette Terre. Je ne désire rien de plus que de voir chacun d'entre vous s'échapper de la prison qui vous maintient piégé dans les ténèbres. Je ne désire rien de plus que de vous voir ouvrir la porte de la prison et courir sous le soleil radieux, rempli tellement de ce nouveau sentiment de liberté que vous criez de joie et riez, comme des enfants courant dans une prairie fleurie sous le soleil rayonnant du premier jour du printemps.

C'est mon plus grand désir de voir tous les hommes et les femmes s'échapper de leur prison mentale, de leur petite boîte en briques, et réaliser qui ils sont vraiment. Je n'ai aucune envie de voir des êtres humains gravir l'escalier en colimaçon et, pour chaque marche, combattre le dragon de leur moi mortel comme Saint Georges combattait le dragon. Je désire voir votre Soi conscient se séparer du moi mortel afin que vous puissiez gravir chaque marche de l'escalier en colimaçon avec le sentiment de joie, le sentiment de paix, qui vient du fait de savoir que ce que vous abandonnez est irréel. C'est la joie de savoir qu'à chaque fois que vous renoncez à un mensonge dualiste, vous vous rapprochez un peu plus de la liberté d'exprimer votre individualité divine.

Lorsque vous savez cela, abandonner vos anciennes limitations et votre sens mortel du soi ne sera pas associé à la peur de perdre. Il sera associé à la joie de gagner. Au lieu d'avoir l'impression de perdre quelque chose, vous vous rendez compte qu'en réalité vous gagnez et que votre ancien sens du soi est remplacé par un sens du soi plus grand et plus beau. Mon cœur bien-aimé, c'est le sentiment de lutte qui crée la lutte, et le sentiment de lutte provient de votre attachement émotionnel à votre moi mortel. Cet attachement vient de la peur que, si vous perdez une partie de votre moi mortel, vous n'aurez rien à mettre à sa place. C'est une croyance qui n'existe que lorsque vous regardez la vie de l'intérieur de la boîte de votre moi mortel.

Dès que vous ouvrez la porte de la prison et entrez dans le soleil radieux de votre Présence JE SUIS, vous voyez que, lorsque vous remplacez une partie de votre moi mortel, lorsque vous lâchez une partie de votre moi mortel, vous découvrez la partie correspondante de votre soi immortel qui était obscurcie par l'illusion mortelle. Vous ne perdez rien dans le processus, vous gagnez seulement quelque chose qui est infiniment plus beau et précieux – et c'est le vrai sens de la vie abondante. Vous pouvez avoir toutes les richesses du monde, mais tant que vous serez piégé dans la boîte du moi mortel, vous n'aurez jamais la vie abondante, vous n'échapperez jamais à la peur du manque. C'est le vrai sens des paroles de Jésus : « *Que sert-il à un homme de gagner le monde entier s'il perd son âme* » (Marc 8.36).

Il n'y a qu'un seul moyen d'atteindre la vie abondante : c'est de sortir de la boîte de votre moi mortel pour trouver ainsi l'abondance que Dieu vous donne gratuitement parce que c'est son bon plaisir de vous donner son royaume. Renoncer au seul dollar du moi mortel en vaut la peine, car, à sa place, vous recevez le million de dollars de votre soi immortel. Vous voulez vraiment découvrir les mensonges dualistes du moi mortel. Vous voulez atteindre la vérité de l'esprit du Christ qui remplacera les mensonges de l'esprit de l'antéchrist. Vous avez alors surmonté votre peur de jeter un œil aux illusions de l'antéchrist, et vous ne craignez plus la dénonciation des mensonges dualistes de votre moi mortel parce que vous ne vous identifiez plus à ces mensonges.

***

Ce qui se dresse entre vous et la vie abondante est un léger tour du cadran de la conscience, le cadran du soi. Vous devez éloigner votre sens du moi mortel et accepter le plus grand Soi que vous êtes. Une fois que vous avez fait ce changement, le chemin vers le haut devient facile parce que vous réalisez maintenant avec Jésus : « *Car mon joug est doux, mon fardeau léger* » (Matthieu 11.30). C'est alors que vous surmontez la peur qui empêche la plupart des êtres humains de suivre l'une des déclarations les plus importantes faites par Jésus. Vous vous souviendrez peut-être que Jésus a dit : « *Si quelqu'un veut venir après moi, qu'il renonce à lui-même, qu'il se charge de sa croix et qu'il me suive* » (Matthieu 16.24). De nombreux chrétiens ont lu cette déclaration mais n'ont pas pu en comprendre le sens et l'ont donc ignorée ou l'ont expliquée suivant une ligne de raisonnement dualiste.

Lorsque Jésus a dit de se renier, il parlait de personnes qui s'identifient au moi mortel. Le moi que vous reniez pour suivre le Christ n'est pas le vrai vous : c'est le moi mortel. Vous le reniez en niant qu'il est le vrai vous, en niant la croyance qu'il a un quelconque pouvoir sur vous, en niant l'illusion que le moi mortel peut vous empêcher de suivre le Christ. Vous réalisez et acceptez le fait que ni votre moi mortel, que nous pourrions appeler *l'ennemi intérieur,* ni les forces de ce monde, que nous pourrions appeler *l'ennemi extérieur,* peuvent vous empêcher de suivre le Christ. Rien ne peut vous arrêter, sauf ce que vous laissez se mettre en travers de votre chemin parce que vous vous identifiez à lui ou que vous avez peur de le regarder.

Vous pouvez maintenant aussi voir ce que cela signifie vraiment de prendre votre croix et de suivre le Christ. La croix est un symbole du moi mortel qui est composé de nombreux mensonges dualistes que vous avez fini par accepter. Ils forment une structure dans le monde de la matière, et le Soi conscient est crucifié et maintenu fixé sur cette croix. La croix a quatre bras et, comme je vous l'expliquerai plus loin, cela symbolise les quatre niveaux du spectre matériel de fréquences, ce que nous pourrions appeler vos quatre corps inférieurs. Chacun de ces corps a été pollué par des mensonges dualistes.

Prendre votre croix signifie que vous êtes prêt à vous engager dans le processus systématique de purification de chacun de vos quatre corps inférieurs des mensonges dualistes issus de l'esprit de l'antéchrist. Lorsque vous surmontez ces mensonges, lorsque vous surmontez même le dernier ennemi de la mort – parce que vous permettez à votre moi mortel de mourir sur la croix –, vous serez ressuscité dans la vie immortelle de la conscience du Christ. Vous ne serez plus un disciple du Christ, vous serez lu Christ vivant là où vous êtes. Comme Jésus l'a montré, il vous est possible d'être le Christ vivant ici sur Terre.

Lorsque vous atteignez cet état de conscience, vous ne suivez plus le chemin spirituel pour le bien de votre propre croissance personnelle. Vous avez maintenant atteint la plus grande conscience que vous êtes un avec l'ensemble, avec le Corps de Dieu sur Terre. En étant le Christ vivant incarné sur Terre, vous pouvez servir de porte ouverte pour amener la lumière du Christ dans la conscience collective de l'humanité. Vous pouvez aider à purifier les quatre corps inférieurs de la conscience collective et permettre aux autres de découvrir et de suivre plus facilement le chemin spirituel. Vous pouvez alors dire avec Jésus : *« Et moi, quand j'aurai été élevé de la Terre, j'attirerai tous les hommes à moi »* (Jean 12.32).

C'est pourquoi Jésus est venu sur Terre. Il a pris sur lui les péchés du monde, mais quels sont les péchés du monde ? Les péchés du monde sont les mensonges dualistes que les êtres humains ont acceptés et qui font maintenant partie de la conscience collective. Jésus a pris sur lui un aspect particulier de ces mensonges dualistes, et ce qu'il a pris sur lui était la tendance des êtres humains à suivre aveuglément les dirigeants aveugles, les faux docteurs, ceux qui se sont rebellés contre Dieu et sont venus sur Terre pour tromper les humains afin de prouver qu'ils savent mieux que le Créateur.

Ce sont les serpents, ce sont les forces de l'antéchrist qui ont tenté de contrôler l'humanité pendant très longtemps. Jésus a pris sur lui cette tendance que vous avez à suivre aveuglément un leader sans assumer la responsabilité de votre propre vie et de votre propre chemin. Il a porté ce péché, cet état de conscience dualiste, pendant deux mille ans avec l'espoir que les hommes et les femmes utiliseraient ses enseignements pour manifester la christité personnelle et pour aiguiser leur discernement individuel afin de voir clair dans les mensonges de ces dirigeants aveugles.

Parce que les dirigeants aveugles ont infiltré la religion chrétienne, la plupart des êtres humains ne sont pas parvenus à comprendre consciemment l'existence des dirigeants aveugles et comment leur conscience dualiste a affecté tous les aspects de la vie sur Terre. Si vous ne réalisez pas que vous êtes piégé par une illusion, comment pouvez-vous vous libérer de cette illusion ? Grâce à la mission de Jésus, des millions de personnes sur Terre ont été préparées à se libérer très rapidement de cette illusion dualiste et à reconnaître qu'elles ont été des disciples aveugles des dirigeants aveugles. Il existe un réel potentiel pour un réveil de masse sur cette planète par lequel des millions de personnes prennent conscience du côté spirituel de la vie et du véritable chemin vers un état de conscience supérieur. Cela peut arriver littéralement du jour au lendemain, et cela peut certainement arriver en une décennie.

Si cela se produit, vous verrez cette planète changer énormément. Vous verrez la planète Terre entrer dans un âge d'or de plus grande liberté, à la fois matérielle et spirituelle, et de plus grande abondance, à la fois matérielle et spirituelle. C'est le véritable potentiel de l'époque actuelle. C'est un potentiel qui est très proche de devenir une réalité physique, mais il ne peut devenir une réalité tant qu'une masse critique d'êtres humains ne l'accepte pas comme une réalité physique.

Afin d'accepter le royaume de Dieu comme une réalité manifestée sur Terre, vous devez d'abord accepter le royaume de Dieu comme une réalité dans votre propre conscience et votre être. Mon objectif dans ce cours n'est pas simplement de vous aider à atteindre la vie abondante pour vous-même. C'est aussi de vous aider à voir que vous êtes ici pour être un précurseur de l'âge d'or qui donnera la vie abondante à tout le monde en bannissant, une fois pour toutes, de cette planète les dirigeants aveugles et leur conscience de séparation et de manque.

***

Jésus a dit : « *Je suis venu dans ce monde pour le jugement, pour que ceux qui ne voient point voient, et que ceux qui voient deviennent aveugles* » (Jean 9.39). Le jugement est vraiment une opportunité par laquelle une personne est confrontée au choix de choisir aujourd'hui qui elle servira. Le vrai choix est de savoir si une personne servira l'esprit du Christ ou l'esprit de l'antéchrist. Chaque aspect de la vie sur cette planète a été influencé par l'esprit de l'antéchrist, et l'effet est que la plupart des gens n'ont pas le choix entre l'esprit du Christ et l'esprit de l'antéchrist.

Tout ce qu'ils ont été amenés à croire est influencé par l'esprit de l'antéchrist. Comment donner aux gens la possibilité de choisir qui ils vont servir ? Ce choix ne peut leur être donné qu'en rencontrant quelqu'un qui a manifesté un degré de christité plus élevé que celui qu'ils ont eux-mêmes manifesté. En rencontrant cette personne, ils réalisent soudainement qu'il y a plus dans la vie, qu'il y a un état de conscience plus élevé. C'est précisément ce qui s'est passé quand les gens ont rencontré Jésus.

J'ai marché plusieurs fois avec Jésus et j'ai vu comment les hommes et les femmes réagissaient lorsqu'ils le rencontraient. Certes, il y a eu beaucoup de types de réactions différentes, mais je peux vous dire que très peu de gens qui ont rencontré Jésus dans la chair pouvaient rester indifférents. Presque tout le monde sentait qu'il y avait quelque chose de spécial à propos de Jésus. Ce qu'ils sentaient n'était pas le fait que la personne extérieure de Jésus était si spéciale, mais qu'il avait atteint la conscience du Christ, qu'il était la porte ouverte pour que la lumière universelle du Christ brille dans les ténèbres de ce monde. En rencontrant Jésus, la mémoire intérieure des êtres humains a été éveillée et ils ont eu, à partir de ce moment-là, l'occasion de reconnaître cette mémoire intérieure et de commencer à marcher sur le chemin du retour.

Certains ont choisi de nier cette mémoire et de justifier leur choix par un raisonnement dualiste, mais au moins ils en ont eu l'occasion. En rencontrant la plus grande lumière qui brillait à travers Jésus, les humains avaient la possibilité de choisir s'ils feraient demi-tour et serviraient cette lumière ou s'ils continueraient à servir les ténèbres de l'esprit de l'antéchrist. Étaient-ils prêts à reconnaître que, si Jésus pouvait atteindre la christité, peut-être ils le pourraient eux aussi ? Ou nieraient-ils leur potentiel de revêtir l'esprit du Christ, de laisser cet esprit être en eux, qui était aussi en Jésus-Christ (Philippiens 2.5) ? C'est le véritable choix auquel les gens doivent faire face actuellement. Vont-ils continuer à suivre les faux dirigeants de l'antéchrist ou vont-ils finalement se séparer de la dualité et suivre la vérité de Christ ?

Mon cœur bien-aimé, vous devez faire face à ce choix à un niveau personnel, et j'ai fait tout ce que je pouvais penser pour vous faciliter le choix d'accepter votre potentiel christique, de marcher sur le chemin du Christ, de renier votre moi mortel, de prendre votre croix et de suivre l'exemple de Jésus. Au fur et à mesure que vous suivez ce chemin et revêtez la plus grande partie de votre état christique, vous devenez vraiment l'instrument qui donne aux autres le même choix.

Chaque être humain a reçu le libre arbitre de Dieu de sorte que vous et les autres avez le droit de nier le chemin vers la christité ou votre potentiel pour le suivre. Il ne vous appartient pas de savoir si d'autres personnes acceptent ou nient leur potentiel. Votre rôle est de leur offrir la possibilité de choisir, puis de leur laisser le soin de décider de ce qu'ils feront de leur choix. Afin de leur présenter le choix, vous devez parcourir le chemin vous-même et manifester un degré de christité qui permet aux autres de sentir qu'il y a quelque chose de différent en vous, que vous avez quelque chose qu'ils n'ont pas. Ce que vous avez, c'est la plus grande lumière du Fils de Dieu, *le Soleil* de Dieu.

Lorsqu'ils sentiront cette lumière, cela réveillera en eux la mémoire intérieure qu'il y a quelque chose de plus dans la vie, et beaucoup d'entre eux reconnaîtront vraiment ce souvenir. Ils vous regarderont et ils diront : « Cette personne n'est pas si différente de moi. S'il ou elle pouvait devenir la porte ouverte à la lumière de Dieu, alors peut-être que je le pourrais aussi ? » Jésus est venu sur cette planète pour montrer par l'exemple le chemin vers la christité individuelle. Parce que les faux enseignants se sont infiltrés dans la religion chrétienne et ont transformé Jésus en idole, très peu de gens sur cette planète ont suivi l'exemple de Jésus. C'est pourquoi ceux qui sont prêts actuellement ont un grand besoin de voir à travers l'idolâtrie construite par les faux docteurs et de suivre le chemin de la christité individuelle.

Ce n'est que lorsque des millions de personnes le feront qu'il pourra y avoir un éveil de la conscience collective. Les êtres humains peuvent accepter le chemin vers la christité parce qu'il leur est montré à travers les exemples de personnes qui étaient comme eux. Tant de gens ont été élevés pour voir Jésus comme étant très différent d'eux-mêmes, et ils ne peuvent pas s'identifier à lui. Comment pourraient-ils accepter la déclaration de Jésus selon laquelle ceux qui croient en lui feront les œuvres qu'il a faites (Jean 14.12) ? Comment pourraient-ils le voir comme un exemple à suivre alors qu'il était si différent, alors qu'il était né d'une vierge, alors qu'il était Dieu depuis le tout début, alors qu'il pouvait faire tous ces miracles qu'eux-mêmes ne peuvent pas faire ?

Les faux enseignants sur cette planète ont fait tout ce qui était en leur pouvoir pour détruire l'exemple de Jésus et ainsi détruire sa mission. Jésus est venu pour libérer l'humanité de ces faux enseignants et libérer l'humanité du mensonge selon lequel les êtres humains ont besoin de quelque chose d'extérieur à eux – les faux enseignants et leurs enseignements – pour entrer dans le royaume de Dieu. Sinon, pourquoi Jésus aurait-il dit : « *On ne dira point : Il est ici ou Il est là. Car voici, le royaume de Dieu est en vous* » (Luc 17.21).

Le complot de ces faux enseignants est qu'ils ont tenté de détruire la mission de Jésus. Je suis ici avec vous pour vous donner ce cours, parce que je vous aime et j'aime Jésus. Je veux voir la mission de Jésus devenir une victoire sur cette planète. Je veux voir cela par mon amour infini pour Jésus, mais s'il vous plaît, sachez que je n'aime pas Jésus plus que je vous aime. En raison de mon amour pour vous, je veux vous voir découvrir la vérité sur la mission de Jésus afin que vous puissiez suivre ses traces et vous libérer de l'esprit de l'antéchrist. Je veux que vous soyez libre à la fois de l'ennemi extérieur, le prince de ce monde, et de l'ennemi intérieur, votre moi mortel.

Mon amour est inconditionnel et je n'accepterai aucune condition qui vous piège dans ce moi mortel. Je suis venue vous donner ce cours qui contient la vérité qui peut vous rendre libre, si vous l'acceptez et lui permettez de devenir le levain qui élèvera toute votre conscience (Matthieu 13.33). Si vous acceptez la vérité que je vous donne, alors cette vérité vous *rendra* effectivement libre de tous les mensonges de l'antéchrist. Ce n'est pas simplement une promesse que je fais. *C'est la vérité !*

Le problème auquel la plupart des êtres humains sont confrontés est qu'ils ont grandi dans un monde rempli de croyances dualistes. Ils vivent à l'intérieur de la prison humaine et ils n'ont jamais rien vu en dehors de celle-ci. Ils vivent à l'intérieur d'une boîte en briques complètement sombre et ils pensent que l'obscurité est uniquement ce qui existe. Lorsque vous ouvrez la porte de la prison et que la lumière rayonnante du soleil brille par cette porte, l'illusion qu'il n'y a que l'obscurité est instantanément dissipée.

Les ténèbres n'ont pas de réalité en Dieu. Ce qui n'a pas de réalité immortelle ne peut avoir aucun pouvoir sur vous parce que vous êtes un être spirituel immortel. Cela ne peut vous influencer que tant que vous pensez qu'il a une réalité. À partir du moment où la lumière du Christ pénètre dans votre être et dissipe l'illusion que la dualité est tout ce qu'il y a, vous serez libéré de cette illusion. Il ne s'agit pas d'un vœu pieux. C'est une réalité que vous pouvez démontrer en entrant dans une pièce sombre et en appuyant sur l'interrupteur.

***

Prenez note d'une distinction subtile ici. Le but de la vie est d'apporter la lumière dans l'obscurité du vide. Le vide originel n'a rien dedans, et donc il est sombre. Cette obscurité n'est ni bonne ni mauvaise, c'est simplement l'absence de lumière. L'obscurité du vide n'est pas la même chose que ce que les êtres humains appellent le mal. Parce que les êtres humains ont fait l'expérience du fruit de la connaissance du bien et du mal, ils ont créé une situation dans laquelle deux polarités relatives ont obscurci à la fois la lumière de Dieu et les ténèbres originelles du vide.

Les êtres humains, dirigés par de faux enseignants aveugles, ont été trompés en créant leur propre image relative et dualiste du bien et du mal. Le mal semble être obscur et le bien semble être lumière, c'est pourquoi Paul a dit : « *Satan lui-même se déguise en ange de lumière* » (2 Corinthiens 11.14). Aucun de ces opposés relatifs ne représente la réalité de la lumière de Dieu ou l'obscurité du vide. Ils n'ont pas de réalité ultime parce qu'ils n'existent que sous forme d'images temporaires projetées sur la lumière Mater par des êtres conscients de soi piégés dans l'esprit de l'antéchrist.

Parce que les gens ont été trompés, ils en sont venus à croire que le mal a une réalité effective, qu'il existe vraiment comme l'opposé de Dieu. Ils en sont venus à croire que ce que leurs autorités religieuses ou politiques définissent comme bon est en fait bon selon la réalité de Dieu. Ce n'est rien d'autre qu'un écran de fumée. Le bien et le mal provenant de la conscience de dualité n'ont pas de réalité ultime. Ce que les êtres humains appellent le mal n'est qu'une illusion qui est l'absence de la lumière du Christ. Même ce que les êtres humains appellent bien n'est que *relativement* bon, et c'est aussi une illusion qui est l'absence du plus grand bien, le bien absolu, de l'esprit du Christ.

Les êtres humains ont été piégés dans un jeu sans fin basé sur l'illusion qu'il y a une bataille entre le bien et le mal sur cette planète. La bataille n'est qu'entre le bien *relatif* et le mal *relatif*, et ces deux forces sont définies par la conscience de dualité. Ils n'ont aucune réalité, ils n'ont aucune vérité en eux, ils n'ont aucune vie en eux. Derrière ces illusions, ces mirages dans le désert, se cache la réalité de Dieu ancrée en permanence dans l'Esprit universel du Christ. La conscience de l'antéchrist n'est pas vraiment en opposition avec l'esprit du Christ parce que la vérité du Christ n'a pas d'opposé.

Les forces de l'antéchrist croient qu'elles sont en opposition avec l'esprit du Christ, mais cette opposition n'existe que dans leur esprit. Cette opposition ne peut exister que parce que les forces de l'antéchrist s'accrochent au moi mortel né de la séparation d'avec le Tout. Pour Dieu, ces forces n'ont pas de réalité, pas de vie. Toutes les choses que les forces de l'antéchrist ont construites sur cette Terre sont comme des tours de Babel. Ces forces cherchent à prendre le ciel par la force en construisant une tour qui s'élève dans le ciel, mais cette tour est construite sur du sable. Elle s'effondrera assurément parce que la force de contraction de la Mère la brisera, comme elle brise tout ce qui n'est pas aligné avec la réalité de Dieu.

***

Vous pouvez continuer à jouer à ce jeu serpentin, à ce jeu dualiste, par lequel vous pourriez penser que vous êtes une personne spirituelle ou religieuse qui se bat sûrement du côté du Christ en luttant contre les forces que vous croyez être le mal. En réalité, vous n'êtes qu'un pion dans le jeu dualiste de l'antéchrist dans lequel aucun des deux camps ne représente la vérité absolue du Christ. Beaucoup de gens auront du mal à accepter cet enseignement. Ils auront du mal à admettre que ce qu'ils ont toujours cru être une bonne cause pourrait en fait être une illusion basée sur l'esprit de l'antéchrist. Beaucoup auront également du mal à croire qu'en tant que personne spirituelle vous ne devriez pas lutter contre le mal humain.

Pourquoi pensez-vous que Jésus a dit : « *Mais moi, je vous dis de ne pas résister au méchant. Si quelqu'un te frappe sur la joue droite, présente-lui aussi l'autre* » (Matthieu 5.39). Jésus disait à ses disciples de s'élever au-dessus du jeu dualiste entre le bien *relatif* et le mal *relatif*. En combattant le mal humain, vous ne faites que vous emprisonner plus fermement dans l'état de conscience dualiste. Vous pouvez continuer à jouer à ce jeu pour le reste de votre vie et pendant de nombreuses vies.

Lorsque vous vous lasserez de cette lutte sans fin, je serai là pour vous montrer qu'il existe une alternative. Il y a un chemin qui vous mène au-delà de la lutte dualiste sans fin entre deux forces, dont aucune n'est de Dieu. Il y a un chemin qui vous mène au-delà de toute lutte en vous conduisant au-delà des forces opposées et en vous conduisant dans l'unité de l'esprit de Christ dans laquelle il n'y a pas de divisions, dans laquelle il n'y a ni changement ni ombre de variation (Jacques 1.17). Tout bien *relatif* et tout mal *relatif* sont remplacés par l'unique lumière du Soleil de Dieu.

Jésus est venu offrir ce chemin à l'humanité il y a deux mille ans. Jésus est toujours ici aujourd'hui pour vous offrir ce chemin. Comme il l'a dit : « *Je suis avec vous pour toujours, jusqu'à la fin du monde* » (Matthieu 28.20). La fin du monde ne signifie pas que la Terre cessera d'exister, comme le croient tant de chrétiens. La fin du monde signifie la fin de la dualité, la fin du règne de la dualité sur cette planète. La fin du monde signifie le stade où une masse critique d'êtres humains se sera élevée à la conscience du Christ. Ils revendiqueront la Terre pour le Christ afin que Dieu puisse bannir le prince de ce monde. Le Christ apparaîtra comme le roi qui régnera pour toujours sur la Terre parce que la Terre sera maintenant devenue le royaume de Dieu.

Vous pouvez être un précurseur pour cet événement, mais vous ne pouvez le faire que si vous êtes prêt à prendre votre croix et à purifier systématiquement votre être des mensonges de l'antéchrist. Si vous êtes prêt à suivre ce vrai chemin, alors je suis prête à vous prendre par la main et à marcher avec vous à chaque étape du chemin. Ce chemin n'est pas la Via Dolorosa, ce n'est pas une lutte sans fin. Le vrai chemin de christité est le chemin de l'amour, le chemin de la joie, le chemin de la liberté, le chemin de la vie abondante. Vous pouvez échapper au sentiment de lutte en détournant votre sentiment d'identité de la lutte dualiste.

Certaines personnes sont déjà prêtes à faire ce changement, et elles peuvent le faire instantanément. Cela ne vous demande qu'une décision, mais vous ne pouvez pas prendre de décision dans le passé ni dans le futur. Vous ne pouvez prendre une décision que dans *le présent,* ce qui signifie que vous pouvez décider d'abandonner la lutte à tout moment. Vous n'échapperez à la lutte qu'en décidant de rejeter l'image que la vie est une lutte. Pour prendre cette décision, vous devez décider de la prendre *dès maintenant.*

Je suis pleinement consciente que, pour certains, le moment n'est pas encore arrivé où ils peuvent prendre cette décision. La raison en est qu'ils sont encore trop identifiés au moi mortel. Si cela s'applique à vous, n'ayez crainte. Dans la suite de ce cours, je vous donnerai les outils dont vous avez besoin pour vous libérer du joug de ce moi mortel afin que vous puissiez accepter votre liberté, la liberté qui n'a jamais été perdue mais qu'il vous appartient toujours de revendiquer dans l'éternel présent – qui est vraiment le seul moment qui existe.

6. J'invoque ma libération de la lutte

Au nom de JE SUIS CE QUE JE SUIS, de Jésus-Christ, j'appelle Kuan Yin, Mère Marie et toutes les représentantes de la Mère divine. Aidez-moi à surmonter tout sentiment d'être coincé, de devoir lutter contre des forces et des conditions extérieures à moi-même. Aidez-moi à accepter mes pouvoirs créateurs et à prendre conscience des facteurs qui bloquent le flux de ma créativité donnée par Dieu.

Aidez-moi aussi... *(ajouter vos demandes personnelles)*.

I. Je suis dans le royaume de Dieu

1. J'ai une conscience qui est indépendante de mon moi extérieur. Je choisis de reconnecter ma conscience au pur sens de l'Être, au pur sens de la conscience, au pur sens du soi que JE SUIS.

Ô Kuan Yin, ton nom est sacré
Comme ta flamme de miséricorde.
Je me libère en faisant grâce,
La clé est de tout pardonner.

Kuan Yin, dans ta douce mélodie,
Je suis libre d'être ce que JE SUIS.
Avec ta grande vitalité,
Je retrouve l'immortalité.

2. J'éloigne mon sentiment d'identité du moi mortel pour me rapprocher du soi immortel. Je renais spirituellement et je renais dans l'Esprit. Je reconnais que je suis déjà dans le royaume des cieux en ce moment même.

Ô Kuan Yin, j'abandonne enfin
Tous mes attachements ici-bas,
Et mes sentiments refoulés,
Pour guérir émotionnellement.

Kuan Yin, dans ta douce mélodie,
Je suis libre d'être ce que JE SUIS.
Avec ta grande vitalité,
Je retrouve l'immortalité.

3. Je rejette systématiquement les mensonges dualistes qui constituent mon moi mortel, et je découvre mon Soi divin.

Ô Kuan Yin, je ne ressens plus
Que ma vie est une lutte sans fin.
En abandonnant mes attentes,
Mon mental devient une coupe vide.

Kuan Yin, dans ta douce mélodie,
Je suis libre d'être ce que JE SUIS.
Avec ta grande vitalité,
Je retrouve l'immortalité.

4. Je ne m'identifie plus au moi mortel. Même si j'ai toujours un moi mortel, je suis digne et capable d'être dans le royaume de Dieu en ce moment même.

Ô Kuan Yin, je vais transcender
Tout ressentiment du passé.
Je n'attends plus rien du futur,
Je suis dans l'éternel présent.

Kuan Yin, dans ta douce mélodie,
Je suis libre d'être ce que JE SUIS.
Avec ta grande vitalité,
Je retrouve l'immortalité.

5. Le royaume de Dieu est en moi. Le royaume de Dieu est un état intérieur, un état de conscience. Le royaume de Dieu se manifeste dans ma vie lorsque le Soi conscient s'identifie comme étant dans le royaume de Dieu.

Ô Kuan Yin, aide-moi à sortir
De cette mer de Samsara.
Prends-moi dans ton bateau Prajna,
Je vois que la rive est tout proche.

Kuan Yin, dans ta douce mélodie,
Je suis libre d'être ce que JE SUIS.
Avec ta grande vitalité,
Je retrouve l'immortalité.

6. Je modifie ma perception de moi-même. Je reconnais que je suis un être spirituel et rien dans ce monde ne peut m'enlever cette véritable identité. J'accepte d'être dans le royaume de Dieu en ce moment même.

Ô Kuan Yin, par ton alchimie
Et des miracles, tu me libères.
Le pardon me libère vraiment,
Et je ne me sens plus coupable.

Kuan Yin, dans ta douce mélodie,
Je suis libre d'être ce que JE SUIS.
Avec ta grande vitalité,
Je retrouve l'immortalité.

7. Je ne peux pas me débarrasser instantanément du moi mortel parce qu'il doit être dissous par une série de décisions graduelles. Pourtant, je me débarrasse instantanément du sentiment que je suis confiné et piégé à l'intérieur du moi mortel.

Ô Kuan Yin, je vis sans souci
Sans avoir à faire ou défaire.
J'abandonne le moi séparé
Pour rester uni avec toi.

Kuan Yin, dans ta douce mélodie,
Je suis libre d'être ce que JE SUIS.
Avec ta grande vitalité,
Je retrouve l'immortalité.

8. Le Soi conscient est bien plus que la prison du moi mortel.

Ô Kuan Yin, ta grande sainteté
Me libère de la vanité.
Plus rien n'a vraiment d'importance
Lorsque je lâche prise et te suis.

Kuan Yin, dans ta douce mélodie,
Je suis libre d'être ce que JE SUIS.
Avec ta grande vitalité,
Je retrouve l'immortalité.

9. J'accepte mon plus grand sentiment d'identité. Je renais dans ce plus grand sens du soi et je ressens une plus grande connexion au Tout de Dieu. Mon parcours est beaucoup plus agréable et beaucoup plus paisible.

Ô Kuan Yin, comme est doux le son
Qui émane de la sainte Terre !
En abandonnant mon ego,
J'atteins un rivage plus lointain.

Kuan Yin, dans ta douce mélodie,
Je suis libre d'être ce que JE SUIS.
Avec ta grande vitalité,
Je retrouve l'immortalité.

II. Je ne suis pas attaché à mes croyances

1. Mon individualité est plus que le moi mortel. Je ne suis émotionnellement attaché à aucun aspect de ce moi mortel. Je suis prêt à abandonner les croyances de mon moi mortel parce que je sais que je ne perdrai pas mon individualité, mais que je la retrouverai pleinement.

Ô Kuan Yin, ton nom est sacré
Comme ta flamme de miséricorde.
Je me libère en faisant grâce,
La clé est de tout pardonner.

Kuan Yin, dans ta douce mélodie,
Je suis libre d'être ce que JE SUIS.
Avec ta grande vitalité,
Je retrouve l'immortalité.

2. Je transcende la peur que la perte de mon moi mortel, ou de l'une de ses croyances, signifie la perte de mon individualité. Je transcende la lutte dans laquelle mon esprit conscient cherche à

contraindre mon esprit subconscient à abandonner une croyance, provoquant ainsi la résistance de ce dernier.

Ô Kuan Yin, j'abandonne enfin
Tous mes attachements ici-bas,
Et mes sentiments refoulés,
Pour guérir émotionnellement.

Kuan Yin, dans ta douce mélodie,
Je suis libre d'être ce que JE SUIS.
Avec ta grande vitalité,
Je retrouve l'immortalité.

3. Le chemin spirituel, le chemin vers la vie abondante, le chemin vers le salut et la vie éternelle, ne doit pas être une lutte. Je sors de la boîte du moi mortel. Je sais que je suis plus que le moi mortel.

Ô Kuan Yin, je ne ressens plus
Que ma vie est une lutte sans fin.
En abandonnant mes attentes,
Mon mental devient une coupe vide.

Kuan Yin, dans ta douce mélodie,
Je suis libre d'être ce que JE SUIS.
Avec ta grande vitalité,
Je retrouve l'immortalité.

4. Je n'ai plus aucun attachement émotionnel aux croyances individuelles qui composent la boîte de mon moi mortel, parce que je sais que je suis plus que la boîte, parce que je regarde le monde depuis l'extérieur de la boîte.

Ô Kuan Yin, je vais transcender
Tout ressentiment du passé.
Je n'attends plus rien du futur,
Je suis dans l'éternel présent.

Kuan Yin, dans ta douce mélodie,
Je suis libre d'être ce que JE SUIS.
Avec ta grande vitalité,
Je retrouve l'immortalité.

5. Lorsque je rejette une croyance, je ne perds pas mon sentiment d'identité. Se défaire d'une croyance n'est plus une question de vie ou de mort. Je n'ai plus besoin de me battre pour garder ces croyances parce que je sais qu'elles ne font pas partie de mon vrai soi.

Ô Kuan Yin, aide-moi à sortir
De cette mer de Samsara.
Prends-moi dans ton bateau Prajna,
Je vois que la rive est tout proche.

Kuan Yin, dans ta douce mélodie,
Je suis libre d'être ce que JE SUIS.
Avec ta grande vitalité,
Je retrouve l'immortalité.

6. Au lieu de sentir que je vais mourir chaque fois que j'abandonne une croyance, je sens maintenant que je vais vivre plus abondamment parce que chaque croyance que je rejette ne pèse plus sur mon élévation.

Ô Kuan Yin, par ton alchimie
Et des miracles, tu me libères.
Le pardon me libère vraiment,
Et je ne me sens plus coupable.

Kuan Yin, dans ta douce mélodie,
Je suis libre d'être ce que JE SUIS.
Avec ta grande vitalité,
Je retrouve l'immortalité.

7. Cela fait une immense différence dans ma vie. En une étape de renaissance spirituelle, je change tout dans ma vie.

Ô Kuan Yin, je vis sans souci
Sans avoir à faire ou défaire.
J'abandonne le moi séparé
Pour rester uni avec toi.

Kuan Yin, dans ta douce mélodie,
Je suis libre d'être ce que JE SUIS.

Avec ta grande vitalité,
Je retrouve l'immortalité.

8. Toute ma vision de la vie a fondamentalement changé, ma vision de la vie s'est énormément élargie. Je sens que je suis revenu à la façon dont les choses devraient être.

Ô Kuan Yin, ta grande sainteté
Me libère de la vanité.
Plus rien n'a vraiment d'importance
Lorsque je lâche prise et te suis.

Kuan Yin, dans ta douce mélodie,
Je suis libre d'être ce que JE SUIS.
Avec ta grande vitalité,
Je retrouve l'immortalité.

9. Mon sens naturel du soi est l'être spirituel pur que je suis. Il n'est pas naturel que mon sens du soi soit confiné dans une petite boîte. Je sors de cette boîte et j'ai l'impression d'être de retour à la maison. Je suis en effet de retour dans le royaume de mon Père, qui est le sens du soi qu'Il a créé pour moi à l'origine.

Ô Kuan Yin, comme est doux le son
Qui émane de la sainte Terre !
En abandonnant mon ego,
J'atteins un rivage plus lointain.

Kuan Yin, dans ta douce mélodie,
Je suis libre d'être ce que JE SUIS.
Avec ta grande vitalité,
Je retrouve l'immortalité.

III. Je marche avec le Christ

1. Je m'identifie avec mon Soi conscient et je me sépare du moi mortel. Je monte chaque marche de l'escalier en colimaçon avec un sentiment de joie et de paix, car je sais que ce à quoi je renonce est une illusion. C'est la joie de savoir qu'à chaque fois que j'abandonne un mensonge dualiste, je me rapproche un peu plus de la liberté d'exprimer mon individualité divine.

Ô Kuan Yin, ton nom est sacré
Comme ta flamme de miséricorde.
Je me libère en faisant grâce,
La clé est de tout pardonner.

Kuan Yin, dans ta douce mélodie,
Je suis libre d'être ce que JE SUIS.
Avec ta grande vitalité,
Je retrouve l'immortalité.

2. Abandonner mes anciennes limitations et mon sens mortel du soi n'est pas associé à la peur de perdre, mais plutôt à la joie de gagner. Je gagne réellement quelque chose lorsque je remplace mon ancien sens du soi par un sens du soi plus grand et plus beau.

Ô Kuan Yin, j'abandonne enfin
Tous mes attachements ici-bas,
Et mes sentiments refoulés,
Pour guérir émotionnellement.

Kuan Yin, dans ta douce mélodie,
Je suis libre d'être ce que JE SUIS.
Avec ta grande vitalité,
Je retrouve l'immortalité.

3. Quand je remplace une partie de mon moi mortel, quand je lâche une partie de mon moi mortel, je découvre la partie correspondante de mon soi immortel qui était obscurcie par l'illusion mortelle. Je ne perds rien dans ce processus, je gagne en revanche quelque chose d'infiniment plus beau et plus précieux – et c'est le vrai sens de la vie abondante.

Ô Kuan Yin, je ne ressens plus
Que ma vie est une lutte sans fin.
En abandonnant mes attentes,
Mon mental devient une coupe vide.

Kuan Yin, dans ta douce mélodie,
Je suis libre d'être ce que JE SUIS.

Avec ta grande vitalité,
Je retrouve l'immortalité.

4. J'abandonne le sentiment d'être piégé dans la boîte du moi mortel, j'abandonne la peur du manque. La seule façon d'atteindre la vie abondante est de sortir de la boîte de mon moi mortel. Je retrouve l'abondance que Dieu me donne gratuitement parce que c'est son bon plaisir de me donner son royaume.

Ô Kuan Yin, je vais transcender
Tout ressentiment du passé.
Je n'attends plus rien du futur,
Je suis dans l'éternel présent.

Kuan Yin, dans ta douce mélodie,
Je suis libre d'être ce que JE SUIS.
Avec ta grande vitalité,
Je retrouve l'immortalité.

5. Je veux découvrir les mensonges dualistes du moi mortel. J'atteins la vérité de l'esprit du Christ qui remplacera les mensonges de l'esprit de l'antéchrist. Je surmonte ma peur de regarder en face les illusions de l'antéchrist.

Ô Kuan Yin, aide-moi à sortir
De cette mer de Samsara.
Prends-moi dans ton bateau Prajna,
Je vois que la rive est tout proche.

Kuan Yin, dans ta douce mélodie,
Je suis libre d'être ce que JE SUIS.
Avec ta grande vitalité,
Je retrouve l'immortalité.

6. Ce qui se dresse entre moi et la vie abondante est un léger tour du cadran de la conscience, le cadran du soi. Je déplace mon sens du soi loin du moi mortel et j'accepte le plus grand Soi que JE SUIS.

Ô Kuan Yin, par ton alchimie
Et des miracles, tu me libères.

Le pardon me libère vraiment,
Et je ne me sens plus coupable.

**Kuan Yin, dans ta douce mélodie,
Je suis libre d'être ce que JE SUIS.
Avec ta grande vitalité,
Je retrouve l'immortalité.**

7. Je suis prêt à renier mon moi mortel pour suivre Jésus. Le moi que je renie pour suivre le Christ n'est pas le vrai soi, c'est le moi mortel. Je le renie en niant qu'il est le vrai soi. Je nie la croyance qu'il a un quelconque pouvoir sur moi. Je nie l'illusion que le moi mortel peut m'empêcher de suivre le Christ.

Ô Kuan Yin, je vis sans souci
Sans avoir à faire ou défaire.
J'abandonne le moi séparé
Pour rester uni avec toi.

**Kuan Yin, dans ta douce mélodie,
Je suis libre d'être ce que JE SUIS.
Avec ta grande vitalité,
Je retrouve l'immortalité.**

8. Ni mon moi mortel, l'ennemi intérieur, ni les forces de ce monde, l'ennemi extérieur, ne peuvent m'empêcher de suivre le Christ. Rien ne peut m'arrêter parce que je ne m'identifie pas *à mon moi mortel* et je suis prêt à regarder n'importe quel aspect de ce moi mortel.

Ô Kuan Yin, ta grande sainteté
Me libère de la vanité.
Plus rien n'a vraiment d'importance
Lorsque je lâche prise et te suis.

**Kuan Yin, dans ta douce mélodie,
Je suis libre d'être ce que JE SUIS.
Avec ta grande vitalité,
Je retrouve l'immortalité.**

9. Je prends ma croix et je marche dans les pas du Christ. La croix est un symbole pour le moi mortel, qui est composé de nombreux mensonges dualistes que j'ai fini par accepter. Grâce à ma volonté de tout regarder et de tout abandonner, le Soi conscient n'est plus cloué sur cette croix.

Ô Kuan Yin, comme est doux le son
Qui émane de la sainte Terre !
En abandonnant mon ego,
J'atteins un rivage plus lointain.

Kuan Yin, dans ta douce mélodie,
Je suis libre d'être ce que JE SUIS.
Avec ta grande vitalité,
Je retrouve l'immortalité.

IV. J'accepte ma christité

1. Je prends ma croix. Je suis prêt à m'engager dans le processus systématique de purification de chacun de mes quatre corps inférieurs, purification qui me débarrasse des mensonges dualistes provenant de l'esprit de l'antéchrist.

Ô Kuan Yin, ton nom est sacré
Comme ta flamme de miséricorde.
Je me libère en faisant grâce,
La clé est de tout pardonner.

Kuan Yin, dans ta douce mélodie,
Je suis libre d'être ce que JE SUIS.
Avec ta grande vitalité,
Je retrouve l'immortalité.

2. Je surmonte tous les mensonges, je surmonte même le dernier ennemi qui est la mort en permettant à mon moi mortel de mourir sur la croix. Je ressuscite dans la vie immortelle de la conscience du Christ. Je ne suis plus un disciple du Christ, je suis le Christ vivant là où je suis. Il m'est possible d'être le Christ vivant ici sur Terre.

Ô Kuan Yin, j'abandonne enfin
Tous mes attachements ici-bas,
Et mes sentiments refoulés,
Pour guérir émotionnellement.

**Kuan Yin, dans ta douce mélodie,
Je suis libre d'être ce que JE SUIS.
Avec ta grande vitalité,
Je retrouve l'immortalité.**

3. Je ne marche plus sur le chemin spirituel uniquement pour ma propre croissance. J'ai d'autant plus conscience que je ne fais qu'un avec le Tout, avec le Corps de Dieu sur Terre. En étant le Christ vivant incarné sur Terre, je sers de porte ouverte pour amener la lumière du Christ dans la conscience collective de l'humanité.

Ô Kuan Yin, je ne ressens plus
Que ma vie est une lutte sans fin.
En abandonnant mes attentes,
Mon mental devient une coupe vide.

**Kuan Yin, dans ta douce mélodie,
Je suis libre d'être ce que JE SUIS.
Avec ta grande vitalité,
Je retrouve l'immortalité.**

4. J'aide à purifier les quatre corps inférieurs de la conscience collective, ce qui permet aux autres de découvrir et de suivre plus facilement le chemin spirituel.

Ô Kuan Yin, je vais transcender
Tout ressentiment du passé.
Je n'attends plus rien du futur,
Je suis dans l'éternel présent.

**Kuan Yin, dans ta douce mélodie,
Je suis libre d'être ce que JE SUIS.
Avec ta grande vitalité,
Je retrouve l'immortalité.**

5. Afin d'accepter le royaume de Dieu comme une réalité mani-festée sur Terre, j'accepte le royaume de Dieu comme une réalité dans ma propre conscience et mon être. Je suis ici pour être un précurseur d'un âge d'or qui donnera la vie abondante à tous en bannissant, une fois pour toutes, de cette planète les dirigeants aveugles et leur conscience de séparation et de manque.

Ô Kuan Yin, aide-moi à sortir
De cette mer de Samsara.
Prends-moi dans ton bateau Prajna,
Je vois que la rive est tout proche.

Kuan Yin, dans ta douce mélodie,
Je suis libre d'être ce que JE SUIS.
Avec ta grande vitalité,
Je retrouve l'immortalité.

6. Je découvre la vérité sur la mission de Jésus, et je marche dans ses pas en me libérant de l'esprit de l'antéchrist. Je suis libre à la fois de l'ennemi extérieur, le prince de ce monde, et de l'ennemi intérieur, mon moi mortel.

Ô Kuan Yin, par ton alchimie
Et des miracles, tu me libères.
Le pardon me libère vraiment,
Et je ne me sens plus coupable.

Kuan Yin, dans ta douce mélodie,
Je suis libre d'être ce que JE SUIS.
Avec ta grande vitalité,
Je retrouve l'immortalité.

7. J'accepte la vérité du Christ et je lui permets de devenir le levain qui fait lever toute ma conscience. La vérité me rendra libre de tous les mensonges de l'antéchrist. Ce n'est pas simplement une promesse, c'est la vérité !

Ô Kuan Yin, je vis sans souci
Sans avoir à faire ou défaire.

J'abandonne le moi séparé
Pour rester uni avec toi.

Kuan Yin, dans ta douce mélodie,
Je suis libre d'être ce que JE SUIS.
Avec ta grande vitalité,
Je retrouve l'immortalité.

8. Mère Marie, je suis prêt à suivre le vrai chemin. Prends ma main et marche avec moi à chaque pas. Montre-moi le vrai chemin du Christ, le chemin de l'amour, le chemin de la joie, le chemin de la liberté, le chemin de la vie abondante.

Ô Kuan Yin, ta grande sainteté
Me libère de la vanité.
Plus rien n'a vraiment d'importance
Lorsque je lâche prise et te suis.

Kuan Yin, dans ta douce mélodie,
Je suis libre d'être ce que JE SUIS.
Avec ta grande vitalité,
Je retrouve l'immortalité.

9. Je prends la décision consciente de détourner mon sentiment d'identité de la lutte dualiste. Je ne peux prendre de décision ni dans le passé ni dans le futur. Je ne peux prendre de décision que dans le présent. Je décide que je n'accepterai plus l'image que la vie est un combat et je prends cette décision en ce moment même.

Ô Kuan Yin, comme est doux le son
Qui émane de la sainte Terre !
En abandonnant mon ego,
J'atteins un rivage plus lointain.

Kuan Yin, dans ta douce mélodie,
Je suis libre d'être ce que JE SUIS.
Avec ta grande vitalité,
Je retrouve l'immortalité.

Sceau final :

Au nom de la Mère divine, je demande à Kuan Yin et à Mère Marie de me sceller, ainsi que toutes les personnes de mon cercle d'influence, dans le flux créateur de la Mère divine, le Fleuve de Vie. Je demande la multiplication de mes appels par toutes les représentantes de la Mère divine afin que nous formions le flux parfait en huit de « comme en haut, ainsi en bas ». J'accepte donc que cela soit pleinement manifesté parce que la bouche du Seigneur, la Mère divine que JE SUIS, l'a prononcé. Amen.

7. Abandonner l'illusion du Dieu en colère

Mon cœur bien-aimé, il n'y a absolument rien qui vous empêche d'entrer dans le royaume de votre Père. Toute l'idée qu'il y a quelque chose qui se dresse entre vous et le royaume de Dieu est une illusion. C'est une illusion créée par l'ennemi en vous, votre moi mortel, et par l'ennemi extérieur, le prince de ce monde. Ces deux ennemis ont intérêt à vous garder enfermé dans la prison mentale du moi mortel. La porte de cette prison mentale n'est pas verrouillée, et l'idée que la porte est verrouillée est une illusion dualiste.

Un grand nombre d'êtres humains pourraient trouver cela en contradiction avec ce qu'ils ont été amenés à croire. Tant d'hommes et de femmes ont été élevés avec deux idées qui font qu'il est difficile de croire qu'ils peuvent réintégrer le royaume de Dieu à tout moment. La première de ces idées est le concept selon lequel Dieu est un Dieu en colère qui est assis sur un trône au ciel, surveillant chacun de vos mouvements. Ce Dieu est prêt à vous juger et à vous condamner pour chaque erreur que vous faites, et même à vous envoyer en enfer si vous violez ses commandements. Ce concept de Dieu en colère dans le ciel a été proclamé par un certain nombre de religions sur cette planète. Malheureusement, même les Églises chrétiennes renforcent cette fausse image, cette idole de Dieu. Cette image d'un Dieu extérieur en colère est une image taillée, créée par l'esprit de l'antéchrist.

La deuxième idée qui pourrait rendre difficile l'acceptation de ce que je vous ai dit dans les chapitres précédents est le concept, défini par de nombreuses religions, selon lequel vous avez besoin de quelque chose ou de quelqu'un d'extérieur à vous-même pour être sauvé. La religion chrétienne est l'un des principaux promoteurs de ce concept. Les Églises chrétiennes sont absolument déterminées à proclamer la doctrine selon laquelle Jésus-Christ est le seul chemin du salut, et à affirmer que tous les non-chrétiens iront en enfer.

Je sais qu'elles fondent cette doctrine sur certaines des déclarations de Jésus, mais je vous mets au défi de relire la Bible et de trouver tout passage où Jésus dit que sa personne extérieure ou la religion extérieure est la seule voie du salut. Si vous venez d'un milieu chrétien, vous vous référerez instantanément à la citation de l'Évangile de Jean où Jésus dit : « *Je suis le chemin, la vérité et la vie : nul ne vient au Père que par moi* » (Jean 14.6).

Jésus est venu faire la démonstration, par son exemple, qu'il est possible pour les êtres humains sur Terre de développer la conscience du Christ et de devenir ainsi le Christ vivant incarné. Jésus a démontré ce chemin en le suivant jusqu'au bout, ce qui signifie que, vers la fin de sa mission, il était si pleinement identifié avec l'esprit universel du Christ que, lorsqu'il a prononcé les mots « JE SUIS », il ne faisait pas référence à sa personne extérieure dans un corps humain. Le Soi conscient de Jésus était complètement identifié à sa Présence JE SUIS et à son Créateur.

Lorsque Jésus a dit les mots « JE SUIS », il faisait vraiment référence à l'esprit universel du Christ, à la Présence JE SUIS et au Créateur, le JE SUIS CE QUE JE SUIS. Quand il a dit « JE SUIS », il voulait dire que son sens du soi fait un avec son plan divin, conservé dans l'esprit universel du Christ – un avec son soi immortel et un avec son Créateur. Jésus disait vraiment que le sens du soi basé sur l'unité est le chemin, la vérité et la vie. Aucun être humain ne peut venir au Créateur sans passer par le sentiment d'unité avec Dieu provenant de l'esprit du Christ. Vous ne pouvez pas venir à Dieu tant que vous voyez Dieu comme un Dieu extérieur et comme un être en colère dans le ciel. Vous ne pouvez venir à Dieu que lorsque vous réalisez que vous êtes une individualisation de Dieu, que vous êtes un fils ou une fille de Dieu, que vous êtes Dieu s'exprimant à travers votre sens localisé du soi, que le JE SUIS qui est en vous est Dieu.

Ce sentiment intérieur d'unité est la véritable clé du salut. Il en a toujours été ainsi, et il en sera toujours ainsi. À travers les âges, les êtres humains ont utilisé l'esprit dualiste de l'antéchrist pour créer de nombreuses images taillées de Dieu, d'eux-mêmes et du chemin du salut. Rien de ce que les êtres humains ont créé n'a changé le fait fondamental que le seul véritable chemin vers le salut est l'unité avec leur Créateur. La seule vraie voie vers le salut est que le Soi conscient doit changer son sentiment d'identité afin qu'il ne s'identifie plus avec le moi mortel, afin qu'il ne s'identifie plus comme étant séparé de son Créateur. Le Soi conscient doit s'identifier comme une extension du Créateur et donc comme faisant un avec le Créateur.

C'est vraiment le sens de la déclaration de Jésus selon laquelle le royaume de Dieu est en vous (Luc 17.21). Lorsque vous comparez cela à la citation de Jean, vous voyez que, si le royaume de Dieu est vraiment en vous, cela n'a aucun sens que vous devez passer par une personne historique – qui a vécu il y a deux mille ans – pour entrer le royaume de Dieu. Cela n'a aucun sens que vous ayez à passer par un être ascensionné que vous avez tendance à identifier comme étant extérieur à vous.

Cela ne veut pas dire que vous ne pouvez pas entrer dans le royaume de Dieu en passant par le Maître ascensionné Jésus-Christ, mais vous ne pouvez le faire que lorsque vous atteignez un sentiment d'unité avec Jésus et le voyez comme votre frère, peut-être même comme une plus grande partie de votre famille spirituelle, votre arbre de vie, et comme une plus grande partie de vous-même. Je ne nie pas le fait que Jésus occupe aujourd'hui une fonction spirituelle en tant que Sauveur pour cette planète et que sa mission est d'aider chaque chercheur spirituel à entrer dans le royaume de Dieu. Encore une fois, vous ne pouvez le faire qu'en passant par le sentiment d'unité intérieure – l'innocence – qui est la véritable clé du salut.

***

Afin d'atteindre un sentiment d'unité avec votre Créateur, vous devez abandonner l'image que Dieu est un être en colère dans le ciel, prêt à vous punir pour toute erreur que vous faites. Vous êtes la progéniture de Dieu. Dieu vous a créé pour être un cocréateur et Dieu vous a donné l'imagination et le libre arbitre.

Votre Créateur n'a d'autre désir pour vous que de vous voir retourner à votre empreinte divine originelle afin que vous puissiez être ce que vous avez été créé pour être. Lorsque vous retournez à cet état de grâce, à cet état d'innocence, vous pouvez construire sur votre individualité divine et devenir plus que ce pour quoi vous avez été créé.

Le Créateur est vraiment une expression du désir de Dieu d'être plus, et donc vous êtes, en tant que cocréateur, une expression du désir de votre Créateur d'être plus. Votre Créateur n'a qu'un seul désir, et c'est d'être plus. En tant qu'expression de cette volonté, Dieu a créé le monde de forme. Comme expression encore plus grande de la volonté d'être plus, Dieu a créé des cocréateurs conscients de soi afin que le Créateur puisse devenir plus à travers vous. Votre Créateur n'a d'autre désir que de devenir plus à travers vous. Dieu ne peut être plus à travers vous que lorsque vous vous transcendez et devenez plus que ce pour quoi vous avez été créé.

Tant que le Soi conscient s'identifie comme étant inférieur à votre empreinte divine, Dieu ne peut pas devenir plus à travers vous. Ce n'est pas ce que Dieu désire voir se produire, comme Jésus a tenté de l'illustrer dans sa parabole des talents (Matthieu 25.14). Dieu récompense les cocréateurs qui multiplient leurs talents, mais même la parabole de Jésus n'est pas entièrement correcte. Ce n'est pas la faute de Jésus, mais cela est dû au fait que même Jésus a dû s'exprimer d'une manière adaptée à la conscience des gens à cette époque.

Ceci est clairement démontré par le fait que Jésus enseigna aux multitudes en paraboles et expliqua les mystères plus profonds à ses disciples (Marc 4.34). Jésus a même dit : « *J'ai encore beaucoup de choses à vous dire, mais vous ne pouvez pas les supporter maintenant* » (Jean 16.12). Il y a deux mille ans, l'humanité était encore tellement piégée dans la conscience de la peur et de la séparation que les gens voyaient Dieu comme un Dieu extérieur. La parabole de Jésus sur les talents parle du maître qui récompense les serviteurs qui ont multiplié leurs talents et punit le serviteur qui a enterré ses talents dans le sol (comme symbole du moi mortel).

Or, Dieu n'est pas celui qui vous punit. *C'est vous-même* qui vous punissez parce que l'univers de Dieu agit simplement comme un miroir. Si vous enfouissez vos talents dans le sol de la conscience de dualité, vous envoyez le message que la vie est un combat. Le miroir cosmique vous renvoie des situations qui confirment votre conviction que la vie est un combat. Si vous acceptez l'image que Dieu est un être en colère et jugeant qui vous punira de vos erreurs, alors vous envoyez cette image dans le miroir cosmique. Devinez ce que le miroir cosmique vous reflétera !

***

Mon cœur bien-aimé, la conséquence de ce que je vous ai dit jusqu'ici est que lorsque vous êtes piégé dans le moi mortel, lorsque vous êtes piégé dans la conscience de dualité, vous devenez une prophétie autoréalisatrice. Ce que vous envoyez vous est renvoyé par le miroir cosmique. Si vous vous sentez privé de l'abondance de Dieu, l'univers vous donnera des circonstances extérieures qui reflètent votre conviction que Dieu est un tyran injuste qui retient délibérément l'abondance de la vie.

À travers les siècles, les êtres humains ont vécu avec l'image d'un Dieu extérieur comme un être en colère et jugeant. Quand quelque chose de mal arrive aux gens, ils ont tendance à penser que cela doit être la punition de Dieu pour leurs péchés. Chaque mauvaise chose qui arrive aux gens ne fait que renforcer l'image que Dieu est en colère et jugeant. Au fil des générations et des siècles, cette image d'un Dieu en colère s'est ancrée dans la conscience collective. Certaines personnes l'ont accepté pendant tant de vies qu'il leur est extrêmement difficile de lâcher ce veau d'or.

Le Créateur est vraiment au-delà de sa création. Il n'y a aucune image dans ce monde de forme qui puisse représenter avec précission le Tout de votre Créateur. Il n'y a pas de mots qui peuvent décrire adéquatement le Créateur, et la conséquence est qu'aucune écriture religieuse ne peut jamais donner une description exacte ou complète de votre Créateur. Lorsque vous faites une image de Dieu, vous créez automatiquement une image taillée, et vous violez ainsi les deux premiers commandements donnés à Moïse (Exode 20.3-4). Votre image taillée devient le faux Dieu que vous commencez maintenant à adorer au lieu du vrai Dieu qui est au-delà de toute image qu'un être humain pourrait éventuellement créer, toute image qui pourrait être créée par des mots.

La véritable signification des deux premiers commandements donnés à Moïse est que, si vous créez une image de Dieu basée sur la dualité de l'esprit de l'antéchrist, alors cette image sera inévitablement une image taillée, une fausse image. Cette image dualiste obscurcira le vrai Dieu, et donc vous commencerez inévitablement à adorer un faux Dieu de votre propre création ou la création de quelqu'un d'autre – peut-être de faux enseignants qui viennent en vêtements de brebis. Vous adorez un Dieu figé, alors que le vrai Dieu est le Fleuve de Vie qui coule toujours, qui se transcende toujours.

Je ne suis pas ici pour détruire votre foi en une religion ou en une religion particulière. Si vous êtes un vrai chercheur spirituel et si vous êtes soucieux de revenir dans le royaume de votre Père, vous devez inévitablement arriver au stade où vous êtes prêt à remettre en question l'image de Dieu qui vous a été présentée depuis l'enfance. Vous devez être prêt à considérer que l'image de Dieu proclamée par votre religion a peut-être été influencée par l'esprit de l'antéchrist. Si vous avez été élevé à croire en l'image d'un Dieu en colère et jugeant, je peux vous assurer que cette image n'a pas seulement été influencée par l'esprit de l'antéchrist, mais qu'elle en est issue.

C'est facile à voir lorsque vous reconnaissez deux faits simples. Tout est créé à partir de la substance de Dieu, l'Être de Dieu. Vous êtes créé à partir de l'être de Dieu, ce qui signifie que vous faites partie de l'Être de Dieu. Vous n'êtes pas séparé de Dieu et vous êtes vraiment une extension de Dieu. Si Dieu décidait de vous punir, Dieu se punirait lui-même, et cela serait-il du bon sens ? L'autre fait est que l'esprit de l'antéchrist est fondé sur le sentiment de séparation d'avec Dieu, sur l'illusion que toute partie de Dieu et que tout ce qui a été créé par le Créateur ou un cocréateur peut être séparé de sa source. Une fois qu'un être conscient accepte l'illusion de la séparation, il devient possible que cet être puisse créer une image taillée du Dieu qu'il voit maintenant comme étant en dehors de lui-même.

Dans le Jardin d'Éden, tous les êtres conscients de soi étaient innocents parce qu'ils avaient le sentiment intérieur qu'ils faisaient partie de quelque chose de plus grand qu'eux-mêmes. Ils savaient qu'ils faisaient partie du Corps de Dieu et ils savaient qu'ils étaient connectés à un être plus grand, à savoir la Présence JE SUIS. Leur concept de Dieu n'était pas que Dieu est un être extérieur dans le ciel. Alors que les cocréateurs étaient encore dans l'innocence du Jardin d'Éden, ils connaissaient la vérité éternelle que le royaume de Dieu est à l'intérieur. Ce n'est qu'après avoir décidé de prendre part au fruit de la connaissance du bien et du mal qu'ils sont devenus la proie de l'illusion qu'ils étaient séparés de leur source.

Lorsqu'ils ont commencé à accepter l'illusion de la séparation, ils ne pouvaient plus se voir comme ayant un lien intérieur avec Dieu. Ce sentiment intérieur d'unité, cet état d'innocence, a été perdu et ils ont construit à sa place une image taillée d'un Dieu extérieur. De cette image du Dieu extérieur est né le concept d'un Dieu en colère et punitif dans le ciel, un Dieu qui cherche à imposer sa volonté sur eux comme une restriction à leur liberté créative.

Mon cœur bien-aimé, c'est vraiment mon désir de vous aider à surmonter les illusions qui vous séparent de la vie abondante, du royaume de votre Père. Afin de vous aider à surmonter ces illusions, je dois vous expliquer comment ces illusions sont nées. Ces illusions ont surgi de la conscience de l'antéchrist qui se considère comme séparé de Dieu et qui utilise la dualité du bien et du mal relatifs pour créer une image taillée de Dieu qui obscurcit le vrai Dieu. Vous êtes créé à partir de l'Être de Dieu et Dieu n'a d'autre désir que de vous voir devenir plus que ce pour quoi vous avez été créé et ainsi faire l'expérience de la vie abondante – qui n'est produite que par une transcendance constante de soi.

Dieu n'a jamais voulu que vous vous perdiez dans la peur, la séparation et le manque. Dieu n'a jamais voulu que vous ressentiez de la douleur ou de la souffrance ou quoi que ce soit de moins que l'abondance qu'Il envisageait pour vous à l'origine. Je peux vous dire avec la certitude absolue d'un être qui s'est élevé au-dessus de la conscience de dualité et qui s'est uni au Créateur que Dieu n'a d'autre désir que de vous voir vous élever au-dessus de la conscience de dualité et être libre d'exprimer votre individualité divine. Dieu n'a aucun désir de vous punir ni de vous retenir dans un état de limitation ni de vous maintenir dans la conscience de dualité.

Dieu serait heureux de vous voir libéré de cette conscience de dualité dès maintenant, mais, parce que Dieu respecte votre libre arbitre, Dieu sait que vous devez retourner dans son royaume en remplaçant vos choix passés, les choix basés sur la dualité de l'antéchrist, par des choix fondés sur le roc du Christ. Dieu n'a aucun désir de contourner ce processus, mais Dieu a le désir de vous voir terminer ce processus le plus rapidement possible. Je peux vous assurer que Dieu ne mettrait jamais d'obstacles sur votre chemin, qu'Il ne vous gênerait en aucune façon pour que vous preniez plus de temps que nécessaire pour achever le processus de retour dans son royaume.

Dieu ne désire pas que vous vous sentiez coupable de vos erreurs. Dieu veut que vous reconnaissiez vos choix, que vous réalisiez qu'ils étaient basés sur la conscience de l'antéchrist, puis que vous les remplaciez par la vérité du Christ qui vous permet de prendre de meilleures décisions. Dès que vous avez appris une certaine leçon, dès que vous avez pris une meilleure décision, Dieu vous considère comme définitivement libéré de vos erreurs passées. Dieu veut que vous soyez libre afin que vous puissiez revenir à votre empreinte divine et être le bel être immortel que Dieu a créé. Il ne veut plus se souvenir de vos péchés (Hébreux 10.17) et il veut aussi que vous effaciez le souvenir de vos péchés.

L'amour de Dieu pour vous est inconditionnel et Dieu n'a créé aucune condition qui vous sépare de la vie abondante de son amour inconditionnel. En Dieu, il n'y a ni changement ni ombre de variation (Jacques 1.17). Si Dieu n'a posé aucune condition, alors d'où viennent les conditions ? Elles ne peuvent exister qu'en un seul endroit, à savoir dans la conscience de dualité, dans un esprit qui se considère séparé de l'amour inconditionnel de Dieu. Les conditions qui semblent vous garder séparé de la vie abondante et du royaume de Dieu n'ont aucune réalité dans la conscience de Dieu et dans l'esprit de Christ. Ce ne sont que des illusions et elles n'existent que dans la conscience de l'antéchrist. Elles proviennent de la conscience de séparation, qui crée des conditions qui ne sont pas réelles.

**

Considérez le fait que vous êtes une extension de l'Être du Créateur. Dieu vous a créé parce qu'Il désire expérimenter davantage à travers vous, à travers votre sens localisé de conscience. Dieu désire achever la création du monde de forme à partir de l'intérieur de ce monde. Dieu désire faire l'expérience de la beauté de la création de l'intérieur même de la création. Vous n'êtes pas séparé de votre Créateur, vous êtes une extension de votre Créateur regardant le monde de la forme depuis l'intérieur de ce monde et cocréant depuis l'intérieur de la création. Dieu ne désire pas que vous soyez inférieur à ce que Dieu a créé au commencement. Dieu désire être *plus* à travers vous, et non *moins* à travers vous. Dieu désire vous voir échapper à la prison de votre moi mortel et n'a aucun désir de vous retenir dans cette prison.

Mon cœur bien-aimé, si vous allez dans votre cœur et considérez ce que je vous ai dit maintes fois dans différents contextes, votre cœur vous dira que c'est bien la vérité que je dis. Vous pourrez alors reconsidérer la question logique de savoir qui cherche à vous retenir piégé dans la prison de votre moi mortel. Je vous ai déjà donné la réponse à cette question, à savoir l'ennemi intérieur et l'ennemi extérieur. Il sera bénéfique d'examiner de plus près ces deux ennemis.

Vous avez été créé à l'origine en tant que Soi conscient, en tant que contenant du soi et en tant que soi immortel, votre Présence JE SUIS. Votre contenant du soi, votre sphère du soi, n'était pas complètement rempli de la lumière de Dieu, et le Soi conscient pouvait y ajouter la lumière grâce à ses efforts créatifs. Vous étiez en effet censé le faire ; vous étiez destiné à multiplier vos talents. Lorsque le Soi conscient a décidé d'expérimenter le fruit de la connaissance du bien et du mal, la conscience de dualité, vous avez commencé à ajouter du contenu au contenant du soi, contenu qui était fondé sur la conscience de dualité.

Ce contenu n'était pas d'une vibration pure ni suffisamment élevée pour s'élever au niveau de votre soi immortel et être conservé comme votre trésor amassé au ciel. Il n'était pas le résultat d'une multiplication de vos talents mais celui de l'enfouissement de vos talents dans le sol. Des éléments mortels de faibles vibrations étaient maintenant accumulés dans la partie inférieure de votre contenant du soi, rendant votre être total moindre que ce qu'il a été créé pour être, bien moindre que votre empreinte divine. Au fur et à mesure que vous poursuiviez ce processus, ces éléments de dualité se sont accumulés et ont pris du poids.

Comme vous le savez de l'univers matériel, lorsqu'une quantité suffisante de matière s'accumule à un endroit spécifique, elle commence à exercer une force gravitationnelle qui s'étend au-delà de ses limites. La planète Terre est entourée d'un champ gravitationnel et attire toute poussière ou particule existant dans l'espace, même une grosse particule comme la lune. Au fur et à mesure que la poussière de vos décisions et croyances dualistes s'accumulait dans le contenant du soi, elle a finalement atteint une masse critique et a commencé à exercer une force gravitationnelle. Cette force tirait sur le Soi conscient, et votre attention était de plus en plus dirigée vers les éléments mortels dans le contenant du soi. Réfléchissez à la manière dont certains événements ou même certaines habitudes de pensée peuvent attirer votre attention sur des situations, des personnes, des endroits où d'autres manifestations de l'univers matériel.

Je vais maintenant expliquer un point subtil, et encore une fois votre intellect aura du mal à comprendre mais votre cœur sera capable de saisir le sens intérieur. Tout est créé à partir de l'Être de Dieu, qui est vraiment la conscience. Tout a une conscience en soi. Même ce que les êtres humains appellent la matière inanimée a un certain état de conscience rudimentaire. L'esprit de l'anté-christ a une conscience – c'est simplement une conscience qui vibre à une vibration inférieure à la conscience du Christ, comme la lumière infrarouge vibre à une fréquence inférieure à la lumière ultraviolette. En prenant des décisions basées sur la conscience de l'antéchrist et en ajoutant des éléments mortels au contenant du soi, vous permettez en fait à la conscience de l'antéchrist d'accéder à la sphère du soi.

Au début, ces éléments de dualité forment une force gravita-tionnelle qui attire mécaniquement votre attention. Au fur et à mesure que cette conscience accumule de la masse, elle atteindra finalement une masse critique où elle ne sera plus simplement une collection de décisions et d'énergie. Au lieu de cela, cette agglo-mération de décisions et d'énergie séparées devient alors un tout cohérent qui prend soudainement une conscience distincte comme étant un moi séparé. À ce moment-là, vous avez la création de votre moi mortel, qui a un sens du soi séparé qui existe dans votre contenant du soi.

Vous avez été créé pour être entier et sans forces contradic-toires inhérentes, ce qui signifie que vous ne conteniez rien de moins que la perfection de l'esprit du Christ. En autorisant des éléments de l'antéchrist à venir dans votre être, vous avez pollué votre sphère du soi. Lorsque le moi mortel est né, vous avez permis la formation d'un être étranger à l'intérieur de votre sphère du soi. C'est la véritable signification de l'enseignement de Jésus sur la maison qui est divisée contre elle-même et qui ne peut pas supporter la lumière de la vérité du Christ. Votre moi mortel est ce qui divise votre maison, votre sphère du soi, et qui éloigne le Soi conscient de la perfection de votre empreinte divine. Cela vous rend moins que ce pour quoi vous avez été créé au lieu de plus, et c'est précisément ce problème qui vous prive de la vie abondante.

Votre contenant du soi ne contenait à l'origine que le Soi conscient et votre Présence JE SUIS. C'était le concept originel, et, au fur et à mesure que vous exprimiez vos pouvoirs créateurs, vous pouviez étendre la lumière jusqu'à ce qu'elle remplisse toute la sphère du soi pour devenir « comme en haut, ainsi en bas ». Votre sphère du soi n'a jamais été censée contenir quoi que ce soit d'étranger ou d'opposé à votre empreinte divine. Lorsque votre moi mortel est né, il a formé une opposition à votre sens immortel du soi, il a formé un moi qui était étranger à votre empreinte divine. Votre moi mortel est basé sur des décisions qui ne sont pas en harmonie avec les lois de Dieu et avec votre individualité divine. Ces décisions créent des images dualistes, des images taillées, qui obscurcissent votre soi immortel, votre Présence JE SUIS.

Au fur et à mesure que votre moi mortel gagnait en force, son attraction gravitationnelle devenait plus forte, et le Soi conscient, votre attention, a été attirée pour se concentrer de plus en plus sur ce moi mortel. À un moment donné, votre moi mortel est devenu si fort que le Soi conscient a commencé à s'identifier à lui. Cela a accéléré le pouvoir de votre moi mortel jusqu'à ce qu'il réussisse à convaincre le Soi conscient que vous êtes un être mortel. Cela s'est produit parce que le moi mortel n'était plus une force passive, mais était vraiment un envahisseur qui cherchait à contrôler votre sphère du soi en contrôlant le dirigeant de cette sphère, à savoir le Soi conscient. Finalement, le moi mortel pourrait même vous faire perdre la mémoire de votre soi immortel. Vous avez maintenant descendu l'escalier jusqu'au point où vous êtes piégé dans les ténèbres extérieures du moi mortel et de la conscience de l'antéchrist.

Le Serpent dans le Jardin d'Éden tentait Ève contre le représentant de Dieu. Le Serpent était un intrus étranger, un envahisseur étranger dans le jardin. Votre moi mortel est en effet un intrus étranger dans votre sphère du soi, qui est vraiment votre Jardin d'Éden individuel. En raison du libre arbitre, il était possible que le Soi conscient puisse décider de participer à la conscience de dualité. Dieu n'a pas mis le Serpent dans le jardin. L'existence de la conscience de l'antéchrist est une conséquence du fait de vous avoir donné le libre arbitre, mais Dieu vous a placé dans une sphère protégée dans laquelle l'esprit serpentin n'existait pas.

La conscience de dualité existait en dehors de cette sphère, et seul le Soi conscient pouvait l'inviter à l'intérieur de la sphère du soi. Vous n'aviez pas besoin de faire cela, mais c'était un choix que vous avez fait. *Vous* avez créé une ouverture par laquelle l'ennemi extérieur put accéder à votre sphère du soi et insérer le poison du doute qui a fini par se développer dans votre moi mortel en tant qu'ennemi intérieur. Ce moi mortel est une extension de l'ennemi extérieur, tout comme votre soi immortel est une extension de votre Créateur.

Le moi mortel est vraiment un être séparé, un être qui est étranger au but de votre existence. C'est un être qui a envahi votre sphère du soi et qui est en opposition avec le but pour lequel vous avez été créé. C'est ce moi mortel qui vous empêche d'hériter du royaume de votre Père. C'est votre moi mortel qui vous empêche de vivre une vie abondante. Le seul vrai chemin vers une plus grande abondance est que vous devez séparer le Soi conscient de ce moi mortel. Vous devez passer par un processus de séparation du moi mortel afin de ne plus vous identifier à lui. Afin de passer par ce processus, vous devez d'abord surmonter l'illusion que vous *êtes* le moi mortel.

Le Soi conscient a la capacité de s'identifier à n'importe quoi. Tant que le Soi conscient s'identifie au moi mortel, comment pourrait-il s'en séparer ? Vous ne pouvez pas vous séparer de vous-même, vous ne pouvez pas vous séparer de ce que vous voyez comme vous-même, de votre sens du soi. La première étape du voyage de retour est de réaliser que le moi mortel ne fait pas partie de votre être véritable. Il est nécessaire pour vous de comprendre, d'accepter et d'intérioriser le fait que le moi mortel est un intrus étranger qui n'a jamais fait partie du dessein de Dieu et qui n'a jamais été destiné à faire partie de votre être. Lorsque vous réalisez pleinement ce fait, il devient beaucoup plus facile pour vous de vous séparer du moi mortel.

***

Votre moi mortel a un sentiment d'identité distinct, une conscience distincte. Votre moi mortel est comme un dirigeant

étranger qui est entré dans votre royaume, a détrôné le roi légitime
– le Soi conscient – et s'est érigé en nouveau roi. Depuis qu'il est
monté sur le trône, il a gouverné votre royaume, votre sphère du
soi, d'une poigne de fer. Vous pouvez imaginer que si un roi a
envahi un royaume et l'a gouverné pendant longtemps, il ne va pas
abandonner son pouvoir et ses privilèges sans se battre. Votre moi
mortel ne va pas abandonner son contrôle sur le Soi conscient sans
se battre, et il est essentiel que vous compreniez pourquoi il en est
ainsi.

Le moi mortel a été créé par *vous*. Il a été créé par votre expérimentation avec la conscience de dualité par laquelle vous avez
amené une partie de l'énergie pure de Dieu à prendre une vibration inférieure. Le moi mortel ne peut continuer à exister que tant
que vous restez piégé dans la conscience de dualité et que vous
continuez à la nourrir d'énergie. Même les formes de vie les plus
primitives sur Terre ont un instinct de survie de base. De même,
votre moi mortel a un instinct de survie. Il sait très bien qu'il a été
créé uniquement parce que vous avez pris la conscience de dualité.
Il sait très bien que si vous deviez vous séparer de cette conscience,
elle cesserait d'exister.

Tout est énergie et tout dans le monde de la forme est créé à
partir d'énergie spirituelle dont la vibration a été abaissée. Vous
êtes un cocréateur avec Dieu parce que votre Présence JE SUIS
forme la porte ouverte par laquelle la lumière pure de Dieu peut
couler dans votre sphère du soi. Vous dirigez ensuite cette lumière
vers la création d'une forme. Si le Soi conscient s'identifie à votre
Présence JE SUIS, vous exprimerez vos capacités créatrices à
travers ce soi immortel. Si le Soi conscient s'identifie au moi
mortel, vous exprimerez vos pouvoirs créateurs à travers ce moi
mortel. Lorsque la lumière de Dieu coule à travers le moi mortel,
ce moi utilise une partie de cette lumière pour se maintenir. Le
moi mortel ne peut continuer à exister que tant que le Soi
conscient permet à la lumière de Dieu de circuler à travers le moi
mortel.

Lorsque vous vous séparez du moi mortel et que vous le voyez
comme un intrus étranger, vous réduisez instantanément la

quantité de lumière traversant le moi mortel. Il y aura encore de la lumière qui le traversera parce que vous avez encore certaines croyances dualistes dans le contenant du soi. En supprimant systématiquement ces croyances, vous finirez par couper toute lumière traversant votre moi mortel. Lorsque vous aurez supprimé toutes les croyances dualistes qui composent votre moi mortel et que vous aurez coupé le flux de lumière qui le traversait, votre moi mortel cessera d'exister. Il mourra littéralement.

Parce que votre moi mortel a un instinct de survie, il ne veut pas que cela se produise. Il se battra pour sa vie, et la seule façon de maintenir sa vie est de vous garder piégé dans certaines croyances dualistes. Votre moi mortel projettera sur le Soi conscient tout ce qu'il peut imaginer afin de vous garder émotionnellement attaché à certaines croyances dualistes ou de vous empêcher de voir à travers l'illusion de ces croyances.

Votre moi mortel sait que c'est littéralement une question de vie ou de mort pour lui que de vous empêcher de faire un pas plus haut dans l'escalier en colimaçon. Il cherchera à vous rendre cette étape la plus difficile possible à franchir. Mais vous pouvez, à tout moment, ouvrir la porte de la prison de votre moi mortel et en sortir. Si vous ne vous êtes pas séparé du moi mortel, alors le moi mortel trouvera très facile de vous attacher à vos croyances dualistes. Si le Soi conscient s'identifie au moi mortel, le Soi conscient croira littéralement qu'il mourra s'il abandonne l'une de vos croyances dualistes. Il vous sera évidemment impossible de renoncer à cette croyance.

Afin de retourner dans le royaume de votre Père, vous devez abandonner les illusions de l'antéchrist. Afin d'abandonner les illusions de l'antéchrist, vous devez d'abord vous séparer du moi mortel qui veut vous garder piégé dans ces illusions. Vous devez vous séparer de la grande illusion selon laquelle abandonner les mensonges de l'antéchrist signifie la mort de votre individualité. Vous ne pouvez le faire que lorsque vous réalisez que le Soi conscient *n'est pas* le moi mortel, mais qu'il *est plus* que le moi mortel et qu'il est en effet un être spirituel immortel.

***

Afin de franchir pleinement l'étape de vous séparer du moi mortel, il vous sera très utile d'avoir une compréhension plus détaillée de la façon dont ce moi mortel a vu le jour et comment il a réussi à prendre le contrôle du Soi conscient. Lorsque votre courant de vie est né, vous n'avez pas été créé avec la pleine conscience de votre Créateur, vous avez été créé comme un bébé en Christ.

Vous étiez censé grandir dans la conscience de soi jusqu'à ce que vous deveniez pleinement conscient de votre origine et de vos pouvoirs créateurs, jusqu'à ce que vous puissiez vous accepter comme fils ou fille de Dieu, comme une individualisation de votre Créateur. Vous avez été conçu pour vous aventurer dans un monde qui avait un faible niveau de lumière, et donc la partie inférieure de votre sphère du soi avait un niveau de lumière proportionnellement bas. Vous étiez censé aider à élever le niveau de lumière dans le monde matériel en élevant le niveau de lumière dans votre sphère du soi.

En raison du faible niveau de lumière dans votre propre être, la partie inférieure de votre sphère du soi n'était pas le reflet de la partie supérieure, votre Présence JE SUIS. Vous aviez une connexion intérieure avec votre Présence JE SUIS, mais il n'était pas évident pour votre intellect que vous soyez une extension de Dieu. Il était possible que le Soi conscient puisse commencer à s'identifier comme moins qu'un être spirituel illimité. Cependant, au fur et à mesure que vous intensifiez la lumière dans votre être, que vous étiez fidèle sur certaines choses, vous apportiez plus de lumière dans votre sphère du soi. Finalement, il deviendrait évident que vous êtes une extension d'un Être spirituel immortel. Votre sphère inférieure du soi serait le reflet de votre sphère supérieure du soi.

Afin de vous aider à traverser ce processus, vous avez reçu les conseils d'un enseignant aimant. Cet enseignant est celui que la Bible appelle Dieu dans le Jardin d'Éden. À un moment donné, le Soi conscient a décidé d'ignorer l'une des directives données par votre enseignant, à savoir la directive de ne pas manger du fruit de la connaissance du bien et du mal relatifs. Au fur et à mesure que vous expérimentiez la conscience de dualité, vous descendiez de plus en plus l'escalier en colimaçon. À un moment donné, vous avez vécu un moment de vérité.

Ce moment de vérité est venu lorsque vous avez fait le pas qui vous a empêché de voir à travers la porte en haut de l'escalier, qui vous a empêché de voir votre Présence JE SUIS. À ce moment-là, vous avez réalisé que vous étiez descendu trop loin dans la conscience de dualité. Vous avez réalisé que vous aviez perdu la connexion directe avec votre Présence JE SUIS. Vous avez également réalisé qu'en vous séparant de votre Présence JE SUIS, vous vous étiez séparé de votre enseignant et qu'il n'y avait aucun moyen de cacher ce que vous aviez fait. C'est ce que la Bible décrit comme le fait qu'Adam et Ève ont soudainement vu qu'ils étaient nus (Genèse 3.7). Quand ils ont réalisé leur nudité, ils ont eu honte.

Mon cœur bien-aimé, ce moment de vérité représente un tournant extrêmement important pour votre courant de vie. L'histoire du Jardin d'Éden est un symbole de ce qui est arrivé à ces cocréateurs qui ont mangé le fruit de la connaissance du bien et du mal. Tous ces êtres sont descendus dans la conscience de dualité et, au début, la descente a été si graduelle qu'ils n'ont pas réalisé ce qui se passait. À un moment donné, ils ont perdu de vue la Présence JE SUIS. Ils ont alors réalisé qu'ils étaient piégés et qu'ils ne pouvaient pas facilement remonter à leur état d'origine d'innocence. Ils ont également réalisé que, même s'ils n'étaient pas conscients de leur état de conscience jusqu'ici, l'enseignant le savait parce que, pour lui, rien n'était caché.

À ce stade de réalisation, le Soi conscient a dû faire face à une décision capitale, à une décision de vie ou de mort. Ce fut à partir du moment où votre Soi conscient a décidé, pour la première fois, de manger le fruit de la connaissance du bien et du mal que vous avez commencé votre descente dans l'escalier en colimaçon. Ce moment n'était en fait pas le moment le plus important de votre existence. Dieu vous a donné le libre arbitre, alors Dieu vous a donné le droit de manger le fruit de la connaissance du bien et du mal. Dieu ne tenait pas particulièrement à ce que vous le fassiez, mais Dieu ne vous empêcherait pas de le faire si tel était votre désir. L'enseignant n'a pas dit que vous n'aviez pas le droit de manger le fruit ; il a dit que vous mourriez si vous le mangiez.

Ce que Dieu ne voulait pas voir arriver, c'était de vous voir piégé dans la conscience de dualité parce que cela signifierait la mort de votre sens immortel du soi. L'enseignant savait très bien qu'une fois que vous avez commencé à descendre cet escalier en colimaçon, il vous serait très difficile de vous retenir. Pour chaque marche que vous descendiez, l'attraction gravitationnelle devenait plus forte et il devenait plus difficile de commencer la montée vers le haut. Rien de ce que vous faites dans la conscience de dualité n'a de pouvoir réel sur le Soi conscient, et donc Dieu sait que vous ne pouvez jamais être piégé de façon permanente et irréversible dans la conscience de dualité. Vous avez toujours la possibilité de remonter. Le problème est que, bien que cette option soit toujours ouverte, vous devez pouvoir la voir. Vous devez également être prêt à la choisir pour en faire usage. Bien sûr, c'est là le vrai problème.

Lorsque le Soi conscient s'est rendu compte qu'il était nu, vous avez fait face à la décision la plus importante de toutes. Cette décision était de savoir si vous alliez retourner voir votre enseignant, avouer ce que vous aviez fait et demander de l'aide pour remonter l'escalier en colimaçon, ou si vous choisiriez de vous cacher de votre enseignant. L'histoire d'Adam et Ève est l'histoire de ces cocréateurs qui ont fait le choix de se cacher de leur enseignant.

De nombreux cocréateurs ont décidé d'expérimenter la conscience de dualité. Un certain nombre d'entre eux ont choisi de retourner vers l'enseignant et de demander de l'aide pour remonter l'escalier en colimaçon. Ceux qui ont demandé de l'aide ont reçu cette aide avec l'amour absolu, pur et inconditionnel que Dieu a pour chaque cocréateur. Ils ont pu rapidement remonter et revendiquer leur innocence. Ces cocréateurs ont en effet ascensionné à partir du royaume matériel et sont aujourd'hui des êtres spirituels immortels vivant dans un royaume supérieur.

L'histoire d'Adam et Ève est l'histoire de ces cocréateurs qui ont décidé qu'ils ne retourneraient pas voir l'enseignant ni ne confesseraient leur erreur. Ils ne reviendraient pas demander de l'aide. Au lieu de cela, ils se sont cachés de l'enseignant. Ce fut une décision capitale. Dieu vous a donné le libre arbitre et ni Dieu ni aucun représentant de Dieu ne violera ce libre arbitre. Lorsque vous avez décidé de vous cacher de l'enseignant, l'enseignant n'avait plus d'options pour vous aider. L'enseignant ne pouvait pas vous forcer à revenir chercher de l'aide. La loi du libre arbitre stipule que, si vous vous cachez de l'enseignant, il ne peut pas vous poursuivre et vous confronter. Si vous fuyez l'enseignant, il ne peut plus vous aider jusqu'à ce que vous décidiez de faire demi-tour et demandiez de l'aide. L'enseignant a dû se mettre en retrait et vous regarder descendre plus bas dans l'escalier en colimaçon.

***

C'est le processus fondamental qui vous a amené au stade où vous vous trouvez actuellement, c'est-à-dire au point où vous vous êtes séparé du royaume de votre Père et, en conséquence, vous ne pouvez pas faire l'expérience de la vie abondante. Votre séparation actuelle de la vie abondante est due à des choix que vous avez faits. Ni Dieu ni aucun être au ciel ne vous reproche d'avoir fait ces choix. Mais nous n'avons aucune envie de vous voir rester prisonnier de ces choix. Nous désirons seulement vous voir libéré de vos choix passés afin que vous puissiez remonter rapidement l'escalier en colimaçon et revenir au royaume de votre Père. Dieu ne veut pas que vous restiez dans l'état de souffrance et de manque une seconde de plus.

Dieu désire vous donner la vie abondante, car c'est son bon plaisir de vous donner son royaume. Dieu veut simplement que vous vous sépariez du moi mortel, que vous découvriez la porte de la prison humaine et que vous réalisiez que la porte n'est pas verrouillée. Dieu veut que vous ouvriez cette porte et que vous sortiez dans les rayons éclatants du Soleil de votre Présence JE SUIS afin que vous puissiez voir et accepter que le Soi conscient est plus que le moi mortel. Ce n'est pas Dieu qui essaie de vous retenir dans un sentiment de honte ou de déni de vos choix passés. C'est votre moi mortel et le prince de ce monde qui essaient de vous garder piégé par ces choix. Ils cherchent à vous faire croire qu'à cause de vos erreurs passées vous ne pouvez pas retourner vers l'enseignant et que vous ne pouvez pas hériter du royaume de votre Père.

Avant de pouvoir prendre la décision de sortir de la prison humaine, vous devez parvenir à une reconnaissance consciente de la raison pour laquelle vous avez décidé de vous détourner de l'enseignant. Vous devez consciemment annuler la décision que vous avez prise il y a si longtemps. Ce n'est que lorsque vous aurez annulé cette décision que vous vous serez complètement libéré du moi mortel. Il peut encore y avoir des éléments du moi mortel restant dans le contenant du soi que vous devrez nettoyer. Néanmoins, lorsque vous annulez la décision initiale qui vous a poussé à vous détourner de votre enseignant, à ce moment-là, le moi mortel perdra son pouvoir sur vous. Il deviendra comme un roi assis sur son trône qui crie des ordres mais qui n'a personne autour de lui pour l'entendre.

Ce que je vous ai dit ici pourrait en effet être considéré comme le secret de la vie. Ce qui vous maintient piégé dans un état de manque et de souffrance est la décision originelle qui vous a poussé à vous détourner de votre enseignant spirituel, à vous détourner de votre Présence JE SUIS, à vous détourner de votre Créateur. De cette décision originelle ont surgi d'innombrables autres décisions basées sur la conscience de dualité. Ces décisions sont comme de l'eau sale qui remplit la baignoire.

La décision initiale de vous détourner de l'enseignant est le bouchon de vidange qui retient l'eau sale dans la baignoire. Une fois que vous avez retiré ce bouchon, toute l'eau sale commencera à s'écouler. Si vous laissez le bouchon en place, vous devez retirer l'eau sale seulement avec une cuillère à café. Je ne dis pas que vous ne pouvez pas faire cela et éventuellement découvrir le bouchon de vidange. Pourtant, il serait beaucoup plus facile de faire l'effort de vous déconnecter du moi mortel.

Dans le chapitre suivant, je vous aiderai à découvrir cette décision originelle. Bien que cela puisse vous prendre un certain temps pour la trouver, dans ce cours je vais vous donner les outils grâce auxquels vous pourrez découvrir cette décision fatale. Cette décision signifiait la mort de votre sentiment spirituel d'identité et la naissance de votre sentiment mortel d'identité. Cela signifiait la mort de votre vie en tant qu'être spirituel et la naissance de votre vie en tant qu'être humain.

Cette décision représente véritablement un piège spirituel car c'est la décision qui vous empêche de renaître. C'est cette décision qui vous empêche de laisser le moi mortel mourir sur la croix. C'est cette décision qui vous empêche d'échapper aux griffes de l'esprit de l'antéchrist. C'est cette décision même qui donne au prince de ce monde quelque chose de vous par lequel il peut continuer à vous contrôler. J'espère que vous pouvez comprendre l'importance qu'il y a à découvrir cette décision, et je souhaite que vous lirez le prochain chapitre avec le même sentiment d'excitation que je ressens moi-même de vous avoir amené au stade où vous êtes prêt à recevoir cet enseignement.

Mon cœur bien-aimé, j'aimerais pouvoir vous aider à sentir que le chemin qui monte est vraiment rempli d'excitation, et donc que cela en vaut bien la peine. Chaque fois que vous montez une marche de plus dans l'escalier en colimaçon, vous remportez une victoire importante. Le fait que vous ayez suivi ce cours jusqu'à présent est déjà une victoire en soi, car chaque clé que je vous donne est conçue pour vous faire monter les marches les unes après les autres dans l'escalier.

Ouvrez votre cœur au sentiment de victoire et réalisez que vous êtes maintenant sur le pas de la porte pour pouvoir sortir de la prison de votre moi mortel ! Laissez pour toujours derrière vous l'illusion que vous étiez piégé à l'intérieur de cette prison et que votre seule possibilité était de descendre en bas ! Permettez-vous de ressentir l'excitation et la joie que je ressens tandis que je suis avec vous, et que tous vos frères et sœurs au ciel ressentent également !

En effet, vous avez choisi de vous élever et vous êtes maintenant prêt à traverser la porte de la prison et à franchir le voile énergétique – le mal – qui vous sépare de nous. Nous aspirons à vous voir de nouveau être la plénitude de tout ce que vous êtes déjà. Nous tenons le concept immaculé pour vous, mais nous aspirons à vous voir tenir ce concept immaculé pour vous-même.

8. J'invoque l'unité avec mon enseignant

Au nom de JE SUIS CE QUE JE SUIS, de Jésus-Christ, j'appelle le Seigneur Maitreya, Mère Marie et toutes les représentantes de la Mère divine. Aidez-moi à surmonter tout sentiment d'être séparé de mon enseignant ou de vouloir me cacher de lui. Aidez-moi à accepter mes pouvoirs créateurs et à prendre conscience des facteurs qui bloquent le flux de ma créativité donnée par Dieu.

Aidez-moi aussi... *(ajouter vos demandes personnelles)*.

I. J'ai défini mon propre chemin

1. Lorsque je suis piégé par le moi mortel dans la conscience de dualité, je deviens une prophétie autoréalisatrice. Lorsque je me sens privé de l'abondance de Dieu, l'univers me donne des circonstances extérieures qui reflètent ma croyance.

Maitreya, je veux écouter
Très humblement tes sages conseils.
Pour profiter de ta vision,
Je veux retourner en Éden.

Maitreya, flamme de bonté,
Je me purifie dans ton feu.
Maitreya, libère la bonté
Qui m'élève plus haut pour toujours.

2. J'abandonne l'image d'un Dieu en colère et jugeant. Dieu serait heureux de me voir libéré de la conscience de dualité dès maintenant, mais Il respecte mon libre arbitre. Pour retourner dans son royaume, je dois remplacer les choix basés sur la dualité de l'antéchrist par des choix fondés sur le roc du Christ.

Maitreya, je veux revenir
Pour tout apprendre auprès de toi.

Je désire vraiment l'unité,
Je veux être initié par toi.

Maitreya, flamme de bonté,
Je me purifie dans ton feu.
Maitreya, libère la bonté
Qui m'élève plus haut pour toujours.

3. Pour retourner dans son royaume, j'ai défini mon propre chemin en acceptant des conditions provenant de la dualité, mais ce n'est pas Dieu qui a défini ce chemin. Le chemin que je dois personnellement suivre est de découvrir ces conditions et de les abandonner dans mon esprit.

Maitreya, c'est ma décision
De ne plus me cacher de toi.
Je ne suivrai plus le Serpent
Qui a trompé mon Soi conscient.

Maitreya, flamme de bonté,
Je me purifie dans ton feu.
Maitreya, libère la bonté
Qui m'élève plus haut pour toujours.

4. L'agglomération des décisions que j'ai prises à partir de la conscience de l'antéchrist est devenue un ensemble cohérent, prenant une conscience distincte comme un moi séparé. C'est mon moi mortel, un sentiment séparé qui existe dans mon contenant du soi.

Maitreya, bienheureux gourou,
Mon cœur est à toi pour toujours.
Je promets de bien t'écouter
Pour briser le charme du Serpent.

Maitreya, flamme de bonté,
Je me purifie dans ton feu.
Maitreya, libère la bonté
Qui m'élève plus haut pour toujours.

5. Lorsque mon moi mortel est né, il a formé une opposition à mon sens immortel du soi, il a formé un moi qui était étranger à mon empreinte divine.

Maitreya, je vois le mensonge
Du Serpent pour rompre notre lien.
Le Serpent n'a plus rien en moi,
Et je suis libre dans l'unité.

Maitreya, flamme de bonté,
Je me purifie dans ton feu.
Maitreya, libère la bonté
Qui m'élève plus haut pour toujours.

6. Au fur et à mesure que mon moi mortel gagnait en force, son attraction gravitationnelle est devenue plus forte, et ainsi le Soi conscient, mon attention, a été amené à se concentrer de plus en plus sur ce moi mortel. À un moment donné, mon moi mortel est devenu si fort que le Soi conscient a commencé à s'identifier à lui.

Maitreya, je suis libéré
Des mensonges de la dualité.
J'abandonne le fruit afin de
Connaître ton véritable esprit.

Maitreya, flamme de bonté,
Je me purifie dans ton feu.
Maitreya, libère la bonté
Qui m'élève plus haut pour toujours.

7. C'est mon moi mortel qui m'empêche de vivre une vie abondante. Le seul vrai chemin vers une plus grande abondance est que je dois séparer le Soi conscient du moi mortel. Je suis en train de me séparer du moi mortel afin de ne plus m'identifier à lui.

Maitreya, en pure intention,
J'ouvre mon cœur à la vérité.
Je suis libéré de l'ego,
Car je veux faire un avec toi.

Maitreya, flamme de bonté,
Je me purifie dans ton feu.
Maitreya, libère la bonté
Qui m'élève plus haut pour toujours.

8. Je surmonte l'illusion que je suis le moi mortel. Tant que le Soi conscient s'identifie au moi mortel, je ne peux pas me séparer du moi mortel.

Maitreya, la bonté est clé,
Enseigne-moi toutes ses nuances !
En étant une vraie porte ouverte,
Je restaure l'art de la bonté.

Maitreya, flamme de bonté,
Je me purifie dans ton feu.
Maitreya, libère la bonté
Qui m'élève plus haut pour toujours.

9. Je ne peux pas me séparer de moi-même, je ne peux pas me séparer de ce que je vois comme moi-même, de mon sens du soi. Je m'éveille à la réalisation que le moi mortel ne fait pas partie de mon être véritable.

Maitreya, ô doux mystérieux,
Plongé dans ta réalité,
Mon cœur brûle ardemment pour que
Ton école de mystère revienne.

Maitreya, flamme de bonté,
Je me purifie dans ton feu.
Maitreya, libère la bonté
Qui m'élève plus haut pour toujours.

II. Je reviens vers mon enseignant

1. Je me sépare du moi mortel. Je réduis la quantité de lumière traversant le moi mortel. Je coupe systématiquement toute lumière traversant mon moi mortel pour le laisser mourir petit à petit.

Maitreya, je veux écouter
Très humblement tes sages conseils.
Pour profiter de ta vision,
Je veux retourner en Éden.

Maitreya, flamme de bonté,
Je me purifie dans ton feu.
Maitreya, libère la bonté
Qui m'élève plus haut pour toujours.

2. Parce que mon moi mortel a un instinct de survie, il ne veut pas que cela se produise. Il se battra pour sa vie, et la seule façon pour lui de se maintenir en vie est de me garder piégé dans certaines croyances dualistes. Mon moi mortel projettera sur moi tout ce à quoi il pourra penser afin de me garder émotionnellement attaché à certaines croyances dualistes.

Maitreya, je veux revenir
Pour tout apprendre auprès de toi.
Je désire vraiment l'unité,
Je veux être initié par toi.

Maitreya, flamme de bonté,
Je me purifie dans ton feu.
Maitreya, libère la bonté
Qui m'élève plus haut pour toujours.

3. Si mon Soi conscient s'identifie au moi mortel, le Soi conscient croira littéralement qu'il mourra s'il renonce à l'une de mes croyances dualistes. Il me sera alors impossible de renoncer à cette croyance.

Maitreya, c'est ma décision
De ne plus me cacher de toi.
Je ne suivrai plus le Serpent
Qui a trompé mon Soi conscient.

Maitreya, flamme de bonté,
Je me purifie dans ton feu.

Maitreya, libère la bonté
Qui m'élève plus haut pour toujours.

4. Je ne peux pas échapper à ce *catch-22* sans avoir un enseignant qui se trouve en dehors de ma boîte mentale et qui peut donc me donner la perspective du Christ que je ne peux pas obtenir de l'intérieur de la boîte.

Maitreya, bienheureux gourou,
Mon cœur est à toi pour toujours.
Je promets de bien t'écouter
Pour briser le charme du Serpent.

Maitreya, flamme de bonté,
Je me purifie dans ton feu.
Maitreya, libère la bonté
Qui m'élève plus haut pour toujours.

5. Dans le passé, j'ai pris des décisions qui m'ont amené à me séparer de mon enseignant personnel. Par la présente, je décide consciemment que je suis prêt à revenir vers mon enseignant, à confesser ce que j'ai fait et à demander de l'aide pour remonter l'escalier en colimaçon.

Maitreya, je vois le mensonge
Du Serpent pour rompre notre lien.
Le Serpent n'a plus rien en moi,
Et je suis libre dans l'unité.

Maitreya, flamme de bonté,
Je me purifie dans ton feu.
Maitreya, libère la bonté
Qui m'élève plus haut pour toujours.

6. Mon enseignant ne violera pas mon libre arbitre. Si je décide de me cacher de l'enseignant, il ne peut plus m'aider. Je suis prêt à ce que mon enseignant dévoile chaque aspect de mon moi humain, et je ne cherche plus à cacher quoi que ce soit à mon enseignant.

Maitreya, je suis libéré
Des mensonges de la dualité.
J'abandonne le fruit afin de
Connaître ton véritable esprit.

Maitreya, flamme de bonté,
Je me purifie dans ton feu.
Maitreya, libère la bonté
Qui m'élève plus haut pour toujours.

7. La loi du libre arbitre stipule que, si je me cache de l'enseignant, il ne peut pas me poursuivre et me confronter. Je ne fuirai plus mon enseignant. Je décide de faire demi-tour et de lui demander de l'aide.

Maitreya, en pure intention,
J'ouvre mon cœur à la vérité.
Je suis libéré de l'ego,
Car je veux faire un avec toi.

Maitreya, flamme de bonté,
Je me purifie dans ton feu.
Maitreya, libère la bonté
Qui m'élève plus haut pour toujours.

8. Mon enseignant ne me blâme pas pour les choix que j'ai faits. Mon enseignant n'a aucune envie de me voir rester piégé par ces choix. Mon enseignant désire que j'aie la vie abondante.

Maitreya, la bonté est clé,
Enseigne-moi toutes ses nuances !
En étant une vraie porte ouverte,
Je restaure l'art de la bonté.

Maitreya, flamme de bonté,
Je me purifie dans ton feu.
Maitreya, libère la bonté
Qui m'élève plus haut pour toujours.

9. Mon enseignant veut que je me sépare du moi mortel. Je découvre la porte de la prison humaine et je me rends compte que la porte n'est pas verrouillée. J'ouvre cette porte et je sors dans les rayons éclatants du soleil de ma Présence JE SUIS.

Maitreya, ô doux mystérieux,
Plongé dans ta réalité,
Mon cœur brûle ardemment pour que
Ton école de mystère revienne.

Maitreya, flamme de bonté,
Je me purifie dans ton feu.
Maitreya, libère la bonté
Qui m'élève plus haut pour toujours.

III. Je vois le secret de la vie

1. Ce n'est pas mon enseignant qui essaie de me retenir dans un sentiment de honte ou de déni de mes choix passés. C'est mon moi mortel et le prince de ce monde qui essaient de me garder piégé par ces choix.

Ô Mère Marie, ton Chant de Vie
Consume toute forme de conflit.
En harmonie avec ce chant,
Mes cellules sont en bonne santé.

Ô Mère Marie, génère le chant
Qui accélère tout mon esprit
Dans un état de paix parfaite,
Et je rayonne l'amour de Dieu.

2. J'abandonne le mensonge selon lequel, à cause de mes erreurs passées, je ne peux pas revenir vers mon enseignant et que je ne peux pas hériter du royaume de mon Père.

En écoutant le Chant de Vie,
Je me débarrasse de mes peurs.
En phase avec ta symphonie,
JE SUIS libre de toute maladie.

Ô Mère Marie, génère le chant
Qui accélère tout mon esprit
Dans un état de paix parfaite,
Et je rayonne l'amour de Dieu.

3. Avant de pouvoir prendre la décision de sortir de la prison humaine, je dois parvenir à une reconnaissance consciente de la raison pour laquelle j'ai décidé de me détourner de l'enseignant. Avec l'aide de mon enseignant, je vois cette décision.

Ô Mère Marie, dans ton amour,
Je peux transcender toutes mes luttes.
Avec la vision de la Mère,
Je n'ai aucune imperfection.

Ô Mère Marie, génère le chant
Qui accélère tout mon esprit
Dans un état de paix parfaite,
Et je rayonne l'amour de Dieu.

4. J'annule consciemment la décision que j'ai prise il y a si longtemps. En annulant cette décision, je me sépare du moi mortel.

La guérison doit commencer
En trouvant le Christ intérieur.
Avec l'œil unifié, je fais
Briller mes cellules de lumière.

Ô Mère Marie, génère le chant
Qui accélère tout mon esprit
Dans un état de paix parfaite,
Et je rayonne l'amour de Dieu.

5. Il peut encore y avoir des éléments du moi mortel restant dans mon contenant du soi, et je suis prêt à ce que mon enseignant me les dévoile.

La musique de Mère me libère
Des mémoires du moi inférieur.

Quand ma vision est unifiée,
Toutes mes cellules se régénèrent.

**Ô Mère Marie, génère le chant
Qui accélère tout mon esprit
Dans un état de paix parfaite,
Et je rayonne l'amour de Dieu.**

6. En annulant la décision initiale qui m'a poussé à me détourner de mon enseignant, le moi mortel perd son pouvoir sur moi.

Mère Amour, ta douce mélodie
Me libère des imperfections.
Mère Marie, par le son des sons,
Ton amour abonde dans mon cœur.

**Ô Mère Marie, génère le chant
Qui accélère tout mon esprit
Dans un état de paix parfaite,
Et je rayonne l'amour de Dieu.**

7. Le secret de la vie est que ce qui me maintient piégé dans un état de manque et de souffrance est la décision originelle qui m'a poussé à me détourner de mon enseignant spirituel, à me détourner de ma Présence JE SUIS, à me détourner de mon Créateur.

La beauté sublime de la Mère
Transcende l'espace et le temps.
Au sein de la Mère, mes cellules
Prospèrent au-delà de la mort.

**Ô Mère Marie, génère le chant
Qui accélère tout mon esprit
Dans un état de paix parfaite,
Et je rayonne l'amour de Dieu.**

8. De cette décision originelle ont jailli d'innombrables autres décisions basées sur la conscience de dualité. Cette décision représente vraiment un piège spirituel car c'est elle qui m'empêche de renaître.

Le Chant de Vie résonne en moi
En harmonie avec la vie.
L'empreinte de mon état parfait
Consacre chacune de mes cellules.

Ô Mère Marie, génère le chant
Qui accélère tout mon esprit
Dans un état de paix parfaite,
Et je rayonne l'amour de Dieu.

9. Avec l'aide de mon enseignant, je prends la décision de laisser mon moi mortel mourir sur la croix. Je prends la décision qui me permet d'échapper aux griffes de l'esprit de l'antéchrist.

Le diapason de chaque cellule
Vibre avec le son de la Mère.
Mon immortalité remplace
La malédiction de la mort.

Ô Mère Marie, génère le chant
Qui accélère tout mon esprit
Dans un état de paix parfaite,
Et je rayonne l'amour de Dieu.

IV. Je me permets de ressentir la victoire

1. Avec l'aide de mon enseignant, je sens que le chemin vers le haut est rempli d'excitation, et cela en vaut donc la peine.

Ô Mère Marie, ton Chant de Vie
Consume toute forme de conflit.
En harmonie avec ce chant,
Mes cellules sont en bonne santé.

Ô Mère Marie, génère le chant
Qui accélère tout mon esprit
Dans un état de paix parfaite,
Et je rayonne l'amour de Dieu.

2. Chaque fois que je monte une marche dans l'escalier en coli-maçon, je remporte une victoire importante.

En écoutant le Chant de Vie,
Je me débarrasse de mes peurs.
En phase avec ta symphonie,
JE SUIS libre de toute maladie.

Ô Mère Marie, génère le chant
Qui accélère tout mon esprit
Dans un état de paix parfaite,
Et je rayonne l'amour de Dieu.

3. J'ouvre mon cœur au sentiment de victoire et je me permets de sentir qu'avec l'aide de mon enseignant, je vais effectivement vaincre mon moi mortel.

Ô Mère Marie, dans ton amour,
Je peux transcender toutes mes luttes.
Avec la vision de la Mère,
Je n'ai aucune imperfection.

Ô Mère Marie, génère le chant
Qui accélère tout mon esprit
Dans un état de paix parfaite,
Et je rayonne l'amour de Dieu.

4. Je me tiens sur le pas de la porte et je sors de la prison de mon moi mortel, laissant pour toujours derrière moi l'illusion que je suis piégé à l'intérieur de cette prison et que ma seule option est de descendre vers le bas.

La guérison doit commencer
En trouvant le Christ intérieur.
Avec l'œil unifié, je fais
Briller mes cellules de lumière.

Ô Mère Marie, génère le chant
Qui accélère tout mon esprit

Dans un état de paix parfaite,
Et je rayonne l'amour de Dieu.

5. Je me permets de ressentir l'excitation et la joie que mon enseignant et tous mes frères et sœurs au ciel ressentent du fait que j'ai choisi de m'élever à ce niveau.

La musique de Mère me libère
Des mémoires du moi inférieur.
Quand ma vision est unifiée,
Toutes mes cellules se régénèrent.

Ô Mère Marie, génère le chant
Qui accélère tout mon esprit
Dans un état de paix parfaite,
Et je rayonne l'amour de Dieu.

6. Je reconnais consciemment que je suis prêt à franchir la porte de la prison, à franchir le voile énergétique qui me sépare de mes enseignants ascensionnés et de ma Présence JE SUIS.

Mère Amour, ta douce mélodie
Me libère des imperfections.
Mère Marie, par le son des sons,
Ton amour abonde dans mon cœur.

Ô Mère Marie, génère le chant
Qui accélère tout mon esprit
Dans un état de paix parfaite,
Et je rayonne l'amour de Dieu.

7. Je sais que mes enseignants ascensionnés aspirent à me voir à nouveau être la plénitude de tout ce que je suis déjà.

La beauté sublime de la Mère
Transcende l'espace et le temps.
Au sein de la Mère, mes cellules
Prospèrent au-delà de la mort.

Ô Mère Marie, génère le chant
Qui accélère tout mon esprit
Dans un état de paix parfaite,
Et je rayonne l'amour de Dieu.

8. Je sais que mes enseignants tiennent le concept immaculé pour moi et, avec leur aide, je tiens ce concept immaculé pour moi-même.

Le Chant de Vie résonne en moi
En harmonie avec la vie.
L'empreinte de mon état parfait
Consacre chacune de mes cellules.

Ô Mère Marie, génère le chant
Qui accélère tout mon esprit
Dans un état de paix parfaite,
Et je rayonne l'amour de Dieu.

9. Je vois maintenant que tout sur Terre est simplement irréel. J'accepte que seul le concept immaculé ancré dans ma Présence JE SUIS et dans mon corps causal est la réalité ultime pour mon courant de vie et mon expérience de vie.

Le diapason de chaque cellule
Vibre avec le son de la Mère.
Mon immortalité remplace
La malédiction de la mort.

Ô Mère Marie, génère le chant
Qui accélère tout mon esprit
Dans un état de paix parfaite,
Et je rayonne l'amour de Dieu.

Sceau final :

Au nom de la Mère divine, je demande au Seigneur Maitreya et à Mère Marie de me sceller, ainsi que toutes les personnes de mon cercle d'influence, dans le flux créateur de la Mère divine, le Fleuve de Vie. Je demande la multiplication de mes appels par toutes les représentantes de la Mère divine afin que nous formions le flux parfait en huit de « comme en haut, ainsi en bas ». J'accepte donc que cela soit pleinement manifesté parce que la bouche du Seigneur, la Mère divine que JE SUIS, l'a prononcé. Amen.

9. Changer votre dialogue intérieur

Je voudrais prendre une direction un peu différente en vous invitant à participer à un exercice. Je ne vais pas vous donner beaucoup d'instructions avant l'exercice afin de pouvoir vous apporter par la suite une explication plus ouverte et véridique. Comme seule exigence, je vous demande d'avoir un stylo et du papier à portée de main afin que vous puissiez écrire votre réponse.

Vous avez sûrement entendu parler de ce que les psychologues ont appelé le dialogue intérieur. C'est le dialogue que vous avez avec vous-même, souvent dans votre tête, parfois à haute voix. Vous êtes peut-être déjà bien conscient de ce dialogue intérieur, et, si c'est le cas, je vous demande simplement d'y prêter attention pendant l'exercice. Si vous n'êtes pas familier avec le concept du dialogue intérieur, je vous demande de penser à une situation que vous avez vécu comme un gros fardeau.

Vous pouvez revoir cette situation encore et encore, en pensant à ce qui *aurait dû* se passer et à ce qui *n'aurait pas dû* se passer. Vous pourriez également considérer que vous avez parfois des rêves sur ce que vous aimeriez voir se produire dans votre vie, et vous les repassez encore et encore dans votre tête en espérant qu'ils se réalisent. De telles conversations avec vous-même sont ce que les psychologues appellent votre dialogue intérieur et, pendant l'exercice, vous devez y prêter attention.

D'une manière plus générale, vous devrez commencer à prêter attention à votre dialogue intérieur afin de vraiment découvrir les blocages dressés par votre moi mortel entre vous et votre progression sur le chemin. Dans de nombreux cas, ce sera votre moi mortel qui poursuivra ce dialogue intérieur. En écoutant le dialogue, le Soi conscient peut démasquer le moi mortel et son raisonnement dualiste. Dans certains cas, votre dialogue intérieur se poursuit entre le Soi conscient et le moi mortel. Dans ce cas, vous pouvez également apprendre des réponses de votre moi mortel. Dans certains cas, il vous sera nécessaire de vous retirer consciemment de ces conversations avec votre moi mortel, car elles ne mènent nulle part. Dans certains cas, votre dialogue intérieur ou, du moins, une partie de celui-ci pourrait venir d'une partie supérieure de votre être qui essaye de vous éclairer sur le bon chemin à prendre.

***

Permettez-moi de vous inviter à participer à l'exercice suivant. J'aimerais que vous imaginiez que vous êtes assis confortablement dans un fauteuil au bord d'un magnifique lac de montagne. Le lac est entouré de grands pins qui dégagent leur parfum caracté-ristique, donnant à l'air une odeur pure et fraîche. Les oiseaux chantent joyeusement du haut des grands pins. Devant vous se trouve un lac de montagne d'un bleu profond et parfaitement calme. Il y a une légère brume, mais vous pouvez toujours voir la rive opposée du lac, et vous voyez une belle chaîne de montagnes derrière la forêt. Toute la scène dégage une atmosphère de paix et de tranquillité.

Je vous demande d'imaginer cette situation et de vous per-mettre de ressentir le calme et la paix de ce magnifique lac. Prenez quelques minutes, si vous le souhaitez, pour fermer les yeux et imaginez que vous êtes assis au bord de ce lac de montagne, vous sentant complètement en paix, sans aucun de vos soucis habituels. Maintenant que vous vous trouvez au bord du lac et que vous vous sentez en paix, je vous demande d'imaginer que vous sentez qu'il y a un être qui se tient derrière vous.

Cet être est Dieu, quelle que soit son apparence. Je vous demande maintenant de considérer votre dialogue intérieur et de voir quelles pensées et paroles vous viennent à l'esprit concernant Dieu et comment vous voyez Dieu. Je vous demande d'écrire rapidement les pensées qui vous viennent. S'il vous plaît, n'analy-sez pas les pensées, n'essayez pas d'évaluer si elles sont accep-tables selon une norme. Écrivez simplement les pensées qui vous viennent à propos de Dieu.

Maintenant que vous avez écrit vos pensées sur Dieu et la présence de Dieu, je vous demande d'imaginer que Dieu est ici pour vous donner l'occasion de demander pardon pour l'erreur que vous avez commise dans un passé lointain en vous détournant de Lui. En imaginant ce qu'il vous faudrait faire pour revenir vers Dieu, pour Lui faire face et Lui demander pardon, je vous demande de nouveau de prêter attention à votre dialogue intérieur sur ce sujet. Ensuite, écrivez rapidement les pensées qui vous viennent à l'esprit sans les analyser de quelque manière que ce soit.

Je vous demande maintenant de considérer que le Dieu qui se tient derrière vous ne ressent rien d'autre qu'un amour inconditionnel et infini pour vous. Si vous êtes prêt à vous lever, à revenir vers Dieu, à Lui faire face et à L'embrasser, son amour pour vous fera fondre tous vos sentiments négatifs envers Lui et toutes vos images de soi imparfaites. Je vous demande maintenant de considérer ce que dit votre dialogue intérieur sur la possibilité pour vous d'embrasser Dieu et d'accepter son amour inconditionnel. Que dit votre dialogue intérieur sur les conditions qui vous empêcheraient de le faire ? Encore une fois, écrivez vos pensées rapidement sans les analyser.

Mon cœur bien-aimé, cet exercice est un exercice que vous pouvez faire pour découvrir les couches plus profondes de votre moi mortel et le raisonnement dualiste que votre moi mortel a utilisé pour vous empêcher de prendre le chemin qui vous ramène au vrai salut, qui est l'unité avec votre Dieu. La clé est de faire l'exercice avec un esprit ouvert et d'écrire votre dialogue intérieur sans l'analyser pendant que vous écrivez. Si vous répétez cet exercice et si vous vous efforcez d'obtenir une spontanéité de plus en plus grande dans vos réponses, vous pourrez progressivement découvrir les croyances dualistes qui composent votre moi mortel. Cela vous donnera une base pour remplacer ces croyances dualistes par la vérité du Christ.

Repensez à ce que j'ai dit plus haut, à savoir que le cœur de votre identité, le Soi conscient, est la clé de votre élévation ou de votre descente dans la conscience. Le Soi conscient a la capacité de s'identifier à n'importe quoi, et la clé de la croissance est de libérer le Soi conscient de toute identification avec le moi mortel. Vous pouvez vous identifier comme l'être spirituel que vous êtes, comme l'individualisation de Dieu que vous êtes, et vous pouvez découvrir votre véritable individualité, ancrée dans votre Présence JE SUIS.

Afin de vous libérer du moi mortel, vous devez parvenir à une reconnaissance consciente du fait que votre moi mortel est une prison construite à partir de nombreuses briques individuelles, chaque brique représentant un mensonge dualiste que vous avez fini par accepter. Ce n'est qu'en découvrant consciemment ces mensonges et en voyant la vérité qui vous rendra libre que vous pouvez vous échapper de cette prison du moi mortel, que vous pouvez libérer votre sphère du soi des éléments du moi mortel et de la conscience de l'antéchrist qui vous entraînent vers le bas comme une force gravitationnelle.

***

Il existe de faux enseignants en tant qu'ennemi extérieur. Ils cherchent à vous piéger dans la conscience de dualité et à vous maintenir indéfiniment piégé dans cet état de conscience. Votre moi mortel est un ennemi intérieur dans votre sphère du soi, qui cherche également à vous garder piégé dans la conscience de l'antéchrist pour une période de temps indéfinie. L'ennemi intérieur et l'ennemi extérieur cherchent à vous mettre dans un *catch-22* spirituel dans lequel vous avez fait une erreur dans le passé, et maintenant vous en êtes venu à croire que vous ne pourrez jamais être libéré de cette erreur. C'est le complot de l'ennemi intérieur et de l'ennemi extérieur. C'est leur stratégie pour faire de vous une maison divisée contre elle-même afin que vous ne puissiez jamais revenir à votre état d'innocence, le sentiment intérieur d'unité avec votre Dieu.

Il y a longtemps, l'ennemi extérieur vous tentait avec des mensonges dualistes en insérant des éléments de doute dans votre conscience. Au fur et à mesure que vous avez commencé à accepter de plus en plus ces mensonges dualistes, ces éléments de l'antéchrist ont finalement formé une masse critique qui a donné naissance à votre moi mortel en tant qu'être conscient dans votre sphère du soi. C'est à ce moment-là que vous avez perdu votre innocence et senti que vous étiez perdu parce que vous vous étiez maintenant séparé de votre Présence JE SUIS.

Mais il n'y a jamais eu de véritable séparation. Dans votre esprit, vous croyiez qu'il y avait un tel état de séparation, un état de distance. Juste avant la naissance de votre moi mortel, vous avez eu un moment de vérité au cours duquel le Soi conscient s'est rendu compte que vous vous étiez séparé de votre Présence JE SUIS, que vous étiez nu. À ce moment-là, l'ennemi extérieur a injecté dans votre conscience l'idée que, parce que vous étiez tombé en disgrâce, vous ne pourriez plus jamais revenir à l'unité avec Dieu. Parce que vous aviez fait une erreur dans le passé, vous ne pourriez jamais revenir à Dieu dans le présent ni à aucun moment dans le futur.

Après vous avoir tenté avec un certain nombre de mensonges dualistes, l'ennemi extérieur vous a ensuite tenté avec le mensonge ultime que vous pouvez être séparé de Dieu de façon permanente et irréversible et qu'il n'y a pas de retour possible en arrière. C'est le mensonge qui dit que les choses de ce monde, tout ce que vous avez fait à un moment donné, tout cela peut vous empêcher de revenir à Dieu. Quelle est l'erreur de ce mensonge ? Tout dans ce monde est fait à partir de la lumière Mère qui a été abaissée en vibration. Tout ce qui existe dans ce monde est d'une vibration inférieure aux énergies du royaume spirituel.

Le cœur de votre être est le Soi conscient, la sphère du soi et votre Présence JE SUIS. Ces trois éléments de votre être ont été créés par Dieu, ils ont été créés à partir des énergies supérieures du royaume spirituel. Ils sont d'une vibration plus élevée que n'importe quoi dans le monde matériel. En réalité, il n'y a rien dans ce monde matériel qui puisse affecter de façon permanente votre être véritable.

Le Soi conscient est une extension de la pure conscience de Dieu. Il ne peut pas être altéré ou endommagé de façon permanente par quoi que ce soit que vous ayez fait dans les vibrations inférieures du royaume matériel. C'est l'un des mécanismes de sécurité intégrés à la création de Dieu que votre Créateur a défini afin de vous empêcher de rester définitivement piégé dans une création imparfaite, qu'elle soit créée par vous ou par quelqu'un d'autre.

Le Soi conscient peut s'identifier comme étant d'une vibration inférieure, mais ce sentiment d'identité ne peut jamais être permanent ou irréversible. C'est une illusion, et elle ne peut exister que tant que le Soi conscient l'accepte comme réelle. À partir du moment où vous abandonnez cette illusion, elle n'a plus aucun pouvoir sur vous. Le mensonge véhiculé par le prince de ce monde et par l'ennemi en vous est que vous avez fait une erreur dans le passé dont vous ne pouvez pas vous libérer. Tout ce que vous avez fait dans le passé a été fait avec la lumière de Dieu, avec la lumière Mère. Ce n'est que lorsque vous êtes dans la conscience du Christ que vous pouvez agir sur la pure lumière Mater.

Lorsque vous prenez la conscience de dualité, vous ne pouvez pas affecter la pure lumière Mater, vous ne pouvez agir que sur les énergies qui sont déjà introduites dans le spectre de fréquences matérielles. Ces énergies sont, par définition, d'une vibration plus faible que les énergies du royaume spirituel et ne peuvent donc avoir aucune permanence. Rien dans le royaume matériel ne peut être permanent. Aucune erreur commise par vous ne peut être permanente ou irréversible.

Toute erreur peut être annulée et, pour annuler une erreur, vous devez faire deux choses simples :

• Vous devez découvrir le mensonge dualiste qui vous a amené à mal qualifier la lumière Mater. Lorsque vous trouvez ce mensonge et acceptez de le remplacer par la vérité du Christ, vous l'annulez et vous en êtes libéré ;

• Tant que vous acceptez le mensonge et que vous le permettez de rester dans votre sphère du soi, l'énergie coule à travers le filtre de ce mensonge et prend donc la forme représentée par le mensonge. Nous pourrions dire que vous avez mal qualifié une certaine portion, une certaine quantité, de la lumière de Dieu. Il est de votre responsabilité de purifier cette lumière, de vous assurer qu'il n'y a plus de déséquilibre dans le royaume matériel. Afin d'être libéré de votre erreur passée, vous devez également requalifier la lumière Mater qui a été mal qualifiée, qui a reçu une vibration plus faible et une image imparfaite pendant que vous croyiez au mensonge dualiste.

Ce n'est pas difficile à faire une fois que vous avez découvert le mensonge. Vous avez simplement besoin d'invoquer la lumière spirituelle d'en haut et de la diriger dans l'énergie mal qualifiée, ce qui vous permet d'augmenter la vibration de l'énergie de basse fréquence. C'est un processus parfaitement naturel que même vos scientifiques ont découvert et prouvé dans leurs laboratoires. Lorsque vous dirigez une onde de lumière de haute fréquence sur une onde de lumière de basse fréquence, vous pouvez augmenter la vibration de l'énergie de basse fréquence. C'est un processus très mécanique, et les invocations incluses dans ce cours sont conçues pour élever la vibration de la lumière mal qualifiée.

Il n'y a pas d'erreur permanente ou irréversible. Il n'y a pas d'erreur qui ne puisse être réparée. Il n'y a pas d'erreur qui vous gardera piégé pour toujours. Votre Créateur n'a d'autre désir que de vous voir libre de toutes vos erreurs passées. Le concept d'un Dieu en colère et punitif est un concept issu de la conscience de dualité, la conscience de l'antéchrist. Cela n'a aucune réalité. Votre Créateur n'est pas en colère contre vous parce que vous avez fait des erreurs. Votre Créateur vous a donné le libre arbitre et vous a donné l'univers matériel dans lequel expérimenter ce libre arbitre. La loi du libre arbitre n'existe pas seule ; elle existe en polarité avec la loi de cause à effet qui vous rend responsable de vos choix et de votre utilisation de l'énergie de Dieu.

Cette loi a deux aspects. Elle dit que, tant que vous permettez à un mensonge dualiste de rester dans votre contenant du soi, vous dénaturerez inévitablement une partie de l'énergie de Dieu à travers ce mensonge dualiste et les images imparfaites que vous imposez à la lumière Mater. Le deuxième aspect de la loi est que l'énergie que vous qualifiez en mal vous sera renvoyée par le miroir cosmique sous la forme de conditions qui illustrent les images imparfaites que vous projetez sur la lumière Mater à travers le mensonge dualiste.

Vous *allez* faire l'expérience de ce que vous créez à travers la conscience de dualité. C'est en fait pourquoi Jésus a dit aux gens de faire aux autres ce qu'ils voulaient que les autres leur fassent à eux-mêmes (Matthieu 7.12). La signification plus profonde est que le miroir cosmique vous reflètera ce que vous faites aux autres, ce que vous faites à la lumière Mater. Vous ressentirez inévitablement dans votre propre vie ce que vous faites aux autres.

Plus vous avez permis à un mensonge dualiste de rester longtemps dans votre sphère du soi, et plus vous êtes émotionnellement attaché à ce mensonge, plus vous aurez d'énergie mal qualifiée. Au fur et à mesure que l'énergie s'accumule, l'intensité de l'énergie qui vous est renvoyée par le miroir cosmique ne cesse de croître. C'est pourquoi certaines personnes semblent être dans une spirale infernale dont elles ne peuvent se libérer. Ce n'est pas le résultat d'un Dieu en colère qui vous punit. C'est le résultat de lois parfaitement impersonnelles et mécaniques que le Créateur a mises en place pour guider votre expérimentation du libre arbitre.

Ces lois ne sont pas établies pour vous punir ; elles sont en fait mises en place pour s'assurer que vous ne pouvez pas vous anéantir ni détruire d'autres cocréateurs ou un univers entier. Les lois fonctionnent de manière très simple. Lorsque vous qualifiez mal l'énergie, l'énergie vous est renvoyée par le miroir cosmique, et donc vous rencontrez des situations qui limitent votre liberté et votre expression créatrice. Plus vous qualifiez mal l'énergie, plus votre vie devient pénible et moins il vous reste de pouvoir créateur pour mal qualifier encore plus d'énergie. Vous êtes, pour ainsi dire, de plus en plus accablé par votre propre mauvaise qualification passée de l'énergie, et cela vous empêche de faire plus de mal à vous-même et aux autres.

Alors que vous marchez sur le chemin de la vie, l'énergie que vous mal qualifiez est comme du sable que vous mettez dans vos poches et dans votre sac à dos. Plus vous avez de sable dans vos poches, plus il est difficile de marcher. Cela devient un mécanisme de sécurité car vous pouvez éventuellement créer tellement d'énergie mal qualifiée que vous ne pouvez plus bouger. Vous ne pouvez plus vous détruire et détruire d'autres parties de la vie. Le véritable objectif de la loi de cause à effet n'est pas dirigé contre vous personnellement. Il vise à maintenir l'équilibre de l'univers et l'équilibre du royaume matériel.

L'état de conscience dualiste met en place deux extrêmes. Ces extrêmes sont des perversions de la force d'expansion du Père et de la force de contraction de la Mère. La force d'expansion et la force de contraction ne sont pas opposées dans le sens où elles s'annulent. Elles forment une polarité et, lorsqu'elles s'unissent dans une interaction équilibrée, elles se multiplient et se magnifient, c'est ainsi que la forme est créée. Lorsque vous descendez dans la conscience de dualité, vous ne pouvez pas maintenir le bon équilibre entre les forces d'expansion et de contraction, l'équilibre qui provient de la conscience du Christ. Vous créez un ensemble de faux opposés qui s'annulent et qui, par conséquent, ne peuvent créer aucune forme durable. Ils ne créent que des formes mortelles qui seront détruites par la force de contraction de la Mère qui cherche à ramener la lumière Mater à son état fondamental.

Lorsque vous agissez à partir de la conscience de dualité, tout ce que vous faites, chaque action que vous générez, sera opposé par l'univers sous la forme d'une réaction opposée et tout aussi forte. Cela a été prouvé par vos scientifiques, et la loi de l'action et de la réaction est connue depuis des siècles. Très peu d'êtres humains ont transféré cela à leur situation personnelle. Très peu d'humains ont compris que plus ils deviennent déséquilibrés, plus forte sera la force opposée qui cherche à les rétablir. Pour faire quoi que ce soit dans cet état de conscience, vous devez continuellement surmonter l'opposition de l'univers. Afin de maintenir une création déséquilibrée, vous devez continuer à pousser plus loin vos actions déséquilibrées. Cela transforme inévitablement la vie en une lutte permanente et, pour beaucoup de personnes, cela conduit à une spirale descendante qu'elles ne peuvent pas arrêter.

Il est extrêmement regrettable que les êtres humains n'aient pas compris ce principe simple, connu des scientifiques depuis des siècles. Les gens peuvent observer ce principe lorsqu'ils regardent derrière les apparences de surface et se demandent pourquoi certaines choses semblent leur revenir sans cesse. Comme le dit le dicton populaire : « Ce qui circule revient. » Si les êtres humains avaient compris le principe de l'équilibre, ils auraient acquis une perspective entièrement différente de la vie dans ce monde. Cela les aurait aidés à se libérer du manège consistant à passer d'un extrême à l'autre, restant ainsi pris au piège du jeu insensé de la conscience de dualité.

Le principe de base derrière la loi d'action et de réaction est que Dieu a conçu l'univers matériel comme un royaume dans lequel il est possible pour les cocréateurs d'aller à l'encontre de ses lois. Afin d'empêcher un cocréateur de détruire l'univers entier ou d'asservir tous les autres cocréateurs, Dieu a créé la loi selon laquelle l'univers matériel doit maintenir un certain état d'équilibre. L'implication pratique est que, chaque fois qu'un cocréateur génère une action déséquilibrée, l'univers lui-même et la lumière Mater généreront automatiquement une réaction opposée comme contrepoids à l'action qui n'est pas en harmonie avec les lois de Dieu, et qui perturbe donc l'équilibre de l'univers.

***

Ce principe simple a de nombreuses implications profondes, et j'en révélerai quelques-unes dans les prochains chapitres. Pour l'instant, je soulignerai l'une des implications les plus importantes. L'intrigue centrale de l'ennemi intérieur et de l'ennemi extérieur est de vous mettre dans un *catch-22* spirituel. L'histoire du Jardin d'Éden est un symbole de ce qui est arrivé à chaque courant de vie qui est descendu dans la conscience de dualité. La situation dans laquelle Adam et Ève ont réalisé qu'ils étaient nus est un symbole du fait qu'ils ont eu un moment de vérité lorsqu'ils ont réalisé qu'ils avaient perdu le contact avec leur Présence JE SUIS. Lorsque le Soi conscient a eu ce moment de vérité, vous vous êtes senti seul, vous vous êtes senti perdu, vous vous êtes senti incomplet.

Le désir le plus profond de votre conscience est de retrouver votre plénitude. Le seul moyen – le seul moyen *absolu* – pour vous de retrouver votre plénitude est de récupérer votre sentiment intérieur d'unité avec votre source et avec votre Présence JE SUIS. Ce sentiment d'unité intérieure ne peut être atteint qu'en allant à l'intérieur, et c'est en effet pourquoi Jésus a dit que le royaume de Dieu est en vous (Luc 17.21).

Afin de vous garder dans un *catch-22,* l'ennemi intérieur et l'ennemi extérieur doivent vous empêcher d'aller à l'intérieur et de rétablir votre sentiment intérieur d'unité avec Dieu. Ils doivent garder le Soi conscient dans un état d'esprit où il s'identifie à un aspect de la conscience de dualité. Comment peuvent-ils faire cela ? Ils le font en utilisant la caractéristique centrale de la conscience de l'antéchrist, à savoir sa dualité, sa tendance intrinsèque à créer deux extrêmes opposés, tous deux séparés de la réalité unique et indivisible de Dieu. Le prince de ce monde a créé un faux chemin, le chemin qui semble droit à un homme mais dont l'issue est la voie de la mort (Proverbes 14.12), et ce chemin a deux extrêmes.

Au plus profond de votre cœur, vous savez que vous n'êtes pas entier et vous avez envie de retrouver votre intégrité. Le problème auquel est confronté le prince de ce monde est que vous ne pouvez jamais complètement perdre votre désir de plénitude, de quelque chose de plus grand que ce que le monde matériel peut offrir. Le prince de ce monde a tenté de faire face à cela en mettant en place d'innombrables distractions dans ce monde. Cela peut fonctionner pendant un certain temps dans le sens où de nombreuses personnes sont devenues tellement absorbées par l'acquisition des choses et la poursuite des plaisirs de ce monde qu'elles en ont oublié leur besoin de plénitude. Ou elles ont tenté de combler ce besoin de plénitude en acquérant des choses, des plaisirs ou des expériences de ce monde.

Mais il viendra un moment où un courant de vie ne pourra plus ignorer le besoin de plénitude. Il viendra un moment où le prince de ce monde et l'ennemi intérieur, le moi mortel, ne pourront plus empêcher le Soi conscient de penser qu'il doit y avoir plus dans la vie que ce qui est offert dans ce monde. Il doit y avoir une plénitude plus profonde que ce qui peut être acheté à travers Mammon. Lorsque le Soi conscient atteindra ce stade, il ne sera plus possible pour les forces de ce monde de vous empêcher de contempler le sujet de Dieu.

De nombreux courants de vie ignorent le sujet de Dieu ou nient que Dieu existe, mais aucun courant de vie ne peut le faire éternellement. Il viendra un moment où vous réaliserez que votre véritable désir intérieur est un désir de plénitude. Pour être entier, vous devez résoudre votre relation avec Dieu. À ce moment-là, le prince de ce monde tentera de vous piéger dans l'un des deux extrêmes du faux chemin.

L'un des extrêmes est une tentative de vous détourner de Dieu. Par exemple, il existe est une philosophie qui déclare qu'il vous est impossible d'approcher Dieu parce que vous êtes un être humain trop insignifiant. Soit le prince de ce monde tentera de vous faire croire à l'une de ses fausses images de Dieu comme celle d'un être en colère dans le ciel, qui surveille chacun de vos mouvements et qui veut vous punir pour chaque erreur. Le but est simplement de vous enlever toute envie de revenir à l'unité avec Dieu.

Soit les forces de ce monde essaieront de vous faire croire que chaque problème auquel vous faites face est vraiment de la faute de Dieu parce qu'Il vous a créé, parce qu'Il vous a donné le libre arbitre et qu'Il a fait d'autres choses injustes qui vous ont piégé dans votre situation actuelle. Cet extrême représente une tendance à fuir le Dieu extérieur. Évidemment, tant que vous fuyez le *Dieu extérieur*, vous avez peu de chance de rétablir votre innocence et votre sentiment intérieur d'unité avec le *Dieu intérieur*.

Je suis sûre que, si vous lisez ce cours, vous n'êtes pas piégé dans cet extrême. Vous marchez consciemment sur le chemin spirituel, et donc vous cherchez délibérément à vous rapprocher de Dieu. Je décris cet extrême parce que je suis sûre qu'il vous sera facile de déceler les mensonges qui incitent les gens, piégés dans cet extrême, à fuir le Dieu extérieur. En voyant à travers ces mensonges, j'espère qu'il vous sera plus facile de détecter ceux qui sont utilisés pour piéger les gens dans l'autre extrême.

***

Il peut être difficile pour de nombreuses personnes spirituelles et religieuses d'accepter ce que je vais vous dire maintenant. Je dois vous dire la vérité que l'autre extrême, conçu par le
prince de ce monde, est une forme de religion qui vous incite à
vénérer un Dieu extérieur. Il s'agit de toute forme de religion qui
renforce l'image d'un Dieu extérieur, peu importe comment elle
dépeint ce Dieu extérieur ; que ce soit comme un Dieu en colère et
punitif ou comme un Dieu bienveillant. Le facteur décisif est de
savoir si Dieu est dépeint comme un être *extérieur*, comme un être
extérieur à vous-même, dont vous êtes séparé par une barrière, la
barrière de vos erreurs passées et de vos péchés.

De nombreuses religions sur cette planète entrent dans cette
catégorie. La plupart des religions ont commencé à l'origine
comme de vraies religions, et vous pouvez voir ce modèle très
clairement dans le christianisme. Jésus était un véritable enseignant spirituel, envoyé par Dieu pour aider les êtres humains à
redécouvrir la vérité perdue, à savoir que le royaume de Dieu est
en eux et que la clé du salut est de rétablir leur sentiment intérieur
d'unité avec le Dieu intérieur. Au fil du temps, les véritables enseignements de Jésus ont été pervertis et transformés en doctrines
extérieures qui dépeignent Dieu comme un être éloigné dans le
ciel.

Certaines Églises chrétiennes disent que Dieu vous punira
pour vos péchés, mais que vous pouvez vous sortir de ce dilemme
en suivant certaines règles et en croyant en certaines doctrines.
D'autres Églises chrétiennes disent que vous ne pouvez pas, de
votre propre pouvoir, rétablir une juste relation avec Dieu, mais
que cela ne peut être fait que par quelqu'un d'extérieur à vous-
même, à savoir Jésus, lequel est dépeint comme un sauveur
extérieur parce qu'il est le Fils unique de Dieu et que vous êtes un
pécheur mortel. De nombreuses Églises chrétiennes renforcent
l'image du Dieu extérieur et enseignent que la clé du salut est de
vénérer le Dieu extérieur et de fuir l'opposé du Dieu extérieur, à
savoir le diable. Mais, peu importe que vous fuyiez ou que vous
adoriez le Dieu extérieur ; dans les deux cas, vous fuyez le Dieu
intérieur qui est la seule clé du salut.

De nombreux chrétiens sont assis dans leurs églises tous les dimanches, pensant qu'ils seront les seuls à être sauvés. Je ne dis en aucun cas cela de manière moqueuse ou irrespectueuse. Je suis bien conscient que de nombreux chrétiens sont très sincères et ont des cœurs purs, et qu'ils poursuivent avec diligence le chemin qui leur a été tracé par les Églises chrétiennes. Ils ont vraiment les meilleures intentions, mais leurs efforts ne peuvent aboutir au résultat souhaité. Ce que beaucoup de ces personnes font, c'est poursuivre une quête impossible. Elles courent vers un but qui leur échappera à jamais.

Vous avez peut-être vu des dessins d'un âne tirant une charrette avec une tige tendue au-dessus de lui et au bout de laquelle se trouve une carotte suspendue à une ficelle. La carotte pend devant le nez de l'âne, et l'âne continue de courir vers la carotte, pensant qu'il l'atteindra d'une minute à l'autre et pourra la manger. Ce faisant, l'âne tire la charrette. De nombreuses personnes religieuses sur cette planète, et certainement de nombreux chrétiens, sont comme l'âne qui court continuellement vers la carotte sans jamais l'atteindre. Ils courent après la promesse faite par leur religion, mais ils n'atteignent jamais la vie abondante.

La raison en est qu'ils en sont venus à accepter une fausse image, une image dualiste, une image taillée de Dieu et de ce qu'il faut pour gagner leur salut. Ils pensent qu'ils courent vers le salut, mais ce vers quoi ils courent, c'est l'idole du Dieu extérieur. Tant qu'ils courent vers cette idole, ils fuient le Dieu intérieur. Ce faisant, ils tirent la charrette, et le prince de ce monde et leur moi mortel sont assis sur cette charrette, appréciant le trajet. Ils savent que tant que les gens continueront à courir vers la carotte du Dieu extérieur, ils seront en sécurité dans leur position sur le siège du conducteur, d'où ils contrôlent complètement les êtres humains.

Je sais que cela peut être une vérité choquante pour de nombreuses personnes sincères et dévotes qui ont passé des décennies, voire toute une vie, à suivre la voie tracée devant elles par une religion traditionnelle. Si vous avez été une personne religieuse sincère et dévote, vos efforts ne sont pas entièrement vains. Tout ce que vous avez fait avec un cœur pur comptera pour quelque chose. Mais je dois vous dire que cela ne comptera pas assez pour vous amener au but de votre vrai salut.

Il vous faut changer de cap. Il vous faut arrêter de courir après la carotte du Dieu extérieur. Il est nécessaire pour vous de faire tomber ce veau d'or du piédestal et de réaliser la vérité absolue de la raison pour laquelle Jésus a dit que le royaume de Dieu est en vous. Ce n'est que lorsque vous détruisez l'idole d'un Dieu extérieur et que vous commencez à chercher le Dieu intérieur que vous pouvez hériter du royaume de votre Père et hériter de la vie abondante qui vous revient de droit, mais que vous ne pourrez jamais atteindre tant que vous courrez vers le Dieu extérieur.

Mon cœur bien-aimé, je suis très directe et sévère parce que je sais par expérience qu'il y a des millions de personnes sur cette planète qui ne veulent tout simplement pas entendre cette vérité. La raison en est qu'elles sont toujours tellement attachées aux mensonges dualistes qu'elles ont accepté les mensonges dualistes promus par leur moi mortel et le prince de ce monde. Ce sont les mensonges qui promettent aux gens un salut automatique en suivant mécaniquement des règles et des doctrines extérieures.

Il me faut être très directe pour tenter de trancher la résistance que vous pourriez avoir concernant cette vérité. Je ne dis pas que vos efforts passés pour suivre votre religion ont été complètement vains. Si vous avez été un fervent adepte d'une religion et si vous avez fait de votre mieux pour suivre cette religion, vous avez fait quelque chose pour vous rapprocher de la vie abondante. Cela est particulièrement vrai si ce que vous avez fait a été fait avec amour, avec la pureté du cœur et sans arrière-pensées. Ce que vous avez fait dans le passé n'est pas perdu, mais, pour récolter les fruits de votre travail, vous devrez vous réaligner avec la vérité que je vous apporte. Vous devrez changer votre objectif et modifier votre approche de la religion afin que vous puissiez accepter l'approche que Jésus est venu donner aux êtres humains, à savoir l'approche intérieure de la religion.

Si vous le faites, vous pourrez rapidement prendre bon nombre des idées que vous avez recueillies au cours de votre vie religieuse et simplement tourner un peu le cadran de la conscience pour vous réaligner avec la réalité du chemin intérieur vers Dieu. Vous n'avez pas à recommencer ; vous n'avez pas à jeter toutes vos croyances religieuses. Vous devez simplement tourner suffisamment le cadran de la conscience pour réaligner vos croyances avec la réalité du Christ.

Cela pourrait vous obliger à faire un effort très déterminé pour prendre conscience de l'irréalité de l'antéchrist et les croyances dualistes qui se sont glissées dans la plupart des religions de cette planète. Vous avez peut-être été confronté à de telles croyances depuis l'enfance et vous avez peut-être été soumis à l'affirmation selon laquelle ces croyances dualistes sont la vérité absolue et infaillible. Si vous avez accepté cette affirmation, vous avez peut-être construit un faux sentiment de sécurité qui vous fait croire que tant que vous acceptez ces doctrines extérieures, vous serez sûrement sauvé.

Des millions de personnes se sont laissées bercer par ce faux sentiment de sécurité, pensant que leur salut était assuré, qu'il était, pour utiliser une expression moderne, « dans le sac ». Malheureusement, ce n'est pas le cas, et je peux vous dire que de nombreux courants de vie ont été profondément déçus lorsqu'ils ont quitté le corps physique pour se rendre à leur destination assignée entre les incarnations. De nombreux courants de vie qui, dans des vies antérieures, étaient des adeptes stricts d'une religion ont été tellement déçus qu'ils se sont mis en colère contre Dieu.

Beaucoup d'hommes et de femmes qui sont aujourd'hui négatifs envers le christianisme ou toute autre religion ont cette attitude précisément parce que, dans une vie passée, ils ont diligemment suivi une religion particulière. Après cette vie, ils ont réalisé qu'ils avaient suivi une fausse promesse, qu'ils avaient couru après la carotte sans jamais avoir aucune chance de l'atteindre. Malheureusement, ces personnes ont simplement sauté dans l'extrême opposé créé par le prince de ce monde. Ils doivent s'élever au-dessus des deux approches dualistes de la religion et atteindre le Dieu intérieur.

***

La plupart des gens sur cette planète ont un profond sentiment d'injustice ou de colère envers Dieu, et, si vous voulez vraiment manifester la vie abondante, vous devez découvrir et résoudre ces sentiments. Mon cœur bien-aimé, je peux comprendre les gens qui ont un certain sentiment de colère parce qu'on leur a dit des mensonges sur le salut. Si vous vous adonnez à cette colère, vous tomberez simplement dans l'extrême opposé de fuir le Dieu extérieur. Le seul vrai moyen de surmonter les deux extrêmes dualistes est de suivre les conseils de Jésus et de tout pardonner à tout le monde (Matthieu 6.14, 18.21).

Garder rancune, s'accrocher à la colère ou à la douleur ne feront que vous garder piégé dans la conscience de dualité. La clé maîtresse de la liberté spirituelle est le pardon complet, total et absolu de Dieu, de chaque être humain, de chaque institution humaine et de vous-même. Si vous voulez manifester la vie abondante, vous devez pardonner à tous ceux qui vous ont fait du mal. Vous devez pardonner à Dieu pour toute fausse image de Dieu qui aurait pu être imposée sur vous. Vous devez même pardonner au prince de ce monde pour ses mensonges, sa tromperie et sa manipulation. Vous devez pardonner à votre moi mortel, et vous devez vous pardonner – au Soi conscient – d'avoir accepté des mensonges dualistes dans le passé.

Dieu n'a aucun désir de vous voir rester piégé dans un état de conscience inférieur. Le seul désir de Dieu est de vous voir libéré de toutes les imperfections afin que vous puissiez récupérer votre véritable identité spirituelle et commencer à construire sur cette fondation, devenant plus que ce que Dieu n'a jamais imaginé pour vous. Vous n'avez pas besoin d'être pardonné par Dieu pour toute erreur que vous avez commise. Je sais que c'est une autre déclaration qui sera difficile à accepter pour de nombreuses personnes religieuses.

La vérité est que Dieu vous a donné le libre arbitre, et donc Dieu n'est pas en colère contre vous parce que vous avez utilisé ce libre arbitre pour aller contre ses lois. Pourquoi Dieu serait-Il en colère alors qu'Il a créé une loi qui dit que vous récolterez ce que vous avez semé ? Dieu ne désire pas vous voir rester piégé dans un état de culpabilité ou de honte ou dans le sentiment que vous êtes un pécheur. Dieu désire simplement que vous quittiez la prison du moi mortel et que vous rentriez chez vous dans son royaume afin que vous puissiez recevoir la vie abondante qu'il est de son bon plaisir de vous donner.

La réalité de vos erreurs du passé, ce que tant de chrétiens appellent péchés, c'est que vous n'avez pas besoin du pardon de Dieu pour vos péchés. Dieu veut seulement que vous soyez libre, mais, pour être libre, vous devez faire deux choses, comme je l'ai expliqué plus haut :

• Vous devez complètement abandonner le mensonge dualiste qui vous a fait faire l'erreur ;
• Vous devez requalifier toute l'énergie que vous avez mal qualifiée à cause de vos croyances dualistes afin de pouvoir rétablir l'équilibre de l'univers.

Lorsque vous faites cela, vous serez – en ce qui concerne Dieu – complètement libre de vos erreurs passées, et Il ne se souviendra plus de vos péchés (Hébreux 8.12). Le problème est qu'avant de pouvoir vous *senti* complètement libéré de vos erreurs, vous devez vous pardonner d'avoir commis ces erreurs – vous ne devez plus vous souvenir de vos péchés. Vous devez pardonner à toutes les autres personnes qui ont également été piégées dans le même aspect de l'état de conscience dualiste. Le pardon dont vous avez besoin pour être libre de vos erreurs passées n'est pas le pardon de Dieu. Le pardon dont vous avez besoin est le pardon de vous-même, et, pour vraiment vous pardonner, vous devez pardonner à tous les autres. Comme Jésus l'a dit : « *Tout ce que vous voulez que les hommes fassent pour vous, faites-le de même pour eux* » (Matthieu 7.12).

Mon cœur bien-aimé, Jésus était et est un enseignant spirituel très profond et capable. Jésus savait que beaucoup de ses paroles seraient perverties, alors il a encodé un message caché dans plusieurs de ses déclarations les plus profondes. C'était un message qui ne peut pas être compris par ceux qui sont piégés dans la conscience de dualité. Parce que ces personnes ne peuvent pas comprendre le message caché, elles ne peuvent pas pervertir le message. Si vous prenez la parole : « *Faites aux autres ce que vous voudriez qu'ils vous fassent* », le message caché peut être trouvé en posant la question de ce que cela fera pour vous.

Le sens caché est que ce que vous faites aux autres, vous l'avez déjà fait à vous-même. Si vous êtes en colère contre un autre, c'est parce que vous avez accepté certaines croyances dualistes sur la colère. En prenant ces croyances dans votre contenant du soi, vous avez permis à l'esprit de colère, la conscience de la colère, d'entrer dans votre être. Cela signifie que la colère est dans votre être et qu'elle colore la façon dont vous regardez tout, y compris vous-même. Si une personne est en colère contre d'autres personnes, alors cette personne est – inconsciemment – en colère contre elle-même et en colère contre Dieu.

Beaucoup d'êtres humains ne parviennent pas à le reconnaître. Ils savent peut-être qu'ils ont tendance à être en colère contre les autres, mais ils n'ont pas fait le lien que cette colère envers les autres découle de la colère envers eux-mêmes. Si vous avez du mal à pardonner aux autres, cela montre que vous ne vous êtes pas pardonné. Vous ne pouvez pas vous libérer de vos erreurs passées tant que vous ne vous pardonnez pas d'avoir commis ces erreurs. Si vous avez du mal à pardonner aux autres, vous devez vous regarder dans le miroir. Vous devez chercher la poutre dans votre propre œil et réaliser que vous avez un problème avec le non-pardon parce que vous permettez à certaines croyances dualistes sur le pardon de rester dans votre conscience.

Cela pourrait être la croyance que, si quelqu'un vous a fait du mal, cette personne mérite d'être punie. Vous ne pardonnerez pas à cette personne tant que vous n'aurez pas le sentiment qu'elle a reçu une juste punition. Ce n'est pas à *vous* de punir, car Dieu n'a-t-il pas dit : « *À moi la vengeance, à moi la rétribution* » (Romains 12.19). La signification intérieure est que Dieu a créé une loi impersonnelle qui renvoie toute énergie mal qualifiée à la personne qui l'envoie. Le miroir cosmique « punira » automatiquement toute personne pour toute action imparfaite qu'elle commet. Ce n'est pas à vous de punir les autres ; ce n'est pas votre souci de punir les autres. Vous devriez plutôt vous préoccuper de vous libérer de la situation imparfaite, et vous ne pouvez le faire qu'en pardonnant aux autres et en vous pardonnant vous-même.

Le pardon, c'est vraiment se libérer d'une situation imparfaite dans le passé et d'un attachement émotionnel à cette situation et aux autres personnes qui ont été impliquées dans cette situation. Si quelqu'un vous a fait du mal, est-il logique que vous vouliez rester émotionnellement attaché à cette personne, lui donnant ainsi un pouvoir sur vous ? Bien sûr, cela n'a aucun sens, et la seule façon de couper ce lien émotionnel est de pardonner complètement à cette personne ce qui a été fait dans le passé.

Si vous avez commis des erreurs dans le passé, est-il logique que vous vouliez rester émotionnellement attaché à ces situations ? Bien sûr, cela n'a aucun sens, mais la seule façon de vous libérer du lien avec le passé est de vous pardonner complètement d'avoir fait ces erreurs au début. Le pardon est la clé de la liberté, de la liberté d'accepter la vie abondante que Dieu attend de vous donner à tout moment. Vous n'avez qu'à accepter cette vie abondante, mais, pour être prêt à l'accepter, vous devez vous pardonner les erreurs qui vous ont fait rejeter la vie abondante dans le passé et qui vous ont fait entrer dans une spirale descendante qui vous a éloigné davantage de la vie abondante en vous rendant de plus en plus piégé dans la conscience de dualité.

Ce *catch-22* peut vous garder piégé dans une spirale descendante consistant à rester dans un extrême dualiste ou à passer d'un extrême à l'autre, pendant une période de temps indéfinie. La clé pour briser cette malédiction de fuir le Dieu intérieur est que vous devez réévaluer votre relation avec Dieu. Les psychologues modernes ont proposé de nombreuses théories sur la psyché humaine et son fonctionnement. Malheureusement, la plupart des théories n'intègrent pas le côté spirituel de votre être et ne peuvent donc jamais vous donner une compréhension complète de vous-même. De nombreux praticiens holistiques ou alternatifs en santé mentale ont proposé des théories qui tiennent compte du côté spirituel de votre nature.

Le problème essentiel de la psychologie humaine est que tout dans votre vie et dans votre psyché tourne autour d'une chose, et d'une seule chose, à savoir votre relation avec Dieu. Tout ce qui se passe dans votre vie est l'effet d'une cause plus profonde, et cette cause est votre relation avec Dieu. Si vous prenez n'importe quel problème que vous avez dans votre psyché et que vous le retracez jusqu'à sa racine ultime, jusqu'à sa cause ultime, cela remonte jusqu'à la décision qui vous a poussé à vous détourner de votre enseignant et à vous détourner de Dieu. Cette décision est à l'origine de tous vos problèmes. Il peut y avoir de nombreuses couches de problèmes parce que votre décision initiale s'est ramifiée en de nombreuses décisions dualistes. Lorsque vous regardez la surface de votre psychisme, vous pouvez voir de nombreux problèmes distincts qui peuvent sembler sans rapport.

Mais si vous allez dans des couches de plus en plus profondes de la psyché – et je peux vous assurer que je suis allé jusqu'au fond de la psyché –, vous verrez que tous les différents problèmes sont nourris par la même racine. Cette racine est votre relation avec Dieu, comment vous voyez Dieu et vos interactions avec Dieu. Plus précisément, tout revient à la décision qui vous a poussé à vous détourner de Dieu et à rejeter ainsi son don gratuit de la vie abondante. De toute évidence, cette décision est ce qui vous empêche de revenir à l'unité avec Dieu. La clé principale de la vie abondante est de découvrir cette décision, la décision qui vous empêche de revenir à l'unité avec Dieu, qui donne l'impression qu'il est impossible ou indésirable pour vous de rétablir votre innocence, votre sentiment intérieur d'unité avec Dieu.

Mon cœur bien-aimé, je soupçonne que ce que je vous ai dit dans cette clé nécessitera un certain temps pour être complètement absorbé dans votre conscience. Je ne m'attends pas à ce que la plupart des gens puissent accepter instantanément ce que j'ai dit, ou puissent l'intérioriser instantanément. Je ne m'attends pas à ce que la plupart des gens puissent découvrir instantanément la décision originelle qui les a poussés à se détourner de Dieu, et donc à s'en libérer instantanément. Je m'attends à ce que, si vous avez suivi ce cours jusqu'à présent, vous soyez disposé à contempler ce que j'ai dit.

Vous serez prêt à aller à l'intérieur de vous et à demander une réponse à l'intérieur de vous. Si vous posez la question avec un esprit et un cœur ouverts sur la validité de ce que j'ai dit, vous *recevrez* une réponse. Cette réponse viendra d'une source à l'intérieur de vous, et cela ne fera aucun doute. Si vous demandez avec un esprit et un cœur ouverts, vous *recevrez* une réponse de l'intérieur, une réponse que votre esprit extérieur ne peut douter. Cette réponse viendra d'une source qui est le véritable sauveur de chaque personne sur Terre.

Dans le chapitre suivant, je vous expliquerai ce qu'est ce sauveur intérieur et comment vous pouvez apprendre à faire pleinement usage de ce que Jésus a appelé le « *consolateur* » et la « *clé de la science* ». Veuillez vous joindre à moi alors que je vous révèle cet enseignant intérieur qui peut vraiment vous aider à dévoiler tous les mensonges des faux enseignants de l'antéchrist.

10. J'invoque la paix avec Dieu

Au nom de JE SUIS CE QUE JE SUIS, de Jésus-Christ, j'appelle Portia, Mère Marie et toutes les représentantes de la Mère divine. Aidez-moi à faire la paix avec Dieu et à connaître le Dieu au-delà de toute forme. Aidez-moi à accepter mes pouvoirs créateurs et à prendre conscience des facteurs qui bloquent le flux de ma créativité donnée par Dieu.

Aidez-moi aussi... *(ajouter vos demandes personnelles).*

I. Mon vrai désir est la plénitude

1. Lorsque j'ai perdu le contact avec ma Présence JE SUIS, le Soi conscient s'est senti seul, perdu et incomplet. Le désir le plus profond de ma conscience est de retrouver la plénitude.

Ô Portia, c'est avec amour
Que tu m'accueilles dans ta retraite.
Je réussis toutes mes épreuves
En transcendant les vieux schémas.

Portia, quelle opportunité
De quitter la dualité !
Je me concentre intérieurement
Pour grandir éternellement.

2. La seule façon absolue pour moi de retrouver la plénitude est de rétablir mon sentiment intérieur d'unité avec ma source et avec ma Présence JE SUIS. Ce sentiment intérieur d'unité ne peut être atteint qu'en allant à l'intérieur de moi, et c'est pourquoi Jésus a dit que le royaume de Dieu est en moi.

Ô Portia, ton nom est Justice,
Brandis la flamme d'honneur cosmique !
Je cesserai de jouer le jeu
De refuser de me changer.

**Portia, quelle opportunité
De quitter la dualité !
Je me concentre intérieurement
Pour grandir éternellement.**

3. Je surmonte l'opposition de l'ennemi intérieur et de l'ennemi extérieur. Je vais à l'intérieur et je rétablis mon sentiment intérieur d'unité avec Dieu. Je transcende toute identification avec la conscience de dualité.

Ô Portia, dans le flux cosmique,
Je grandis toujours avec toi.
Je suis le calice ici-bas
Qui reçoit ta justice cosmique.

**Portia, quelle opportunité
De quitter la dualité !
Je me concentre intérieurement
Pour grandir éternellement.**

4. Mon véritable désir intérieur est un désir de plénitude. Afin d'être entier, je vais rétablir ma relation avec Dieu.

Ô Portia, équilibre cosmique,
Mon cœur chante l'espoir éternel.
Protégé par l'aile de la Mère,
Je sens l'unité avec tout.

**Portia, quelle opportunité
De quitter la dualité !
Je me concentre intérieurement
Pour grandir éternellement.**

5. Je transcende les religions qui me poussent à craindre ou à adorer le Dieu extérieur. Je vais au-delà de toute forme de religion qui renforce l'image d'un Dieu extérieur.

Ô Portia, donne ta lumière Mère
Qui nous libère de la nuit noire.
Ta flamme d'amour brille à jamais,
Serre-moi fort avec Saint-Germain.

Portia, quelle opportunité
De quitter la dualité !
Je me concentre intérieurement
Pour grandir éternellement.

6. Je sais que Dieu n'est pas un être extérieur. Dieu est un être intérieur et aucune barrière ne me sépare de Dieu, même pas mes erreurs passées ni mes péchés.

Ô Portia, grâce à ta maîtrise,
Tu me transformes par ta chimie.
Dans ta lumière de vérité,
Je découvre l'alchimie dorée.

Portia, quelle opportunité
De quitter la dualité !
Je me concentre intérieurement
Pour grandir éternellement.

7. Je ne crains pas et je n'adore pas le Dieu extérieur. Je trouve le Dieu intérieur qui est la seule clé de mon salut.

Ô Portia, dans le flux cosmique,
Je me réveille du rêve humain.
J'enlève la poutre de mon ego
Pour rejoindre l'équipe cosmique.

Portia, quelle opportunité
De quitter la dualité !
Je me concentre intérieurement
Pour grandir éternellement.

8. Je tourne le cadran de la conscience et je me réaligne avec la réalité du chemin intérieur qui mène à Dieu.

Ô Portia, tu viens de très loin,
Tu es un avatar cosmique.
Comme répertoire illimité,
Tu es l'étoile guide de la Terre.

Portia, quelle opportunité
De quitter la dualité !
Je me concentre intérieurement
Pour grandir éternellement.

9. Je tourne le cadran de la conscience et je réaligne mes croyances avec la réalité du Christ. Je suis déterminé à dévoiler et à transcender l'irréalité de l'antéchrist ainsi que les croyances dualistes qui se sont glissées dans la plupart des religions de cette planète.

Ô Portia, je suis très confiant,
Je suis un instrument cosmique.
Je suis venu du ciel sur Terre
Pour l'aider à ascensionner.

Portia, quelle opportunité
De quitter la dualité !
Je me concentre intérieurement
Pour grandir éternellement.

II. Je pardonne tout

1. Je transcende la prétention que les croyances dualistes sont la vérité absolue et infaillible. J'abandonne le faux sentiment de sécurité qui fait croire à mon ego que, tant que j'accepte des doctrines extérieures, je serai sûrement sauvé.

Ô Portia, c'est avec amour
Que tu m'accueilles dans ta retraite.
Je réussis toutes mes épreuves
En transcendant les vieux schémas.

Portia, quelle opportunité
De quitter la dualité !
Je me concentre intérieurement
Pour grandir éternellement.

2. Je suis prêt à reconnaître mes sentiments d'injustice ou de colère envers Dieu. Je démasque ces sentiments et je les transforme.

Ô Portia, ton nom est Justice,
Brandis la flamme d'honneur cosmique !
Je cesserai de jouer le jeu
De refuser de me changer.

Portia, quelle opportunité
De quitter la dualité !
Je me concentre intérieurement
Pour grandir éternellement.

3. J'écoute le conseil de Jésus et je pardonne tout à autrui. J'abandonne toute rancune, toute colère et toute blessure, parce que je sais qu'elles ne feront que me garder piégé dans la conscience de dualité.

Ô Portia, dans le flux cosmique,
Je grandis toujours avec toi.
Je suis le calice ici-bas
Qui reçoit ta justice cosmique.

Portia, quelle opportunité
De quitter la dualité !
Je me concentre intérieurement
Pour grandir éternellement.

4. La clé maîtresse de la liberté spirituelle est le pardon complet, total et absolu de Dieu, de tout être humain, de toute institution humaine et de moi-même.

Ô Portia, équilibre cosmique,
Mon cœur chante l'espoir éternel.
Protégé par l'aile de la Mère,
Je sens l'unité avec tout.

Portia, quelle opportunité
De quitter la dualité !
Je me concentre intérieurement
Pour grandir éternellement.

5. Je manifeste la vie abondante parce que je pardonne à tous ceux qui m'ont fait du mal.

Ô Portia, donne ta lumière Mère
Qui nous libère de la nuit noire.
Ta flamme d'amour brille à jamais,
Serre-moi fort avec Saint-Germain.

**Portia, quelle opportunité
De quitter la dualité !
Je me concentre intérieurement
Pour grandir éternellement.**

6. Je pardonne à Dieu pour toute fausse image de Lui qui m'a été imposée.

Ô Portia, grâce à ta maîtrise,
Tu me transformes par ta chimie.
Dans ta lumière de vérité,
Je découvre l'alchimie dorée.

**Portia, quelle opportunité
De quitter la dualité !
Je me concentre intérieurement
Pour grandir éternellement.**

7. Je pardonne au prince de ce monde pour ses mensonges, sa tromperie et sa manipulation.

Ô Portia, dans le flux cosmique,
Je me réveille du rêve humain.
J'enlève la poutre de mon ego
Pour rejoindre l'équipe cosmique.

**Portia, quelle opportunité
De quitter la dualité !
Je me concentre intérieurement
Pour grandir éternellement.**

8. Je pardonne à mon moi mortel. Je pardonne à moi-même, le Soi conscient, d'avoir accepté des mensonges dualistes dans le passé.

Ô Portia, tu viens de très loin,
Tu es un avatar cosmique.
Comme répertoire illimité,
Tu es l'étoile guide de la Terre.

Portia, quelle opportunité
De quitter la dualité !
Je me concentre intérieurement
Pour grandir éternellement.

9. Je n'ai pas besoin d'être pardonné par Dieu pour une erreur que j'ai commise. Dieu m'a donné le libre arbitre, et Dieu n'est pas en colère contre moi pour le fait que j'ai utilisé ce libre arbitre pour aller à l'encontre de ses lois. J'accepte d'être déjà pardonné par Dieu.

Ô Portia, je suis très confiant,
Je suis un instrument cosmique.
Je suis venu du ciel sur Terre
Pour l'aider à ascensionner.

Portia, quelle opportunité
De quitter la dualité !
Je me concentre intérieurement
Pour grandir éternellement.

III. Je pardonne à moi-même

1. Je transcende mes erreurs. J'abandonne complètement les mensonges dualistes qui m'ont fait commettre ces erreurs.

Ô Portia, c'est avec amour
Que tu m'accueilles dans ta retraite.
Je réussis toutes mes épreuves
En transcendant les vieux schémas.

Portia, quelle opportunité
De quitter la dualité !
Je me concentre intérieurement
Pour grandir éternellement.

2. Je requalifie toute l'énergie que j'ai mal qualifiée à travers mes croyances dualistes. Je rétablis l'équilibre de l'univers.

Ô Portia, ton nom est Justice,
Brandis la flamme d'honneur cosmique !
Je cesserai de jouer le jeu
De refuser de me changer.

**Portia, quelle opportunité
De quitter la dualité !
Je me concentre intérieurement
Pour grandir éternellement.**

3. En ce qui concerne Dieu, j'accepte d'être complètement libéré de mes erreurs passées. Dieu ne se souvient plus de mes péchés.

Ô Portia, dans le flux cosmique,
Je grandis toujours avec toi.
Je suis le calice ici-bas
Qui reçoit ta justice cosmique.

**Portia, quelle opportunité
De quitter la dualité !
Je me concentre intérieurement
Pour grandir éternellement.**

4. Je me sens complètement libéré de mes erreurs parce que je me pardonne d'avoir commis ces erreurs. Je ne me souviens plus de mes péchés.

Ô Portia, équilibre cosmique,
Mon cœur chante l'espoir éternel.
Protégé par l'aile de la Mère,
Je sens l'unité avec tout.

**Portia, quelle opportunité
De quitter la dualité !
Je me concentre intérieurement
Pour grandir éternellement.**

5. Je pardonne à tous ceux et à toutes celles qui sont piégés dans le même aspect de l'état de conscience dualiste.

Ô Portia, donne ta lumière Mère
Qui nous libère de la nuit noire.
Ta flamme d'amour brille à jamais,
Serre-moi fort avec Saint-Germain.

Portia, quelle opportunité
De quitter la dualité !
Je me concentre intérieurement
Pour grandir éternellement.

6. Le pardon dont j'ai besoin pour être libéré de mes erreurs passées n'est pas le pardon de Dieu. Le pardon dont j'ai besoin est le pardon de moi-même. Je me pardonne en pardonnant à tout le monde.

Ô Portia, grâce à ta maîtrise,
Tu me transformes par ta chimie.
Dans ta lumière de vérité,
Je découvre l'alchimie dorée.

Portia, quelle opportunité
De quitter la dualité !
Je me concentre intérieurement
Pour grandir éternellement.

7. Si j'ai de la difficulté à pardonner aux autres, cela montre que je ne me suis pas pardonné. Je regarde la poutre dans mon propre œil et j'abandonne les croyances dualistes sur le pardon qui restent dans ma conscience.

Ô Portia, dans le flux cosmique,
Je me réveille du rêve humain.
J'enlève la poutre de mon ego
Pour rejoindre l'équipe cosmique.

Portia, quelle opportunité
De quitter la dualité !

Je me concentre intérieurement
Pour grandir éternellement.

8. Le pardon, c'est vraiment me libérer d'une situation imparfaite du passé et d'un attachement émotionnel à cette situation et aux autres personnes impliquées dans cette situation.

Ô Portia, tu viens de très loin,
Tu es un avatar cosmique.
Comme répertoire illimité,
Tu es l'étoile guide de la Terre.

Portia, quelle opportunité
De quitter la dualité !
Je me concentre intérieurement
Pour grandir éternellement.

9. Je me libère de tout attachement émotionnel à des erreurs et à des personnes de mon passé. Je me libère de tout lien avec le passé en me pardonnant complètement d'avoir fait ces erreurs.

Ô Portia, je suis très confiant,
Je suis un instrument cosmique.
Je suis venu du ciel sur Terre
Pour l'aider à ascensionner.

Portia, quelle opportunité
De quitter la dualité !
Je me concentre intérieurement
Pour grandir éternellement.

IV. Je rétablis mon innocence

1. Le pardon est la clé de la liberté. Je suis libre d'accepter la vie abondante que Dieu attend de me donner à tout moment.

Ô Portia, c'est avec amour
Que tu m'accueilles dans ta retraite.
Je réussis toutes mes épreuves
En transcendant les vieux schémas.

Portia, quelle opportunité
De quitter la dualité !
Je me concentre intérieurement
Pour grandir éternellement.

2. J'accepte la vie abondante en me pardonnant les erreurs qui m'ont fait rejeter la vie abondante dans le passé. Je me pardonne d'être entré dans une spirale descendante qui m'a éloigné de la vie abondante. Je transcende la conscience de dualité.

Ô Portia, ton nom est Justice,
Brandis la flamme d'honneur cosmique !
Je cesserai de jouer le jeu
De refuser de me changer.

Portia, quelle opportunité
De quitter la dualité !
Je me concentre intérieurement
Pour grandir éternellement.

3. Je réévalue ma relation avec Dieu. La question essentielle de la psychologie humaine est que tout dans ma vie et dans ma psyché tourne autour de ma relation avec Dieu.

Ô Portia, dans le flux cosmique,
Je grandis toujours avec toi.
Je suis le calice ici-bas
Qui reçoit ta justice cosmique.

Portia, quelle opportunité
De quitter la dualité !
Je me concentre intérieurement
Pour grandir éternellement.

4. Avec l'aide de mes enseignants ascensionnés, je prends n'importe quel problème de ma psyché et je le ramène à sa racine ultime et à sa cause ultime, à savoir la décision qui m'a poussé à me détourner de mon enseignant et à me détourner de Dieu. Cette décision est à l'origine de tous mes problèmes.

Ô Portia, équilibre cosmique,
Mon cœur chante l'espoir éternel.
Protégé par l'aile de la Mère,
Je sens l'unité avec tout.

**Portia, quelle opportunité
De quitter la dualité !
Je me concentre intérieurement
Pour grandir éternellement.**

5. Je travaille à travers les couches de mes problèmes parce que ma décision originelle s'est ramifiée en de nombreuses décisions dualistes. Je vais au-delà des problèmes apparemment séparés et je les résous au niveau de leur cause plus profonde.

Ô Portia, donne ta lumière Mère
Qui nous libère de la nuit noire.
Ta flamme d'amour brille à jamais,
Serre-moi fort avec Saint-Germain.

**Portia, quelle opportunité
De quitter la dualité !
Je me concentre intérieurement
Pour grandir éternellement.**

6. Je vais de plus en plus profondément à travers les couches de ma psyché. Je résous complètement tous les éléments dualistes dans ma relation avec Dieu ainsi que ma façon de Le voir et mes interactions avec Lui.

Ô Portia, grâce à ta maîtrise,
Tu me transformes par ta chimie.
Dans ta lumière de vérité,
Je découvre l'alchimie dorée.

**Portia, quelle opportunité
De quitter la dualité !
Je me concentre intérieurement
Pour grandir éternellement.**

7. Je suis prêt à faire face à la décision qui m'a poussé à me détourner de Dieu et à rejeter ainsi son don gratuit de la vie abondante. Je découvre cette décision. Je reviens à l'unité avec Dieu en rétablissant mon innocence et mon sentiment intérieur d'unité avec Dieu.

Ô Portia, dans le flux cosmique,
Je me réveille du rêve humain.
J'enlève la poutre de mon ego
Pour rejoindre l'équipe cosmique.

Portia, quelle opportunité
De quitter la dualité !
Je me concentre intérieurement
Pour grandir éternellement.

8. Je suis prêt à aller à l'intérieur de moi et à demander une réponse à l'intérieur de moi. Je sais que je recevrai une réponse d'une source qui est en moi.

Ô Portia, tu viens de très loin,
Tu es un avatar cosmique.
Comme répertoire illimité,
Tu es l'étoile guide de la Terre.

Portia, quelle opportunité
De quitter la dualité !
Je me concentre intérieurement
Pour grandir éternellement.

9. En connaissant la réponse, j'abandonnerai consciemment et joyeusement la décision qui m'a poussé à me détourner de Dieu. J'accepte d'être pleinement digne de revenir à l'unité avec Dieu et de revenir à l'innocence.

Ô Portia, je suis très confiant,
Je suis un instrument cosmique.
Je suis venu du ciel sur Terre
Pour l'aider à ascensionner.

Portia, quelle opportunité
De quitter la dualité !
Je me concentre intérieurement
Pour grandir éternellement.

Sceau final :

Au nom de la Mère divine, je demande à Portia et à Mère Marie de me sceller, ainsi que toutes les personnes de mon cercle d'influence, dans le flux créateur de la Mère Divine, le Fleuve de Vie. Je demande la multiplication de mes appels par toutes les représentantes de la Mère divine afin que nous formions le flux parfait en huit de « comme en haut, ainsi en bas ». J'accepte donc que cela soit pleinement manifesté parce que la bouche du Seigneur, la Mère divine que JE SUIS, l'a prononcé. Amen.

11. Retrouver la source de votre joie

Mon cœur bien-aimé, nous arrivons maintenant à un stade crucial dans le déploiement de cette série d'enseignements de mon cœur au vôtre. Ce stade est crucial car, à moins que vous n'assimiliez et n'acceptiez pleinement ce que je m'apprête à vous transmettre, mes tentatives pour vous aider à accepter la vie abondante auront échoué. Au lieu de me suivre dans une vie d'abondance, vous suivrez ou vous continuerez à suivre les faux gourous dans une vie de manque et de lutte.

Votre Soi conscient a décidé d'expérimenter la conscience de dualité et, progressivement, il est devenu de plus en plus enveloppé dans cet état d'esprit dualiste jusqu'à ce qu'il perde la connexion consciente avec votre Présence JE SUIS, jusqu'à ce que vous tombiez dans un état de conscience inférieur. À partir du moment où vous avez perdu le fil du contact, votre moi mortel est né ! Ce moi mortel forme l'ennemi intérieur qui travaille conjointement avec l'ennemi extérieur, à savoir les forces de l'antéchrist qui vous gardent indéfiniment piégé dans la conscience de dualité. Ces dernières le feront de toutes les manières possibles, et j'ai décrit certaines des stratégies utilisées par ces forces pour vous garder piégé.

Je vais maintenant vous parler de la seule stratégie sous-jacente, la stratégie maîtresse, utilisée par les forces de la dualité pour vous garder piégé dans cette boîte mentale. Afin de comprendre cette stratégie et comment elle est utilisée contre vous, vous devez comprendre la caractéristique centrale de votre moi mortel. Le Soi conscient est le siège de votre libre arbitre et c'est lui qui prend les décisions. Le Soi conscient a la capacité de prendre des décisions qui sont en harmonie avec les lois et la volonté de Dieu ou des décisions qui ne sont pas alignées avec sa volonté et ses lois. Tout dans votre vie tourne autour du Soi conscient et des décisions que vous prenez.

Le Soi conscient est, à tout moment, ce qu'il se voit être. Le Soi conscient prend des décisions en fonction de son sentiment d'identité, de sa compréhension et de son système de croyance. Le Soi conscient a été créé comme une extension de la pure conscience de Dieu. Il a un désir inné de faire partie du Fleuve de Vie, de couler avec le Tout de la création de Dieu et de devenir plus. Le Soi conscient veut toujours faire ce qui est juste. Lorsque le Soi conscient comprend à la fois sa propre identité et sa connexion avec le Tout de Dieu, il essaie toujours de choisir l'option qui est en alignement avec son but d'être et qui améliorera sa propre vie et toute la création de Dieu.

Le Soi conscient choisit toujours l'option qu'il considère comme étant la meilleure pour lui-même et pour l'ensemble. Le problème est que, si le Soi conscient commence à s'identifier avec l'esprit de dualité, il ne peut pas se rendre compte de ce qui est finalement mieux pour lui et pour le Tout. Au lieu de cela, les seules options qu'il peut voir sont des options basées sur la conscience de dualité. Quelle que soit l'option choisie par le Soi conscient, il s'enveloppe davantage dans la conscience de dualité. Une fois qu'il a passé le stade critique de perdre le fil du contact avec la Présence JE SUIS, il ne peut envisager aucune issue à ce qui semble maintenant être un labyrinthe où chaque choix mène à une impasse. Imaginez l'un des labyrinthes, constitué de hautes haies, que l'on trouve dans de nombreux endroits du monde.

Imaginez que vous vous tenez sur une plate-forme au-dessus d'un tel labyrinthe. Vous voyez d'en haut le labyrinthe ainsi que les gens qui essaient de trouver leur chemin pour s'en sortir. Lorsque vous regardez le labyrinthe d'en haut, il est facile pour vous de voir quels chemins mènent à des impasses et quels chemins conduisent hors du labyrinthe. Imaginez maintenant que vous changez de perspective et que vous vous retrouvez dans le labyrinthe. Tout ce que vous voyez, ce sont des murs végétaux qui vous entourent. Du coup, il devient impossible de savoir quel chemin mène à une impasse ou à la sortie. C'est littéralement la différence entre avoir une certaine dose de la conscience du Christ, une certaine connexion à votre Présence JE SUIS, et être complètement piégé dans la conscience de dualité.

Le moi mortel et le prince de ce monde savent que le Soi conscient n'est pas stupide et qu'il veut faire ce qui est juste. Comment peuvent-ils vous amener à faire quelque chose qui provient de la conscience de dualité et qui pourrait vous blesser ? Ils ne peuvent le faire qu'en confondant le Soi conscient avec un système de croyance relatif et dualiste qui voile la réalité de certains actes qui peuvent vous blesser. Dans la conscience de dualité, tout est relatif et votre moi mortel peut toujours justifier ce qu'il veut faire. Lorsque vous regardez la vie à travers ce filtre de dualité, vous ne pouvez pas voir que tout ce que vous faites – même ce qui semble être bon – ne fait que vous piéger plus fermement dans la conscience de l'antéchrist.

***

Lorsque le Soi conscient a désiré expérimenter la conscience de dualité, il a pris une décision. Assurément, il a été tenté par l'existence de cette conscience de dualité. Le Soi conscient n'avait pas encore créé le moi mortel dans sa sphère du soi, mais il s'était ouvert à la tentation de l'ennemi extérieur, la conscience serpentine. C'est une décision que le Soi conscient a prise parce qu'il en était venu à douter de son enseignant spirituel et de la validité de ses instructions. Il en était venu à se demander ce qui arriverait si, au lieu de suivre les instructions de son enseignant spirituel, il décidait de sortir du cadre sécuritaire de ses instructions.

Pourquoi le Soi conscient a-t-il fait ce choix ? Il l'a fait principalement en raison d'une combinaison de son désir d'être plus et de son manque d'expérience, surtout du manque d'expérience qu'il avait de la conscience de dualité. Le Soi conscient a commencé à se demander : « Pourrait-il y avoir plus à vivre en sortant du cadre de la loi de Dieu et des instructions de l'enseignant ? À quoi cela ressemblerait-il et que se passerait-il si j'expérimentais la conscience de dualité ? Est-ce que je deviendrais plus ? Est-ce que je m'enrichirais d'expériences que je n'aurai pas en suivant strictement les consignes de l'enseignant ? »

En expérimentant la conscience de dualité, le Soi conscient a eu des expériences qui étaient au-delà de ce qu'il aurait pu avoir en restant dans l'unité. D'un certain point de vue, on pourrait dire qu'il y *avait* plus – c'est-à-dire quelque chose de différent – à expérimenter en *dehors* de l'unité qu'il n'y en avait *à l'intérieur* de l'unité. Le problème est qu'en expérimentant la conscience de dualité, le Soi conscient n'est pas devenu *plus* qu'il n'était avant de participer à cet état d'esprit. Au contraire, le Soi conscient est devenu *moins* que ce qu'il avait été créé pour être, moins qu'il ne l'était avant d'expérimenter la dualité. Au lieu de s'identifier comme un être spirituel immortel avec un potentiel créateur illimité, le Soi conscient a maintenant commencé à s'identifier comme un être limité qui est piégé par ses choix et donc enfermé dans de nombreuses limitations.

Plus vous descendez dans la conscience de dualité, plus vous acceptez les limitations comme étant réelles et inévitables. Vous êtes devenu de plus en plus enveloppé de limitations, de manques et de souffrances, vous êtes devenu moins que l'être immortel libre en Dieu pour lequel vous avez été créé. Cela pourrait donner un nouveau sens au vieil adage selon lequel le moins est plus. Car vraiment, si vous cherchez plus en sortant de l'unité avec Dieu, en limitant votre potentiel créateur, vous vous retrouverez avec moins.

Dieu vous a donné le libre arbitre. Vous pouvez très bien éviter personnellement d'expérimenter la conscience de dualité. Mais il est pratiquement inévitable qu'au moins certains cocréateurs choisissent d'expérimenter cet état de conscience. Votre courant de vie n'a pas été créé avec une pleine conscience de Dieu, et donc vous n'aviez pas la connaissance absolue de ce qui pourrait se passer si vous expérimentiez la conscience de dualité. Vous n'aviez pas non plus d'expérience antérieure avec laquelle comparer. Tout ce que vous pouviez faire était de suivre les instructions de l'enseignant, mais cet enseignant était en dehors de vous-même.

La question devenait : « Pouvez-vous suivre les instructions d'un enseignant extérieur et intérioriser ses instructions jusqu'à ce qu'elles fassent vraiment partie de vous et que vous compreniez pourquoi elles vous ont été données ? Ou avez-vous besoin d'avoir l'expérience de ce que c'est que d'aller à l'encontre des instructions de l'enseignant pour découvrir ensuite ce qui va se passer ? Pouvez-vous prendre des décisions par essais et erreurs et arriver à comprendre le bien fondé des instructions de l'enseignant ? »

Il y a deux façons de grandir. La première voie consiste à suivre un véritable enseignant spirituel jusqu'à ce que vous ayez pleinement absorbé ses instructions, jusqu'à ce que vous fassiez pleinement un avec lui pour savoir pourquoi il vous a donné ses instructions. Vous ne voyez plus l'enseignant comme un être extérieur et vous n'appréhendez plus ses instructions comme venant d'une source extérieure à vous. Vous avez élargi votre sens du soi pour intégrer l'enseignant. Sur votre chemin pour devenir un avec le Tout de Dieu, vous devez d'abord faire un avec l'enseignant. Vous le considérez comme faisant partie de votre être supérieur et vous acceptez ses instructions comme venant de votre propre soi supérieur.

Le vrai chemin vers le salut est le chemin qui consiste à augmenter votre sentiment d'unité avec Dieu jusqu'à ce que vous atteigniez la pleine conscience de Dieu et l'unité complète avec le Tout de votre Créateur. En tant que tremplin vers cette unité avec le Tout de Dieu, le Créateur a tracé un chemin que vous devez suivre. Ce chemin est de vous donner un enseignant extérieur qui est plus expérimenté que vous. Si vous suivez les instructions de cet enseignant et les pratiquez dans un esprit d'unité, vous finirez par atteindre un état d'unité avec l'enseignant. C'est un tremplin vers l'atteinte de l'unité avec votre Créateur. Lorsque votre courant de vie s'aventure pour la première fois dans l'univers matériel, un certain oubli se produit et vous perdez le sentiment direct que vous ne faites qu'un avec votre Créateur, que vous êtes une extension de votre Créateur.

Vous savez que vous avez une Présence JE SUIS, qui est un Être spirituel qui réside dans un royaume supérieur, mais vous ne comprenez pas pleinement que votre Présence JE SUIS est une extension de votre Créateur. Pour vous aider à grandir dans cette compréhension, votre Créateur vous donne un enseignant spirituel qui existe au niveau de vibration auquel votre Soi conscient est descendu. Vous pouvez alors comprendre l'enseignant extérieur avec votre niveau de conscience du moment, et donc vous pouvez accepter ses instructions. C'était en effet le cas dans le Jardin d'Éden, qui est un symbole de l'état de conscience qu'un courant de vie avait lorsqu'il est descendu pour la première fois dans les énergies plus denses de l'univers matériel.

Contrairement à ce que certaines personnes pensent ou à ce que certaines religions enseignent, vous n'avez pas simplement été envoyé dans ce monde sans recours ni lien avec le royaume spirituel. On vous a donné un environnement protégé dans lequel vous aviez un enseignant aimant qui pouvait vous donner des instructions. Le potentiel le plus élevé de cet environnement n'était pas de suivre simplement les instructions de l'enseignant, mais de vous rendre compte de la portée des instructions extérieures ainsi que d'atteindre un sentiment d'unité avec l'enseignant.

Ainsi, vous pouviez atteindre le même niveau de conscience spirituelle et d'accomplissement que celui de l'enseignant. Cela vous amènerait plus profondément dans l'unité avec Dieu au point de ne plus pouvoir perdre ce sentiment d'unité, étant maintenant identifié de façon permanente avec votre Présence JE SUIS. Vous aurez alors pleinement intériorisé le fait d'être une extension de Dieu et accepté que votre Soi conscient puisse s'identifier comme un avec le Tout de votre Créateur et même comme un avec le Tout de l'Être pur de Dieu.

***

De nombreux courants de vie ont en effet suivi la voie pour atteindre l'unité avec l'enseignant extérieur et atteindre ainsi l'unité avec la plus grande partie de leur propre être. Nous pourrions appeler cela le chemin de la vie abondante, car, tant que vous maintenez la connexion avec le royaume spirituel, vous aurez un sentiment d'abondance dans votre vie. Certains courants de vie ont choisi de ne pas tenir compte de l'opportunité d'atteindre l'unité avec l'enseignant extérieur comme un tremplin pour atteindre l'unité avec le Dieu intérieur.

Au lieu de cela, ils ont suivi un autre enseignant extérieur, le faux enseignant qui représente la séparation d'avec Dieu, par opposition à l'unité avec Dieu. Mais le faux enseignant veut l'obéissance aveugle plutôt que l'unité, ce qui peut être plus facile à proposer pour un courant de vie qui s'est retrouvé piégé dans l'état où il ne veut pas prendre de décisions – c'est simplement le chemin de la moindre résistance.

Mon cœur bien-aimé, c'est la deuxième voie vers la croissance, mais malheureusement c'est une voie semée d'embûches. Le principal risque est qu'un courant de vie puisse être piégé dans la conscience de dualité et y rester pendant une période de temps indéterminé. Théoriquement, vous pouvez grandir en suivant la première ou la deuxième voie. Si un courant de vie va à l'encontre des instructions de l'enseignant spirituel, il commencera à vivre une vie de lutte et de manque d'abondance. Le courant de vie peut, par expérience directe, apprendre que rester dans le cercle de l'unité est dans son propre intérêt.

Le courant de vie a maintenant une expérience pratique sur laquelle fonder sa compréhension. Le risque est que le courant de vie s'identifie tellement à la conscience de dualité qu'il oublie l'enseignant spirituel, qu'il oublie qu'il existe une alternative à la lutte dualiste. Il peut rester dans cet état d'oubli indéfiniment ou, du moins, jusqu'à ce que le temps qui lui est imparti soit écoulé et qu'il doive perdre son sentiment mortel d'identité. Faire le choix d'expérimenter la conscience de dualité est toujours une façon risquée d'apprendre. C'est vraiment l'école des coups durs.

Votre propre courant de vie pouvait tout à fait ne pas faire ce choix, mais il était inévitable que *certains* cocréateurs fassent ce choix. Ils voulaient voir s'il était possible, comme le prétendait le faux enseignant, de devenir plus en se séparant de l'enseignant désigné par Dieu. Au début, cela semblait être un jeu anodin et innocent, et au début *c'était* quelque peu inoffensif. Tant que le Soi

conscient maintenait une certaine connexion avec la Présence JE
SUIS, vous pouviez expérimenter la conscience de dualité sans
être piégé par elle. Le problème est que la conscience de dualité est
si subtile que de nombreux cocréateurs n'ont pas réalisé qu'ils
commençaient à s'identifier à cette conscience de dualité. Cela
s'est produit si progressivement qu'ils n'étaient pas pleinement
conscients de ce qui se passait, et cette prise de conscience n'est
venue qu'au moment de vérité que j'ai décrit.

Après le moment de vérité, le Soi conscient a réagi à la
situation par des sentiments négatifs. Il existe une variété de ces
sentiments comme, par exemple, la peur, la colère ou le blâme.
Vous pourriez vous blâmer, blâmer Dieu, le faux enseignant ou le
vrai enseignant. Ou vous pourriez avoir d'autres sentiments
négatifs. Derrière tous ces sentiments se trouvent la prise de
conscience que vous avez perdu votre innocence – votre sentiment
intérieur d'unité avec votre Présence JE SUIS –, et le fait
d'admettre que vous êtes tombé en disgrâce.

Parce que le Soi conscient a tout appréhendé à travers le filtre
de la dualité, il a également accepté le moment de vérité en termes
dualistes. Parce que vous avez tout vu à travers la conscience de
séparation, vous avez répondu négativement au moment de vérité.
Vous avez cherché à fuir l'enseignant plutôt que d'en profiter pour
revenir vers lui. Une fois que vous aviez commencé à fuir Dieu, la
seule option que vous pouviez envisager était de continuer à fuir.

À ce moment-là, le faux enseignant était là pour vous
chuchoter à l'oreille que vous étiez définitivement séparé de Dieu
et que vous ne pouviez pas revenir. C'était le moment crucial. Si
un courant de vie décidait de ne pas succomber à cette tentation
et de revenir au véritable enseignant, il pourrait rapidement
surmonter la conscience de dualité en se soumettant aux conseils
du véritable enseignant. Mais si le courant de vie décidait
d'écouter ce mensonge ultime, il devait ensuite adopter l'illusion
qu'il était définitivement séparé de Dieu et de la Présence JE SUIS.
En adoptant cet état d'esprit, ce sentiment de perte irrémédiable,
le courant de vie ou le Soi conscient a souvent pris une décision
fatidique.

Le Soi conscient a réalisé qu'il était tombé parce qu'il avait pris des décisions. C'est seulement parce que le Soi conscient disposait du libre arbitre qu'il lui était possible d'expérimenter la conscience de dualité. Un certain nombre de courants de vie sont arrivés à la conclusion que, s'ils n'avaient pas eu le libre arbitre, ils n'auraient pas pris de décision et ne seraient pas tombés. Ils ont estimé que le problème était dû au libre arbitre dont ils jouissaient pour pouvoir prendre des décisions. Ils ont seulement pris une mauvaise décision parce qu'ils avaient la capacité de prendre des décisions.

Encore une fois, la tentation du faux enseignant était que, si le Soi conscient arrêtait de prendre des décisions, forcément ce dernier ne prendrait plus de mauvaises décisions. Il serait racheté, il retournerait au paradis perdu en suivant un enseignant extérieur qui prendrait des décisions pour lui. Ce mensonge dit que vous pouvez en quelque sorte compenser les mauvaises décisions du passé en ne prenant plus aucune mauvaise décision à l'avenir. La seule façon d'éviter de prendre de *mauvaises décisions* serait alors d'arrêter de prendre des décisions par vous-même en permettant à une autorité extérieure de vous dire comment vous comporter et quoi croire.

Mon cœur bien-aimé, lorsqu'un courant de vie accepte ce mensonge et décide qu'il ne veut plus rien décider, qu'il ne veut plus prendre de décisions, à ce moment-là le moi mortel est né. Jusqu'ici, j'ai expliqué l'émergence du moi mortel en disant que vos décisions dualistes ainsi que les énergies mal qualifiées générées par elles se sont progressivement accumulées jusqu'à ce qu'une masse critique soit atteinte. Bien que cela soit vrai, le mécanisme sous-jacent est ce que je vous explique ici : le Soi conscient a décidé qu'il ne voulait plus prendre de décisions. De cette décision est né un être conscient de soi avec la capacité et la volonté de prendre des décisions pour vous. Cet être conscient de soi est ce que j'ai appelé le moi mortel et que de nombreux psychologues appellent *l'ego*.

Le problème avec cette tournure des événements est que toute votre vie consiste à prendre des décisions. Il n'y a aucun moyen d'échapper à la prise de décisions. Vous ne pouvez tout simplement pas exister, ni dans ce monde ni dans le royaume spirituel, sans prendre de décisions. Si le Soi conscient ne prend pas de décisions, qui va prendre des décisions dans votre vie ? Si le Soi conscient refuse d'exercer son droit et son privilège donnés par Dieu de prendre des décisions pour votre courant de vie, il est remplacé par le moi mortel qui prend le relais et prend maintenant les décisions pour vous.

Le moi mortel est né parce que le Soi conscient a refusé de prendre des décisions. Le moi mortel est conçu pour être une force dominante qui prend des décisions pour votre être. Le moi mortel croit qu'il a été créé pour prendre des décisions et qu'il est meilleur que le Soi conscient pour prendre des décisions. Le moi mortel est, de par sa nature même, une force agressive et il croit qu'il sait mieux que le Soi conscient comment gérer votre vie. Cette croyance est, bien sûr, fortement renforcée par le prince de ce monde et les forces extérieures qui utilisent le moi mortel pour diriger votre vie. Ces forces croient qu'elles savent mieux que Dieu comment diriger l'univers.

Le moi mortel est complètement convaincu qu'il a raison et que tout ce qui contredit ses points de vue et ses désirs – venant d'un enseignant ou d'un enseignement spirituel – est faux. Le problème, bien sûr, est que le moi mortel, de par sa nature même, ne peut rien voir qui soit au-delà de la conscience de dualité. Le moi mortel ne peut penser et raisonner qu'avec la conscience de dualité, et toute décision qu'il prend pour vous ne fera que vous piéger plus fermement dans la conscience de dualité. Lorsque vous regardez à travers ce filtre, la vie peut ressembler à un labyrinthe dont il n'y a pas d'échappatoire.

Parce que le moi mortel est dans la conscience de dualité, il peut toujours trouver un argument qui justifie ce qu'il veut faire. Le moi mortel sera toujours complètement convaincu que c'est juste et que tout le reste – y compris le Soi conscient, un enseignant spirituel ou même Dieu – est faux. Le moi mortel croit fermement qu'il dirige votre vie de la meilleure façon possible et qu'il vous maintient sur le seul droit chemin du salut. C'est le chemin établi sur le mensonge selon lequel vous pouvez être racheté en ne prenant jamais de mauvaise décision. Parce que le moi mortel utilise un raisonnement dualiste, il peut toujours trouver un argument qui donne l'impression qu'il n'a jamais pris la mauvaise décision. En réalité, toutes ses décisions sont mauvaises dans le sens où elles ne vous rapprocheront pas de la vie abondante.

Regardez comment certaines personnes de cette planète peuvent prendre les décisions les plus atroces tout en étant fermement convaincues qu'elles ont raison. Considérez – pour utiliser un exemple universellement connu – comment une personne comme Adolf Hitler pouvait causer la mort de millions de personnes et être toujours convaincu qu'il faisait le bon choix. C'est ce que les psychologues appellent le déni et cela découle du fait que votre moi mortel a un modus operandi de base, à savoir qu'il ne peut jamais se tromper. Il continuera toujours à utiliser son raisonnement dualiste pour « prouver » le fait qu'il n'a pas tort, peu importe ce qui se passe dans une situation donnée.

Du point de vue de Dieu, ce n'est pas une catastrophe que vous fassiez une erreur. Dieu ne vous blâme pas ; Dieu veut simplement que vous soyez libéré de l'erreur et que vous passiez à autre chose. Lorsque vous succombez à la tentation du moi mortel et refusez de reconnaître que vous avez fait une erreur, vous ne pouvez pas vous libérer de cette erreur. Au lieu de cela, vous continuerez à prendre des décisions en fonction de vos erreurs précédentes et vous multipliez ainsi les erreurs dans une spirale descendante qui peut durer presque indéfiniment.

Faire une erreur n'est pas une si mauvaise décision, mais refuser de reconnaître une erreur et de la corriger est une très mauvaise décision car cela devient inévitablement un piège. La seule échappatoire à ce piège est de vous libérer de la tentation de justifier vos actions passées en utilisant le raisonnement dualiste du moi mortel. Vous devez reconnaître ouvertement que vous avez pris une mauvaise décision, puis la remplacer par une meilleure décision.

***

L'élément crucial que je veux transmettre dans ce chapitre est qu'il n'y a qu'un seul vrai chemin vers le salut, vers la vie immortelle. C'est le chemin par lequel le Soi conscient s'éveille à la réalité de qui il est ainsi qu'à la réalité d'être doté par Dieu du libre arbitre. Après cette prise de conscience, le Soi conscient doit décider de reprendre son pouvoir pour prendre lui-même des décisions dans votre vie. Il n'y a tout simplement pas d'autre chemin vers le salut.

Il y a le chemin qui semble droit à un homme parce qu'il semble droit au moi mortel. C'est le chemin qui dit que vous n'avez pas besoin de reprendre votre pouvoir pour prendre des décisions. C'est le chemin qui dit que vous pouvez continuer à permettre à quelqu'un d'autre de prendre des décisions pour vous et que, si vous continuez à suivre ce chemin, vous serez éventuellement sauvé. C'est le chemin qui a été mis en place par les faux enseignants de ce monde.

Ce chemin a d'innombrables variations ; il se présente sous de nombreux déguisements. Certains d'entre eux sont ouvertement religieux, d'autres semblent être des techniques de développement personnel ou des méthodes simples pour créer l'abondance dans votre vie. Peu importe leurs apparences, ils font tous la même promesse, à savoir qu'en suivant une certaine philosophie, en pratiquant une technique ou en appartenant à une organisation extérieure, vous arriverez en quelque sorte, comme par magie, à n'importe quel objectif qui a été défini.

Les religions qui renforcent l'idole du Dieu extérieur promeuvent également cette fausse voie vers le salut. Il y a un verset dans la Bible qui est souvent négligé par les chrétiens. C'est quand Jésus a déclaré sans aucun doute qu'à moins que votre justice ne dépasse la justice des scribes et des pharisiens, vous n'entrerez point dans le royaume des cieux (Matthieu 5.20). Tant de chrétiens rejettent cette affirmation comme ne s'appliquant qu'aux scribes et aux pharisiens, et ils échouent complètement à chercher la poutre dans leur propre œil. Ils échouent complètement à réaliser que ce dont Jésus parlait n'était pas un groupe spécifique de personnes.

Il parlait du faux chemin que je décris ici, le chemin de croire qu'en adhérant aux doctrines extérieures, qu'en suivant les règles extérieures ou en participant à des rituels ou des pratiques extérieures, vous serez automatiquement et inévitablement sauvé.

Le christianisme officiel promeut en fait cette fausse voie en disant que Jésus, en tant que sauveur extérieur, est la clé de votre salut et qu'il fera tout le travail pour vous. La véritable clé de votre salut n'est pas le Christ *extérieur,* mais le Christ *intérieur* par lequel vous atteignez le sentiment d'unité avec Dieu qui vous rétablit dans l'innocence, la grâce et le royaume de Dieu qui est en vous.

Les scribes et les pharisiens pensaient qu'ils étaient des gens justes, et ils basaient ce raisonnement sur le fait qu'ils appartenaient à ce qu'ils avaient défini comme la seule vraie religion et qu'ils croyaient strictement à toutes ses doctrines extérieures et à une interprétation littérale de ces doctrines. Ils suivaient également toutes les règles extérieures définies par cette religion, c'est-à-dire des règles sur ce que vous devriez dire, ce que vous devriez manger, ce que vous devriez porter et comment vous devriez mener chaque aspect de votre vie.

Ils ont participé à des rituels et ils ont pensé que, parce qu'ils faisaient toutes ces choses extérieures correctement, Dieu devait simplement les sauver. Ils avaient créé une image du salut fondée sur l'idée que Dieu est extérieur et qu'ils peuvent en quelque sorte conclure un marché avec Dieu. Si seulement ils suivent toutes les règles extérieures, ils ont *simplement* payé et Dieu doit leur permettre d'entrer dans le royaume des cieux.

Le vrai royaume des cieux est à l'intérieur de vous parce que c'est un sentiment d'unité avec Dieu. Seul ce sentiment d'unité est la clé du salut. Comment pourriez-vous atteindre le sentiment intérieur d'unité avec Dieu en suivant mécaniquement les règles extérieures et en croyant aveuglément aux doctrines extérieures ? Le chemin du salut ne consiste pas à acheter un billet de train, monter dans le train, vous asseoir et vous endormir ensuite en pensant que le conducteur conduira le train jusqu'à votre destination. Le vrai chemin du salut est un chemin que vous devez parcourir pas à pas, et, pour chaque marche de cet escalier en colimaçon, vous devez prendre la décision d'inverser la décision dualiste qui vous a fait descendre cette marche.

Il n'y a aucun moyen de revenir au royaume de Dieu sans prendre des décisions pleinement conscientes. Il vous est *absolument* impossible de revenir à votre sentiment intérieur d'unité avec Dieu en permettant à quelqu'un d'autre de prendre des décisions pour vous. Votre moi mortel ne peut prendre que des décisions qui vous éloignent de l'unité avec Dieu, comme le fera toute autorité extérieure. La différence entre un vrai enseignant et un faux enseignant est que le vrai enseignant vous donnera les idées dont vous avez besoin pour prendre les meilleures décisions possibles pour vous-même.

Le véritable enseignant ne prendra jamais de décisions à votre place. Le véritable enseignant vous donnera les informations dont vous avez besoin et vous laissera ensuite seul pour prendre vos propres décisions. Le véritable enseignant sait que ce n'est qu'en prenant vos propres décisions que vous grandissez. Le faux enseignant ne vous donnera pas toutes les informations dont vous avez besoin. Il vous cachera délibérément des informations et ne vous donnera que les connaissances qui vous prédisposent à choisir ce que le faux enseignant veut que vous fassiez. Le faux enseignant prendra aussi volontiers des décisions pour vous, et il le fait à travers le moi mortel, qui a été conçu dès le début pour prendre des décisions pour vous.

Telle voie paraît droite à un homme, mais son issue est la voie de la mort (Proverbes 14.12). Cette fausse voie est le moyen de laisser d'autres personnes, qu'il s'agisse d'enseignants extérieurs, d'autorités religieuses, de gourous spirituels autoproclamés ou d'experts de la prospérité, vous dire quoi faire. C'est aussi la manière de permettre au moi mortel de continuer à prendre des décisions pour vous, des décisions qui doivent inévitablement être basées sur la conscience de dualité. Il n'y a qu'un seul vrai chemin. Comme Jésus l'a dit : « *Mais étroite est la porte, resserré le chemin, qui mènent à la vie, et il y en a peu qui les trouvent* » (Matthieu 7.14).

C'est la voie par laquelle vous devez récupérer votre libre arbitre et votre pouvoir de décision, et vous devez prendre ces décisions à chaque marche dans l'escalier en colimaçon jusqu'à ce que vous franchissiez finalement cette porte en haut et que vous soyez au soleil de votre Présence JE SUIS. Il n'y a pas d'autre chemin vers le salut, et c'est ce que Jésus a dit aux gens, c'est ce que le Bouddha a dit aux gens, c'est ce que les voyants védiques ont dit aux gens et c'est ce que tous les vrais enseignants spirituels qui sont venus sur cette planète depuis des milliers d'années ont dit aux êtres humains. Il n'y a pas de chemin extérieur vers le salut ; le chemin est un chemin intérieur par lequel vous prenez des décisions qui vous rapprochent du point d'accepter que vous n'avez jamais été vraiment séparé de votre Dieu.

***

Le point central de l'existence humaine est de savoir comment prendre les bonnes décisions. Il n'y a absolument aucun moyen de prendre de bonnes décisions si ces décisions sont établies sur le raisonnement de l'esprit dualiste et sur l'esprit de l'antéchrist. La seule façon de prendre de bonnes décisions – des décisions qui vous rapprocheront de l'unité avec Dieu – est d'établir ces décisions sur la conscience du Christ. Comment une personne qui est descendue dans la conscience de dualité peut-elle prendre des décisions basées sur la conscience du Christ ? Vous pouvez le faire parce que Dieu ne vous a pas laissé sans consolation. Comme Jésus l'a dit : « *Et moi, je prierai le Père, et il vous donnera un autre consolateur, afin qu'il demeure éternellement avec vous* » (Jean 14.16).

La loi de l'équilibre fonctionne très bien à votre avantage. Votre sphère du soi n'était pas destinée à absorber des influences étrangères. Elle était destinée à être occupée exclusivement par le Soi conscient qui la remplirait progressivement de lumière jusqu'à ce qu'il n'y ait plus de place pour la moindre obscurité. Ni les faux enseignants ni les vrais enseignants n'ont le droit de s'immiscer dans votre sphère personnelle, et personne ne peut le faire sans votre consentement.

Lorsque vous avez créé le moi mortel, vous avez permis à une substance étrangère, et même à un être étranger, d'entrer dans votre sphère du soi. Cela est devenu un point focal pour la conscience de l'antéchrist. Selon la loi de l'équilibre, vous ne pouvez tout simplement pas exister si votre sphère du soi contient un point focal pour la force de l'antéchrist et rien pour la contrebalancer. Afin de maintenir l'équilibre, la loi exige que, si vous permettez à un point focal pour la conscience de l'antéchrist d'entrer dans votre sphère du soi, les forces de lumière et les vrais enseignants spirituels disposent également de l'autorité pour fournir le contrepoids en insérant un point focal pour la conscience du Christ.

Tant que vous aviez une connexion intérieure directe avec votre Présence JE SUIS et un enseignant extérieur qui représentait le Christ, vous n'aviez pas besoin de ce point focal dans votre sphère du soi. Lorsque vous êtes descendu dans la conscience de dualité et que vous avez commencé à vous identifier au moi mortel, vous avez perdu la connexion directe avec votre Présence JE SUIS et avec la conscience de l'enseignant extérieur. Il est alors devenu nécessaire que vos enseignants spirituels vous donnent quelque chose par lequel vous pourriez reprendre contact avec le monde spirituel.

Ce quelque chose est devenu ce que Jésus a appelé le consolateur, car, comme il l'a dit, « *Il vous enseignera toutes choses et vous rappellera tout ce que je vous ai dit* » (Jean 14.26). Ce consolateur, que j'aimerais appeler votre *Soi christique*, est un enseignant intérieur qui peut vous donner la vérité du Christ. Lorsque vous écoutez cet enseignant intérieur, ce sauveur intérieur, vous pouvez toujours avoir les idées dont vous avez besoin pour prendre des décisions fondées sur la vérité et le roc du Christ plutôt que sur les sables mouvants de la conscience de dualité.

Il n'y a aucun moyen pour vous de prendre de bonnes décisions en écoutant votre moi mortel et les faux enseignants extérieurs. Dieu ne vous a pas laissé sans consolation, même si vous avez tourné le dos à l'enseignant extérieur envoyé par Dieu, même si vous avez perdu la connexion avec votre soi immortel.

Dieu vous a toujours envoyé un consolateur sous la forme de votre Soi christique qui demeure dans votre sphère du soi. Ce Soi christique est votre enseignant intérieur qui peut vous enseigner et vous rappeler toutes choses afin que vous ayez la meilleure base possible pour prendre des décisions qui vous permettront de monter l'escalier en colimaçon et de vous rapprocher du but ultime d'unité avec votre Dieu.

C'est aussi ce que Jésus a appelé la « *clé de la science* ». Jésus a châtié les docteurs de la loi qui avaient enlevé la clé de la science (Luc 11.52). La plupart des chrétiens ne comprennent pas cette citation ni son importance cruciale. Le sens est simple. Ceux qui suivent le chemin extérieur, le chemin tracé par les enseignants de l'antéchrist, ont ignoré la clé de la science. La clé de la science est que vous avez la capacité de connaître la vérité à *l'intérieur de vous-même* et d'avoir le discernement du Christ qui vous permet de prendre les bonnes décisions. Vous le faites en écoutant et en suivant les instructions de votre Soi christique.

Les docteurs de la loi ont décidé qu'ils ne voulaient pas suivre le chemin intérieur de prendre leurs propres décisions. Ils ont décidé qu'ils voulaient suivre le chemin extérieur, à savoir le rêve du salut automatique. Afin de renforcer la conviction qu'ils avaient raison, ils essayaient d'empêcher tout le monde de découvrir et de suivre le chemin intérieur. Ils voulaient que tous les gens suivent le chemin extérieur parce que, si tout le monde faisait la même chose, ils pensaient qu'ils devaient avoir raison et que Dieu devait les accepter. Cependant, la réalité est que les gens peuvent tous faire la même chose et toujours se tromper s'ils restent piégés dans la conscience de dualité. C'est ce que Jésus a souligné lorsqu'il a défié les docteurs de la loi.

La question centrale de l'existence humaine est que vous devez prendre des décisions. Le problème central est de savoir comment prendre les bonnes décisions. Si vous avez les informations nécessaires, si vous avez une compréhension vraie et précise, vous pouvez prendre la bonne décision dans n'importe quelle situation. La bonne décision est toujours la décision qui vous éloigne de la conscience de dualité et qui vous rapproche de l'unité avec Dieu. Le résultat réel d'une situation particulière n'est pas si important. Ce qui est vraiment important, c'est que la situation vous aide à vous rapprocher de l'unité avec Dieu et à vous séparer des mensonges de la dualité.

Si vous vous séparez des mensonges de la dualité, toute situation est une victoire qui vous rapproche de votre objectif d'unité. Toute décision qui vous rapproche de l'unité est une bonne décision. C'est, en fait, possible que vous puissiez prendre une décision dans une situation particulière qui semble être la mauvaise décision d'un point de vue humain parce que le résultat n'est pas ce que le monde ou votre moi mortel veut. Cette décision vous rapproche encore de l'unité avec Dieu, et c'est donc – du point de vue de Dieu – une bonne décision.

Vous disposez toujours de bases nécessaires pour prendre de bonnes décisions. Vous n'êtes jamais sans consolation. Malheureusement, il est possible que le Soi conscient ignore ou même oublie l'existence du consolateur. Le Soi conscient est ce qu'il pense être, et, s'il s'identifie comme un pécheur humain mortel qui est coupé de Dieu et qui ne peut pas prendre de bonnes décisions, alors ce sera sa « réalité » temporaire. La vraie réalité est que vous n'êtes jamais coupé de Dieu, que vous n'êtes jamais séparé, que vous n'êtes jamais sans consolation et sans conseils et que vous avez toujours la possibilité de suivre l'appel de Jésus : « *Demandez, et l'on vous donnera ; cherchez et vous trouverez ; frappez, et l'on vous ouvrira* » (Matthieu 7.7).

Mon cœur bien-aimé, pensez-vous que Jésus faisait une promesse vide ici ? Pensez-vous qu'il n'y avait aucune réalité dans ce qu'il disait ? La plupart des chrétiens ne comprennent pas l'importance de cet enseignement, mais vous n'avez vraiment que deux options. Soit Jésus était un faux enseignant, soit il y a un sens plus profond derrière ses paroles. Si vous êtes prêt à rechercher le sens plus profond, vous verrez la réalité qu'il n'y a jamais de situation où vous êtes complètement coupé de toute orientation supérieure. Quelle que soit la situation, vous avez la possibilité de demander de l'aide. Si vous demandez, vous *recevrez* une réponse.

Permettez-moi de répéter cela : « Si vous demandez des conseils à votre Soi christique, vous recevrez *toujours* une réponse. »

Ce sera difficile à accepter pour beaucoup de personnes. Le fait est que la réponse est toujours là. La question est de savoir si votre esprit conscient est disposé à reconnaître la réponse, à tenir compte de la réponse et à la poursuivre par une action. Considérez le dicton populaire selon lequel les premières impressions sont toujours exactes. Pensez à une situation où vous avez rencontré quelqu'un pour la première fois, et vous avez eu l'impression que vous ne pouvez pas faire confiance à cette personne. Immédiatement, votre intellect a commencé à penser que cette personne était peut-être digne de confiance, souvent en se référant à ses apparences extérieures ou à sa position dans la société. Votre intellect a annulé votre première impression.

Avez-vous déjà rencontré une telle situation et découvert plus tard que votre première impression était tout à fait exacte ? Ou avez-vous eu des situations similaires où vous avez reçu une première impression et votre mental l'a mise de côté par un raisonnement intellectuel pour découvrir ultérieurement que votre première impression était exacte ? Ces situations sont des exemples de ce dont je parle, à savoir que vous recevez toujours une réponse mais que souvent votre esprit extérieur ne reconnaît pas ou ne prête pas attention à la réponse. Ou votre mental utilise le raisonnement dualiste pour expliquer la réponse, ce qui, comme je l'ai dit à plusieurs reprises, est toujours possible puisque la conscience de dualité ne peut jamais être prouvée fausse.

Permettez-moi de reformuler l'affirmation *« Demandez et vous recevrez »* afin de la clarifier : « Demandez avec *un cœur ouvert et un esprit sans jugement* et vous recevrez toujours une réponse. » Pour vraiment recevoir une réponse de votre Soi christique, vous devez vous efforcer de remplir deux conditions. La première est que vous devez être prêt à connaître réellement la vérité. Vous devez avoir décidé que vous êtes disposé à connaître une compréhension plus élevée que celle que vous avez actuellement plutôt que de vouloir une réponse qui confirme ce que votre moi mortel veut que vous croyiez.

Ce n'est pas aussi simple que cela puisse paraître. J'entends continuellement de nombreux chrétiens qui sont très pieux et sincères et qui me prient pour de l'aide et de l'intercession dans leur vie. Beaucoup de ces personnes prient comme si j'étais une sorte de génie dans une bouteille qui viendrait résoudre tous leurs problèmes à leur place. J'aiderai volontiers les gens à résoudre leurs problèmes, mais la clé est que je veux les aider à résoudre eux-mêmes leurs propres problèmes en leur donnant les informations dont ils ont besoin pour prendre les bonnes décisions.

Beaucoup de ces chrétiens ne sont pas ouverts à la compréhension supérieure, à la vérité supérieure, dont ils ont besoin pour prendre des décisions à l'image du Christ. Ils veulent seulement une réponse de ma part qui confirme leurs croyances chrétiennes officielles et qui n'aille pas au-delà de leurs doctrines. Il y a une limite très stricte à la façon dont je peux aider ces personnes parce que leur intellect n'entend tout simplement pas les réponses que je leur donne. La première condition est que vous demandiez avec un cœur ouvert et une volonté d'apprendre quelque chose qui dépasse votre compréhension actuelle. Vous devez être prêt à laisser Dieu vous donner la réponse que vous avez besoin d'entendre, et non la réponse que votre moi mortel et le prince de ce monde veulent que vous entendiez. Vous devez être ouvert à une réponse qui vous aidera à voir au-delà de la conscience de dualité.

La deuxième condition est que vous cherchiez à démasquer et à neutraliser le moi mortel et sa tendance à analyser chaque réponse que vous recevez en cherchant à l'intégrer dans le cadre de son système de croyance dualiste. Si la réponse ne rentre pas dans cette boîte mentale – et bien sûr toute réponse de l'esprit du Christ ne rentrera pas dans un système de croyance dualiste –, votre moi mortel utilisera son raisonnement dualiste intelligent pour expliquer pourquoi la réponse ne peut pas être bonne et pourquoi vous ne devriez pas la prendre au sérieux. Votre moi mortel juge toujours chaque nouvelle idée, et, si elle ne rentre pas dans sa boîte mentale, elle est automatiquement rejetée.

Vous avez toujours accès à la vérité du Christ, mais pour vraiment recevoir et reconnaître cette vérité du Christ, vous devez être prêt à aller au-delà de la boîte mentale, de la prison mentale, créée par votre moi mortel et ses croyances dualistes. Si vous êtes prêt à aller au-delà, vous recevrez toujours une réponse. Bien sûr, il y a certaines choses à faire pour augmenter votre capacité à recevoir ces réponses : élargir votre conscience et votre connexion à votre Soi christique et à l'esprit universel du Christ, dont il est un point focal. Mes invocations sont aussi des outils pour atteindre cet objectif.

***

Après que le Soi conscient a commencé à s'identifier comme un être mortel, vous avez commencé à écouter les enseignants dualistes, les faux enseignants. C'est un schéma et une habitude qui peuvent avoir duré de très nombreuses vies. Afin d'inverser cette tendance vers le bas, vous devez faire un effort conscient pour briser votre dépendance vis-à-vis des enseignants extérieurs qui vous disent quoi faire. Au lieu de cela, vous devez redécouvrir et renforcer votre connexion avec l'enseignant intérieur de votre Soi christique et les véritables enseignants ascensionnés qui ne vous diront pas quoi faire, mais qui vous donneront les informations qui vous permettront de faire le bon choix.

Bien sûr, pour vous engager sur cette voie, vous devez d'abord arriver au point où le Soi conscient décide qu'il est prêt à prendre de nouveau des décisions. Pour en arriver là, vous devrez surmonter l'un des plus grands obstacles sur le chemin spirituel, qui est la peur de faire des erreurs. Après avoir eu le moment de vérité et réalisé que vous aviez pris la mauvaise décision, vous avez eu peur de prendre des décisions. C'est la peur qui dit que, parce que prendre la mauvaise décision est une chose si terrible, il vaudrait mieux ne prendre *aucune* décision. Cette ligne de raisonnement est vraiment un produit de l'esprit serpentin, et c'est complètement illogique. Il dit que, si vous ne prenez *aucune* décision, vous ne pourrez pas prendre de *mauvaises* décisions, mais c'est une illusion complète, un mensonge total.

Dieu vous a donné le libre arbitre. Vous avez le droit de faire ce que vous voulez avec ce libre arbitre, mais vous ne pouvez pas échapper à la prise de décisions. Vous ne pouvez pas renoncer à votre *capacité* à faire des choix. Vous ne pouvez pas renoncer à votre *responsabilité* de faire des choix. Vous pouvez essayer de le donner à quelqu'un d'autre, vous pouvez essayer de laisser quelqu'un d'autre prendre des décisions pour vous, mais, pour ce faire, vous devez prendre une décision. Si vous permettez à votre moi mortel ou à un faux enseignant de prendre des décisions pour vous, alors vous prenez toujours la décision de le faire. Pour chaque cas où vous leur permettez de prendre des décisions pour vous, vous prenez la décision de continuer cette condition. Il n'y a pas d'échappatoire à la prise de décisions. Vous prenez des décisions à chaque instant de votre vie, et il n'y a aucun moyen d'y échapper.

Pourquoi voudriez-vous échapper à la prise de décision ? Avoir le libre arbitre pour prendre des décisions est la plus grande opportunité donnée par Dieu, la plus grande opportunité de se transcender et de devenir plus, cocréant ainsi la vie abondante. Il est vrai que prendre de mauvaises décisions peut entraîner des conséquences indésirables auxquelles vous devrez faire face, mais il est également vrai que vous pouvez annuler toutes vos mauvaises décisions du passé en prenant les bonnes décisions dans le présent. Il est vrai, bien que ce soit le secret que les faux enseignants ne veulent pas que vous sachiez, que vous avez toujours la base pour prendre de bonnes décisions, si vous cherchez ouvertement les réponses de votre Soi christique.

Il ne s'agit en réalité que de tourner un peu le cadran de votre conscience en réalisant que faire une erreur n'est pas aussi terrible que les forces de ce monde veulent vous le faire croire. La stratégie de base des forces obscures est de vous faire croire que vous avez commis une erreur si terrible qu'elle ne pourra jamais être réparée. *Toute* erreur que vous avez jamais commise est basée sur une décision que vous avez prise, une décision basée sur le raisonnement incorrect de l'esprit de dualité. La chose merveilleuse à propos d'une décision est que *toute* décision peut être remplacée instantanément par *une autre* décision. Vous pouvez remplacer toute *mauvaise* décision instantanément en prenant une *bonne* décision. Toute décision fondée sur la conscience de dualité, sur la conscience de l'antéchrist, peut être remplacée instantanément par une prise de décision établie sur la conscience de l'unité, la conscience du Christ.

Cela peut sembler comme si ce n'était pas si important ; cela peut sembler aller de soi. Mais cela ne va pas de soi car, si vous aviez absorbé la vérité que je vous dis ici, vous ne seriez pas encore sur Terre en train de lire ce cours. Vous seriez ici au ciel en tant qu'être spirituel immortel, et je n'aurais pas besoin de dicter un livre pour vous communiquer mes pensées. Le fait que vous soyez encore sur Terre en train de lire ce cours démontre que vous n'avez pas pleinement assimilé la vérité que je vous donne ici.

Toute mauvaise décision peut être remplacée par une décision fondée sur la vérité du Christ. Si vous vous engagez à demander ouvertement la vérité du Christ, en l'absorbant dans votre conscience, en intériorisant cette vérité, puis en l'utilisant pour prendre de bonnes décisions, vous pouvez changer votre vie très rapidement – beaucoup plus rapidement que les nombreuses vies qui vous ont mis dans votre situation actuelle. Vous pouvez arrêter la spirale descendante et commencer une spirale ascendante positive qui vous éloignera progressivement du sentiment de lutte et vous conduira dans la vie abondante.

***

Tant d'êtres humains aspirent à l'abondance, mais ils ont une image complètement erronée de ce que signifie l'abondance. Tant d'humains pensent que la véritable abondance signifie qu'ils disposent d'une quantité illimitée d'argent, qu'ils reçoivent d'une source extérieure, qu'il s'agisse de gagner à la loterie ou d'une ruse magique promise par un faux enseignant. Ce que les faux enseignants de la prospérité promettent aux gens, c'est un système magique pour produire l'abondance et, une fois qu'ils auront assez d'argent, tous leurs problèmes seront résolus.

Avoir de l'argent ou n'importe quelle somme d'argent n'est pas la même chose qu'avoir une vie abondante. La vie abondante est bien plus que de l'argent, et c'est pourquoi vous ne pouvez pas servir deux maîtres, vous ne pouvez pas servir à la fois Dieu et Mammon (Matthieu 6.24). Si vous pensez que la clé de l'abondance est d'avoir de l'argent, vous n'atteindrez jamais la véritable abondance de Dieu, qui est bien plus que l'argent. La véritable abondance, c'est de savoir que vous êtes en accord avec Dieu, que vous allez rentrer à la maison, que chaque décision que vous prenez vous rapproche du but ultime de l'unité avec Dieu. La vraie vie abondante est de savoir que vous êtes un être spirituel immortel qui est ici sur Terre pour exprimer son individualité divine.

Vous sentez que vous exprimez cette individualité divine à chaque instant. Vous savez également que vous êtes conçu pour être un cocréateur avec Dieu, pour être un cocréateur qui est ici non seulement pour réaliser ses propres désirs mais aussi pour cocréer le royaume de Dieu sur Terre. Vous savez que chaque décision que vous prenez rapproche ce royaume de Dieu d'une réalité physique sur cette planète. Vous savez que vous faites partie du Fleuve de Vie de Dieu, que vous faites partie d'un mouvement universel de personnes qui s'efforcent de se rapprocher de Dieu et d'amener la manifestation du royaume de Dieu sur Terre.

C'est cela la vraie abondance : la joie de savoir que vous faites partie du Fleuve de Vie, du flux continu de la magnifique création de Dieu. C'est au-delà de tout ce que la plupart des êtres humains sont capables d'imaginer, c'est au-delà de tout ce qui peut être acheté par n'importe quelle somme d'argent. C'est quelque chose qui ne peut se faire que de l'intérieur, c'est-à-dire quand on décide de se séparer de la conscience de lutte et de la conscience de manque. Au lieu de cela, vous devez vous plonger dans le Fleuve de Vie, dans la conscience de l'unité, et suivre le courant de ce fleuve. Vous êtes dans le flux de l'abondance de Dieu et l'abondance de Dieu coule à travers vous parce que vous réalisez que vous *êtes* l'abondance de Dieu en manifestation, vous *êtes* Dieu en manifestation.

Mon cœur bien-aimé, c'est la vraie vie abondante que je suis venue vous donner, pas un raccourci vers des richesses temporaires. Je suis venue vous donner les richesses de l'Esprit, car comme Jésus l'a dit : « *Cherchez premièrement le royaume et la justice de Dieu ; et tout le reste vous sera donné par-dessus »* (Matthieu 6.33). Si vous suivez le chemin que je trace, il est très possible que vous receviez également de l'argent ou d'autres formes d'abondance matérielle. Afin de recevoir cet argent, vous devez d'abord rechercher la véritable abondance de la conscience du Christ, la véritable justice de savoir que vous êtes en accord avec Dieu parce que vous êtes maintenant prêt à être qui vous êtes vraiment, à savoir un cocréateur qui est ici pour amener le royaume de Dieu à se manifester en prenant de bonnes décisions basées sur le roc du Christ.

C'est le fondement de la véritable abondance : être qui vous êtes, être prêt à exercer le pouvoir que Dieu vous a donné pour régner, d'abord, sur la sphère du soi puis sur l'univers matériel. Mon cœur bien-aimé, voyez-vous peut-être qu'il y a bien plus dans la vie abondante que l'argent ? Si c'est le cas, permettez-moi de vous dévoiler pourquoi vous êtes venu sur Terre et ce que vous êtes venu apporter comme votre cadeau unique à ce monde. C'est vraiment la vie abondante lorsque vous faites cadeau de l'infini à un monde fini et que vous rapprochez ainsi ce monde fini du royaume infini de Dieu.

12. J'invoque mon pouvoir supérieur

Au nom de JE SUIS CE QUE JE SUIS, de Jésus-Christ, j'appelle Déesse Liberté, Mère Marie et toutes les représentantes de la Mère divine. Aidez-moi à surmonter tout sentiment qui m'empêche de connaître ma volonté supérieure, de savoir qui je suis et pourquoi je suis ici. Aidez-moi à accepter mes pouvoirs créateurs et à prendre conscience des facteurs qui bloquent le flux de ma créativité donnée par Dieu.

Aidez-moi aussi... *(ajouter vos demandes personnelles)*.

I. Je suis en unité avec mon vrai enseignant

1. En unité avec mon enseignant, je reconnais que j'étais tombé en disgrâce en perdant mon innocence et mon sentiment intérieur d'unité avec ma Présence JE SUIS.

Ô Liberté, tu me délivres
Du fléau de la pauvreté.
Je ne te blâme pas pour mes manques,
Tu me ramènes à la maison.

Ô Liberté, ma Mère cosmique,
Joue la symphonie d'abondance !
En donnant un plus grand service,
Je manifeste mon abondance.

2. Parce que le Soi conscient percevait tout à travers le filtre de la dualité, il voyait aussi ma chute en termes dualistes. Je constate que j'ai mal réagi au moment de vérité, et que j'ai cherché à fuir mon enseignant plutôt que d'en profiter pour revenir vers lui.

Ô Liberté, je viens de loin
Avec le désir d'être plus.
J'élève ma conscience pour grandir
Avec le flux de l'abondance.

**Ô Liberté, ma Mère cosmique,
Joue la symphonie d'abondance !
En donnant un plus grand service,
Je manifeste mon abondance.**

3. Je vois comment les faux enseignants m'ont chuchoté à l'oreille que j'étais définitivement séparé de Dieu et que je ne pouvais plus revenir vers Lui. Je transcende maintenant consciemment cette tentation.

Ô Liberté, c'est un mensonge
Que les limitations me bloquent.
La lumière Mater ne demande
Qu'à me prodiguer l'opulence.

**Ô Liberté, ma Mère cosmique,
Joue la symphonie d'abondance !
En donnant un plus grand service,
Je manifeste mon abondance.**

4. Je retourne vers mon vrai enseignant et je surmonte la conscience de dualité en me soumettant à la guidance de mon vrai enseignant.

Ô Liberté, dénonce le plan
Projeté par les êtres déchus !
Mère cosmique, je vois maintenant
Que la Mère n'est pas mon ennemie.

**Ô Liberté, ma Mère cosmique,
Joue la symphonie d'abondance !
En donnant un plus grand service,
Je manifeste mon abondance.**

5. Je vais suivre mon vrai enseignant spirituel. J'absorbe ses instructions en entrant en unité avec lui et je comprends pourquoi il me donne ces instructions.

Ô Liberté, j'ouvre mes yeux,
Je rejette les mensonges du diable.

J'embrasse le royaume de la Mère,
Et je mets le Père aux commandes.

Ô Liberté, ma Mère cosmique,
Joue la symphonie d'abondance !
En donnant un plus grand service,
Je manifeste mon abondance.

6. Je ne vois plus mon enseignant comme un être extérieur et je ne vois plus ses instructions comme venant d'une source extérieure à moi. J'élargis mon sens du soi pour intégrer mon enseignant.

Ô Liberté, un pur calice
Sont mes corps inférieurs pour toi.
Libère à travers moi ton don
De la grande liberté cosmique !

Ô Liberté, ma Mère cosmique,
Joue la symphonie d'abondance !
En donnant un plus grand service,
Je manifeste mon abondance.

7. Sur mon chemin pour devenir un avec le Tout de Dieu, je dois d'abord faire un avec mon enseignant. Je considère mon enseignant comme faisant partie de mon être supérieur et j'accepte ses instructions comme venant de l'intérieur de mon soi supérieur.

Ô Liberté, je suis ouvert
À recevoir plus d'abondance.
Comme la lumière dans mes chakras,
Le flux de l'amour coule toujours.

Ô Liberté, ma Mère cosmique,
Joue la symphonie d'abondance !
En donnant un plus grand service,
Je manifeste mon abondance.

8. Mon unité avec mon enseignant m'élève dans l'unité avec Dieu. Je ne peux plus perdre ce sentiment d'unité parce que je m'identifie en permanence avec ma Présence JE SUIS.

Ô Liberté, accorde-moi
Vraiment le flux de l'opulence !
Car je suis prêt à recevoir
La toison d'or tissée par toi.

Ô Liberté, ma Mère cosmique,
Joue la symphonie d'abondance !
En donnant un plus grand service,
Je manifeste mon abondance.

9. J'ai pleinement intériorisé et accepté d'être une extension de Dieu. Mon Soi conscient s'identifie comme un avec le Tout de mon Créateur, même comme un avec le Tout de l'Être pur de Dieu.

Ô Liberté, donne le remède
Aux gens pauvres et harassés !
Avec ton chant de liberté,
Les masses sont enfin libérées.

Ô Liberté, ma Mère cosmique,
Joue la symphonie d'abondance !
En donnant un plus grand service,
Je manifeste mon abondance.

II. Je reprends mon pouvoir de décision

1. Je constate que, dans le passé, le Soi conscient pensait qu'il était tombé parce qu'il avait pris de mauvaises décisions. J'avais donc décidé que la seule façon d'éviter de prendre de mauvaises décisions était d'arrêter de prendre des décisions en permettant à une autorité extérieure de me dire comment me comporter et quoi croire.

Ô Liberté, tu me délivres
Du fléau de la pauvreté.
Je ne te blâme pas pour mes manques,
Tu me ramènes à la maison.

Ô Liberté, ma Mère cosmique,
Joue la symphonie d'abondance !

En donnant un plus grand service,
Je manifeste mon abondance.

2. De cette décision était né un être conscient de soi ayant la capacité et la volonté de prendre des décisions pour moi. Cet être conscient de soi est le moi mortel, mon ego.

Ô Liberté, je viens de loin
Avec le désir d'être plus.
J'élève ma conscience pour grandir
Avec le flux de l'abondance.

Ô Liberté, ma Mère cosmique,
Joue la symphonie d'abondance !
En donnant un plus grand service,
Je manifeste mon abondance.

3. Le moi mortel est, de par sa nature même, une force agressive et il croit qu'il sait mieux que le Soi conscient comment diriger ma vie. Le moi mortel est complètement convaincu qu'il a raison et que tout ce qui contredit ses points de vue et ses désirs est faux.

Ô Liberté, c'est un mensonge
Que les limitations me bloquent.
La lumière Mater ne demande
Qu'à me prodiguer l'opulence.

Ô Liberté, ma Mère cosmique,
Joue la symphonie d'abondance !
En donnant un plus grand service,
Je manifeste mon abondance.

4. Je transcende consciemment tout déni. Je suis prêt à ce qu'un vrai enseignant révèle mon ego. Je transcende la spirale descendante consistant à prendre des décisions basées sur mes erreurs passées et à accumuler ainsi erreur sur erreur presque indéfiniment.

Ô Liberté, dénonce le plan
Projeté par les êtres déchus !

Mère cosmique, je vois maintenant
Que la Mère n'est pas mon ennemie.

Ô Liberté, ma Mère cosmique,
Joue la symphonie d'abondance !
En donnant un plus grand service,
Je manifeste mon abondance.

5. Commettre une erreur n'est pas si grave, mais refuser de reconnaître et d'apprendre de l'erreur devient inévitablement un piège. Je transcende la tentation de justifier mes actions passées en utilisant le raisonnement dualiste du moi mortel. Je reconnais ouvertement mes décisions passées et je les remplace par de meilleures décisions.

Ô Liberté, j'ouvre mes yeux,
Je rejette les mensonges du diable.
J'embrasse le royaume de la Mère,
Et je mets le Père aux commandes.

Ô Liberté, ma Mère cosmique,
Joue la symphonie d'abondance !
En donnant un plus grand service,
Je manifeste mon abondance.

6. Mon Soi conscient se réveille à la réalité de qui je suis, à la réalité que Dieu m'a donné le libre arbitre. Je décide de reprendre mon pouvoir pour prendre des décisions dans ma vie.

Ô Liberté, un pur calice
Sont mes corps inférieurs pour toi.
Libère à travers moi ton don
De la grande liberté cosmique !

Ô Liberté, ma Mère cosmique,
Joue la symphonie d'abondance !
En donnant un plus grand service,
Je manifeste mon abondance.

7. Il n'y a aucun moyen de revenir au royaume de Dieu sans prendre des décisions pleinement conscientes. Il n'y a absolument

aucun moyen que je puisse revenir à mon sentiment intérieur d'unité avec Dieu en permettant à quelqu'un d'autre de prendre des décisions à ma place.

Ô Liberté, je suis ouvert
À recevoir plus d'abondance.
Comme la lumière dans mes chakras,
Le flux de l'amour coule toujours.

Ô Liberté, ma Mère cosmique,
Joue la symphonie d'abondance !
En donnant un plus grand service,
Je manifeste mon abondance.

8. Mon vrai enseignant me donne les idées dont j'ai besoin pour prendre les meilleures décisions possibles pour moi. Le vrai enseignant me donne des informations et me laisse ensuite seul pour prendre mes propres décisions. Le vrai enseignant sait que ce n'est qu'en prenant mes propres décisions que je grandis.

Ô Liberté, accorde-moi
Vraiment le flux de l'opulence !
Car je suis prêt à recevoir
La toison d'or tissée par toi.

Ô Liberté, ma Mère cosmique,
Joue la symphonie d'abondance !
En donnant un plus grand service,
Je manifeste mon abondance.

9. Je revendique mon libre arbitre et mon pouvoir de décision. Je prends une décision à chaque marche de l'escalier en colimaçon jusqu'à ce que je franchisse cette porte tout en haut et que je me retrouve alors au soleil de ma Présence JE SUIS.

Ô Liberté, donne le remède
Aux gens pauvres et harassés !
Avec ton chant de liberté,
Les masses sont enfin libérées.

Ô Liberté, ma Mère cosmique,
Joue la symphonie d'abondance !
En donnant un plus grand service,
Je manifeste mon abondance.

III. Je suis prêt à prendre des décisions

1. Je me reconnecte consciemment au consolateur, mon Soi christique, mon enseignant intérieur qui me donne la vérité du Christ. J'ai toujours les idées dont j'ai besoin pour prendre des décisions basées sur la vérité du Christ, le roc du Christ, plutôt que sur les sables mouvants de la conscience de dualité.

Ô Liberté, tu me délivres
Du fléau de la pauvreté.
Je ne te blâme pas pour mes manques,
Tu me ramènes à la maison.

Ô Liberté, ma Mère cosmique,
Joue la symphonie d'abondance !
En donnant un plus grand service,
Je manifeste mon abondance.

2. Le résultat d'une situation particulière n'est pas important. Sous la direction de mon Soi christique, chaque situation m'aide à me rapprocher de l'unité avec Dieu et contribue à me séparer des mensonges de la dualité. Chaque situation est une victoire qui me rapproche de l'unité.

Ô Liberté, je viens de loin
Avec le désir d'être plus.
J'élève ma conscience pour grandir
Avec le flux de l'abondance.

Ô Liberté, ma Mère cosmique,
Joue la symphonie d'abondance !
En donnant un plus grand service,
Je manifeste mon abondance.

3. J'ai toujours les bases nécessaires pour prendre les bonnes décisions. Dans chaque situation, j'ai une guidance supérieure.

Quand je demande à mon Soi christique, je reçois toujours une réponse. Je reconnais la réponse et je la fais suivre par l'action.

Ô Liberté, c'est un mensonge
Que les limitations me bloquent.
La lumière Mater ne demande
Qu'à me prodiguer l'opulence.

Ô Liberté, ma Mère cosmique,
Joue la symphonie d'abondance !
En donnant un plus grand service,
Je manifeste mon abondance.

4. Je décide que je veux obtenir une compréhension plus élevée que celle que j'ai en ce moment, plutôt qu'une réponse qui confirme ce que mon moi mortel veut que je croie.

Ô Liberté, dénonce le plan
Projeté par les êtres déchus !
Mère cosmique, je vois maintenant
Que la Mère n'est pas mon ennemie.

Ô Liberté, ma Mère cosmique,
Joue la symphonie d'abondance !
En donnant un plus grand service,
Je manifeste mon abondance.

5. Je démasque et neutralise le moi mortel et sa tendance à analyser chaque réponse que je reçois, en cherchant à l'intégrer dans le cadre de son système de croyance dualiste.

Ô Liberté, j'ouvre mes yeux,
Je rejette les mensonges du diable.
J'embrasse le royaume de la Mère,
Et je mets le Père aux commandes.

Ô Liberté, ma Mère cosmique,
Joue la symphonie d'abondance !
En donnant un plus grand service,
Je manifeste mon abondance.

6. J'inverse la tendance vers le bas en faisant un effort conscient pour briser ma codépendance vis-à-vis des enseignants extérieurs qui me disent quoi faire. Je redécouvre et renforce ma connexion interne avec mon enseignant intérieur, mon Soi christique et les vrais enseignants ascensionnés.

Ô Liberté, un pur calice
Sont mes corps inférieurs pour toi.
Libère à travers moi ton don
De la grande liberté cosmique !

Ô Liberté, ma Mère cosmique,
Joue la symphonie d'abondance !
En donnant un plus grand service,
Je manifeste mon abondance.

7. Je décide consciemment que je suis prêt à prendre de nouveau des décisions. Je transcende le plus grand obstacle sur le chemin spirituel. Je suis libéré de la peur de commettre des erreurs.

Ô Liberté, je suis ouvert
À recevoir plus d'abondance.
Comme la lumière dans mes chakras,
Le flux de l'amour coule toujours.

Ô Liberté, ma Mère cosmique,
Joue la symphonie d'abondance !
En donnant un plus grand service,
Je manifeste mon abondance.

8. Je transcende tout désir d'échapper à la prise de décision. Avoir le libre arbitre pour prendre des décisions est la plus grande opportunité donnée par Dieu, la plus grande opportunité de se transcender et de devenir plus, cocréant ainsi la vie abondante.

Ô Liberté, accorde-moi
Vraiment le flux de l'opulence !
Car je suis prêt à recevoir
La toison d'or tissée par toi.

Ô Liberté, ma Mère cosmique,
Joue la symphonie d'abondance !
En donnant un plus grand service,
Je manifeste mon abondance.

9. J'annule toutes mes décisions limitatives du passé en prenant des décisions libératrices dans le présent. J'ai toujours le fondement pour prendre les bonnes décisions parce que je cherche les réponses à partir de mon Soi christique.

Ô Liberté, donne le remède
Aux gens pauvres et harassés !
Avec ton chant de liberté,
Les masses sont enfin libérées.

Ô Liberté, ma Mère cosmique,
Joue la symphonie d'abondance !
En donnant un plus grand service,
Je manifeste mon abondance.

IV. Je suis dans le Fleuve de Vie

1. Je tourne le cadran de ma conscience en réalisant que faire une erreur n'est pas aussi terrible que les forces de ce monde veulent me le faire croire. La chose merveilleuse à propos d'une décision est que toute décision peut être remplacée instantanément par une autre décision.

Ô Liberté, tu me délivres
Du fléau de la pauvreté.
Je ne te blâme pas pour mes manques,
Tu me ramènes à la maison.

Ô Liberté, ma Mère cosmique,
Joue la symphonie d'abondance !
En donnant un plus grand service,
Je manifeste mon abondance.

2. Toute décision basée sur la conscience de dualité, la conscience de l'antéchrist, peut être remplacée instantanément par une prise

de décision fondée sur la conscience de l'unité, la conscience du Christ.

Ô Liberté, je viens de loin
Avec le désir d'être plus.
J'élève ma conscience pour grandir
Avec le flux de l'abondance.

Ô Liberté, ma Mère cosmique,
Joue la symphonie d'abondance !
En donnant un plus grand service,
Je manifeste mon abondance.

3. Je m'engage à demander ouvertement la vérité du Christ, à l'absorber dans ma conscience et à l'intérioriser. J'utilise la vérité pour prendre des décisions plus élevées. Je change ma vie et j'entame une spirale ascendante positive qui me mène à la vie abondante.

Ô Liberté, c'est un mensonge
Que les limitations me bloquent.
La lumière Mater ne demande
Qu'à me prodiguer l'opulence.

Ô Liberté, ma Mère cosmique,
Joue la symphonie d'abondance !
En donnant un plus grand service,
Je manifeste mon abondance.

4. La véritable abondance, c'est de savoir que je suis en accord avec Dieu, que je vais rentrer à la maison et que chaque décision que je prends me rapproche du but ultime de l'unité avec Dieu.

Ô Liberté, dénonce le plan
Projeté par les êtres déchus !
Mère cosmique, je vois maintenant
Que la Mère n'est pas mon ennemie.

Ô Liberté, ma Mère cosmique,
Joue la symphonie d'abondance !

En donnant un plus grand service,
Je manifeste mon abondance.

5. La vraie vie abondante est de savoir que je suis un être spirituel immortel et que je suis ici sur Terre pour exprimer mon individualité divine.

Ô Liberté, j'ouvre mes yeux,
Je rejette les mensonges du diable.
J'embrasse le royaume de la Mère,
Et je mets le Père aux commandes.

Ô Liberté, ma Mère cosmique,
Joue la symphonie d'abondance !
En donnant un plus grand service,
Je manifeste mon abondance.

6. J'exprime mon individualité divine à chaque instant. Je suis conçu pour être un cocréateur avec Dieu, un cocréateur qui est ici non seulement pour réaliser ses propres désirs, mais aussi pour cocréer le royaume de Dieu sur Terre.

Ô Liberté, un pur calice
Sont mes corps inférieurs pour toi.
Libère à travers moi ton don
De la grande liberté cosmique !

Ô Liberté, ma Mère cosmique,
Joue la symphonie d'abondance !
En donnant un plus grand service,
Je manifeste mon abondance.

7. Chaque décision que je prends rapproche le royaume de Dieu de sa manifestation physique sur cette planète. Je fais partie du Fleuve de Vie de Dieu, je fais partie d'un mouvement universel de personnes qui s'efforcent de se rapprocher de Dieu et de manifester le royaume de Dieu sur Terre.

Ô Liberté, je suis ouvert
À recevoir plus d'abondance.

Comme la lumière dans mes chakras,
Le flux de l'amour coule toujours.

Ô Liberté, ma Mère cosmique,
Joue la symphonie d'abondance !
En donnant un plus grand service,
Je manifeste mon abondance.

8. Je me plonge dans le Fleuve de Vie, la conscience de l'unité, et j'avance avec le courant de ce fleuve. Je suis dans le flux de l'abondance de Dieu et l'abondance de Dieu coule à travers moi parce que je suis l'abondance de Dieu en manifestation, je suis Dieu en manifestation.

Ô Liberté, accorde-moi
Vraiment le flux de l'opulence !
Car je suis prêt à recevoir
La toison d'or tissée par toi.

Ô Liberté, ma Mère cosmique,
Joue la symphonie d'abondance !
En donnant un plus grand service,
Je manifeste mon abondance.

9. Je sais pourquoi je suis venu sur Terre. Je suis ici pour apporter mon cadeau unique à ce monde. Je suis en train de vivre l'abondance en faisant cadeau de l'infini à un monde fini et en rapprochant ainsi ce monde fini du royaume infini de Dieu.

Ô Liberté, donne le remède
Aux gens pauvres et harassés !
Avec ton chant de liberté,
Les masses sont enfin libérées.

Ô Liberté, ma Mère cosmique,
Joue la symphonie d'abondance !
En donnant un plus grand service,
Je manifeste mon abondance.

Sceau final :

Au nom de la Mère divine, je demande à Déesse Liberté et à Mère Marie de me sceller, ainsi que toutes les personnes de mon cercle d'influence, dans le flux créateur de la Mère divine, le Fleuve de Vie. Je demande la multiplication de mes appels par toutes les représentantes de la Mère divine afin que nous formions le flux parfait en huit de « comme en haut, ainsi en bas ». J'accepte donc que cela soit pleinement manifesté parce que la bouche du Seigneur, la Mère divine que JE SUIS, l'a prononcé. Amen.

13. Donner avant de pouvoir recevoir

Mon cœur bien-aimé, je vais maintenant vous donner une autre clé qu'il est essentiel pour vous de comprendre avant de pouvoir véritablement manifester la vie abondante. Quand j'examine le cours de l'histoire et les histoires des courants de vie individuels, y compris la vôtre, je vois que la seule chose qui empêche les êtres humains de vraiment manifester la vie abondante est la tendance à attendre certaines conditions extérieures avant d'agir, avant de se changer, avant d'abandonner une partie de leur moi mortel. Ce problème vient du moi mortel et de sa tendance innée à vouloir atteindre un état de sécurité ultime.

Le moi mortel a un conflit intrinsèque et une contradiction inévitable qui ne peuvent pas être résolus. Votre moi mortel est né lorsque le Soi conscient a décidé qu'il ne prendrait plus de décision ; en conséquence, c'est votre moi mortel qui veut prendre les décisions pour vous. Mais, parce que le Soi conscient ne peut jamais perdre son désir de plénitude, votre moi mortel veut satisfaire ce désir. Or, le moi mortel ne peut pas comprendre ce qu'est la véritable plénitude, il cherche donc à vous donner un sentiment de sécurité en contrôlant chaque aspect de votre vie.

La seule et ultime source de la véritable plénitude est que le Soi conscient s'identifie à votre Présence JE SUIS et suive le courant du Fleuve de Vie. Ce n'est que lorsque vous êtes dans le flux continu d'abondance de Dieu – de transcendance de soi pour devenir plus – que vous pouvez vous sentir vraiment entier. Le moi mortel ne peut jamais être dans ce flux de vie parce que, comme Jésus l'a dit, il n'y a pas de vie dans ce moi (Jean 6.53). Le moi mortel ne peut jamais vous donner un véritable sentiment de plénitude. Il cherchera à produire un substitut, un faux sentiment de plénitude, qui correspond à ce que la Bible décrit comme ceux qui voudraient la paix mais ne l'ont pas (Jérémie 6.14).

C'est la contradiction centrale et la dichotomie du moi mortel. La véritable clé de la plénitude est d'être dans le Fleuve de Vie, qui est l'auto-transcendance constante. Pour être vraiment entier, vous devez constamment vous transcender, devenir constamment plus que vous êtes en ce moment. C'est la joie de vivre, c'est la vraie plénitude. Le moi mortel essaie de créer l'illusion de la plénitude en arrêtant la croissance, en arrêtant la transcendance de soi, en vous empêchant de devenir plus. Le moi mortel a une image de plénitude comme quelque chose qui est dans un état de « perfection », ce qui signifie que tout est figé et que rien ne change. Il croit qu'il peut atteindre cette perfection en vous contrôlant, vous, tout le monde et même l'univers matériel. Votre moi mortel et le prince de ce monde essaient constamment de contrôler l'univers et de le rendre conforme à leur image mentale.

Malheureusement, cette image de la perfection dans le statu quo est très convaincante et elle a trouvé sa place dans de nombreuses cultures et religions. De nombreuses religions enseignent l'image du Dieu extérieur, affirmant que ce Dieu est parfait. Elles pensent que, si quelque chose est parfait, il ne peut pas changer. Votre moi mortel et les forces de l'antéchrist essaient constamment d'arrêter la transcendance de soi, d'arrêter la croissance, d'arrêter le processus de Dieu devenant plus à travers vous. Ils essaient de créer un royaume contrefait, un royaume humain, dans lequel il n'y a pas de croissance, dans lequel ils ont défini un état de « perfection » établi sur la conscience de dualité. Ils ont réussi à faire entrer la plupart des êtres humains et des sociétés dans cette boîte mentale, dans ce moule de perfection.

C'est une illusion. C'est complètement impossible. C'est tenter de faire quelque chose qui ne peut tout simplement pas être fait. L'un des mécanismes de sécurité intégré à l'univers matériel est que rien ne peut rester figé. Parce que vous avez reçu le libre arbitre, vous pouvez choisir de sortir du Fleuve de Vie. Vous pouvez vous retirer sur la rive du fleuve et rester immobile sur le rivage pendant que le Fleuve de Vie coule devant vous. Parce que Dieu vous a donné le libre arbitre, Il vous a donné la capacité de le faire et Il a mis en place l'univers matériel qui possède un facteur de retard permettant de maintenir l'illusion que vous êtes subitement immobile dans votre propre petit monde. Vous pouvez ainsi créer un état parfait et penser que si vous maintenez seulement le statu quo, vous serez dans ce paradis pour toujours.

Cette illusion ne peut vraiment exister que dans la boîte mentale de votre moi mortel, et il ne peut, comme tout autre aspect du moi mortel, exister que pour un temps. Il est inévitable que la force de contraction de la Mère finira par briser cette illusion. C'est pourquoi, au cours de l'histoire, de nombreuses civilisations ont en effet atteint un haut niveau d'accomplissement et qu'elles se sont ensuite effondrées inexplicablement. Ces civilisations se sont écroulées parce qu'elles pensaient avoir atteint la perfection et qu'elles avaient donc refusé de se transcender. Inévitablement, la force de contraction de la Mère a brisé les tours de Babel qu'elles avaient construites dans l'espoir de voir ces constructions atteindre les cieux.

L'humanité est dans cette quête impossible depuis des milliers et des milliers d'années, c'est-à-dire depuis bien plus longtemps que ne le reconnaissent actuellement vos historiens et scientifiques. Vous pouvez poursuivre cette quête jusqu'à la fin du temps qui vous est imparti, si c'est ce que vous désirez. Je ne suis pas ici pour vous encourager à le faire. Je suis ici pour vous encourager à vous éloigner de cette quête impossible et, à la place, à vous faire reconnaître la vérité éternelle selon laquelle la seule clé véritable de la plénitude et du salut est de retourner dans le Fleuve de Vie et de se transcender.

***

Votre moi mortel est programmé pour faire tout ce qu'il peut pour vous empêcher de vous transcender, pour vous empêcher d'aller au-delà de la boîte mentale définie par ses croyances dualistes. Votre moi mortel a réussi à faire croire au Soi conscient, au moins partiellement, le mensonge selon lequel la perfection signifie le statu quo. Votre moi mortel a réussi à faire croire au Soi conscient que vous avez besoin de sécurité. Dans de nombreux cas, il utilise l'insécurité du monde extérieur et l'agitation générée par la conscience de dualité pour vous amener à rechercher ce sentiment de stabilité, de sécurité et de confort.

Si vous regardez franchement les êtres humains dans le monde, vous verrez que, bien qu'il existe de nombreuses dépendances extérieures, derrière toutes ces dépendances extérieures se trouve la dépendance à la sécurité et au confort. Beaucoup d'humains sont de véritables accros de la sécurité, et ils essaient d'établir un certain sentiment de sécurité avant tout. Ce faisant, ils sont prêts à sacrifier la croissance, à arrêter le moteur de la vie, à tuer la joie de vivre. Ils veulent que le processus de la vie s'arrête afin qu'ils puissent atteindre et maintenir un sentiment de sécurité selon l'idée que, si rien ne change, rien de mal ne peut arriver.

Ce désir de sécurité est fondé sur la peur de la croissance et du changement. L'essence de la vie est la croissance, c'est-à-dire la transcendance de soi. Parce que votre moi mortel ne peut pas comprendre cela, il a réussi à projeter dans votre être la peur du changement en partant du raisonnement que le changement ne peut être que pour le pire, que le changement ne peut être que mauvais, que le changement ne peut signifier autre chose que de perdre. Je vous ai répété maintes et maintes fois que vous avez le libre arbitre et que tout tourne autour du Soi conscient et des décisions que vous prenez. Si vous permettez au moi mortel de prendre des décisions pour vous, vous ne briserez jamais cet état de quête impossible de sécurité et de stabilité dans un monde de changement constant et inévitable.

Pourquoi le changement est-il inévitable ? Parce que la loi de Dieu est établie pour vous empêcher d'être piégé dans un état limité. Cela exige que vous devez soit changer en donnant suite au désir de devenir plus, soit changer à cause de la force de contraction de la Mère qui détruit vos images taillées et tout ce que vous cherchez à garder immuable. Ainsi, vous devez changer soit par la transcendance de soi, soit par la contraction de soi. Si vous vous attachez à une image taillée, la force de contraction de la Mère générera une force opposée qui défiera l'image, ceci afin de vous libérer.

Cette quête impossible de sécurité, qui ne peut pas être obtenue dans ce monde, est ce qui transforme votre vie en une lutte permanente. Votre moi mortel croit que, si seulement il peut atteindre ce sentiment ultime de stabilité dans lequel rien ne change, vos luttes seront alors terminées. Si seulement vous arrêtiez toutes les tentatives de transcendance de soi, vous resterez à jamais dans cet état de paradis. C'est la quête de la stabilité, c'est la quête du non changement, qui mettent en place la lutte parce que ces recherches vous mettent en désaccord avec la nature même de la vie, qui est un changement continu sous forme de transcendance de soi.

La seule façon de commencer à vous libérer de ce sentiment de lutte est que le Soi conscient réalise que votre moi mortel est dans une quête impossible. Vous devez bien comprendre ce que je vous ai dit, à savoir que la clé ultime de la sécurité et de la plénitude est d'être dans le courant du Fleuve de Vie afin que vous grandissiez et deveniez constamment plus – plutôt que de chercher à rester toujours le même. Croissance ne signifie pas perte. Comment pourriez-vous perdre alors que vous grandissez et devenez plus ? Le Soi conscient ne peut jamais perdre en grandissant. Mais le moi mortel et les forces de ce monde *peuvent* en effet perdre lorsque le Soi conscient grandit et transcende les limites qu'ils ont tenté de définir pour vous.

C'est pourquoi ils ont projeté la peur de la croissance dans votre être, et ils l'ont liée à la peur de la perte. Mais ce sont eux qui ont peur de perdre, car ils ont réussi à faire en sorte que le Soi conscient s'identifie partiellement ou totalement à cette peur de perdre. C'est pourquoi tant d'êtres humains sur cette planète ne veulent pas changer et craignent que le changement n'apporte que le pire. Beaucoup d'humains parlent du « bon vieux temps » comme d'une époque où tout allait bien et où le changement ne pouvait qu'être mauvais. En réalité, bon nombre des changements qui se sont produits dans le monde ont clairement apporté du mieux et plus d'abondance à plus de gens.

Si vous voulez manifester la vie abondante, que vous faudra-t-il faire ? La réalité est que vous n'avez pas actuellement la vie abondante. Si vous aviez la vie abondante, pourquoi étudieriez-vous ce cours ? Si vous n'avez pas actuellement la vie abondante, que vous faut-il pour atteindre cette abondance ? Pour atteindre la vie abondante, *quelque chose* doit changer. Si vous devez avoir quelque chose que vous n'avez pas actuellement, alors vous devez normalement changer quelque chose. Si vous ne voulez pas changer, si vous avez peur du changement, comment pourriez-vous atteindre ce que vous n'avez pas ? Cela peut sembler être un raisonnement très simple, cela peut sembler naïf, un peu compliqué ou évident pour certains. Mais si vous avez vraiment compris ce principe simple, vous ne seriez pas en train de lire ce cours ; vous profiteriez de la vie abondante.

Si vous voulez obtenir quelque chose que vous n'avez pas actuellement, quelque chose doit changer, et qu'est-ce qui doit changer ? Ce qui doit changer c'est *vous,* le Soi conscient. Vous devez changer votre approche de la vie. Si votre approche actuelle n'a pas produit la vie abondante, la seule possibilité réaliste de manifester l'abondance est de changer votre approche de la vie. Si ce que vous avez fait jusqu'à présent n'a pas produit le résultat souhaité, vous devez alors changer d'approche. Encore une fois, considérez la définition de la folie par Albert Einstein, à savoir que la folie, c'est quand vous continuez à faire la même chose mais que vous vous attendez à des résultats différents. C'est la folie intégrée à votre moi mortel.

Votre moi mortel est comme un ordinateur qui est programmé pour faire la même chose encore et encore. Il croit vraiment que, s'il continue à faire la même chose, s'il continue d'essayer d'arrêter l'horloge ainsi que la transcendance de soi, il produira un jour l'état ultime de sécurité dans lequel rien ne change. Votre moi mortel continuera à faire cela indéfiniment tout comme un ordinateur continuera à faire la même chose jusqu'à ce que vous lui disiez de faire quelque chose de différent. Votre moi mortel ne peut pas changer son approche de base, il n'a pas la capacité de changer même sa nature tout comme un ordinateur n'a pas la capacité de changer sa propre programmation.

Le seul qui peut changer ce qui se passe dans votre vie est le Soi conscient. Vous devez prendre la décision que vous êtes prêt à vous transcender. Vous devez faire le premier pas et abandonner certaines des croyances dualistes de votre moi mortel, même si vous avez peut-être utilisé ces croyances pour établir un fragile sentiment de sécurité. C'est le principe essentiel pour manifester l'abondance, un principe que la plupart des êtres humains – même ceux qui ont étudié l'abondance pendant longtemps, même les nombreux gourous de l'abondance – ont négligé. Si votre *vie* doit changer, *vous* devez changer. Si votre monde doit changer, vous devez commencer par vous changer vous-même. Si votre expérience de vie doit changer, vous devez faire le premier pas en changeant votre conscience, en changeant votre approche de la vie.

La base même du changement est que vous êtes prêt à abandonner au moins une partie de votre sentiment d'identité actuel. Vous devez être prêt à abandonner certaines des croyances dualistes de votre moi mortel, les croyances qui vous maintiennent piégé dans une prison de limitation et un sentiment de manque. Le principe de base de la croissance est que vous devez être prêt à laisser mourir votre sentiment d'identité actuel afin de pouvoir renaître dans un sentiment d'identité nouveau et plus élargi.

La question centrale ici est que vous ne pouvez pas entrer dans ce nouveau sentiment d'identité, peut-être même ne pouvez-vous pas voir clairement ce nouveau sens du soi tant que vous n'êtes pas prêt à laisser mourir l'ancien sens du soi. Vous ne pouvez pas recevoir l'abondance tant que vous n'êtes pas prêt à abandonner vos limitations. Permettez-moi de dire ceci aussi fort que possible : *vous devez donner avant de pouvoir recevoir !*

***

Mon cœur bien-aimé, il ne peut en être autrement, et je vous ai déjà expliqué pourquoi quand je vous ai dit que l'univers est un miroir. Dans l'un de ses livres [*Suivre le chemin mystique de Jésus*], Jésus a donné une merveilleuse illustration de ce principe, et je vais l'utiliser ici. Imaginez que vous êtes assis devant un miroir et que vous regardez votre propre image. Vous décidez que vous voulez que l'image du miroir vous sourie. Comment cela peut-il arriver ? Cela ne peut se produire que d'une seule manière : *vous* devez sourire au miroir. Le miroir ne peut que renvoyer la même image qui y est projetée. Si vous voulez que l'image du miroir sourie, vous devez d'abord sourire au miroir.

C'est une vérité évidente que tout le monde comprend, mais tout le monde n'est pas capable de la transférer à l'image plus large de la vie elle-même. L'univers matériel est un miroir cosmique. Il ne peut que vous refléter ce que vous projetez dessus. Si vous voulez que l'abondance se manifeste dans votre vie, vous devez d'abord manifester la conscience de l'abondance, puis, à travers cette conscience, projeter l'abondance dans le miroir cosmique. Lorsque vous faites cela, le miroir cosmique vous renverra inévitablement l'abondance.

Afin de comprendre comment cela fonctionne, vous devez savoir qu'il y a un facteur de retard intégré dans l'univers matériel. Il faut un certain temps avant que la réflexion ne vous revienne. C'est ce qui confond et décourage de nombreux chercheurs spirituels sincères. La plupart des êtres humains sont vraiment assis devant le miroir cosmique, voulant que le monde leur sourie, mais ils ne veulent pas d'abord sourire au monde en premier. Ils disent littéralement : « Quand le monde me sourira, je sourirai en retour. Quand le monde me donnera ce que je veux, je serai heureux. »

C'est une approche à contresens et cela ne peut jamais fonctionner. Le miroir cosmique ne peut pas vous renvoyer ce que vous n'avez pas déjà manifesté dans votre conscience. Ce serait la même chose que de s'attendre à ce que votre image dans un miroir physique vous sourie avant que vous ne souriiez au miroir. Cela ne peut tout simplement pas arriver. Votre moi mortel essaie constamment de faire en sorte que cela se produise et cherche sans arrêt à vous faire croire que cela peut arriver. Le moi mortel dit que, si seulement vous continuez à suivre ses conseils et ceux du prince de ce monde suffisamment longtemps, l'univers finira alors par vous sourire sans que vous ayez à le faire en premier.

L'une des plus grandes tromperies utilisées contre l'humanité est la croyance que votre bonheur dépend entièrement des conditions extérieures. Or, le bonheur est un sentiment qui se produit à l'intérieur de votre sphère du soi. Comme j'ai tenté de l'expliquer dans les clés précédentes, vous avez le potentiel de prendre le contrôle de votre propre sphère. Vous *pouvez* produire du bonheur – en fait, vous *devez* produire du bonheur – à partir de votre propre sphère. Vous ne serez jamais pleinement heureux tant que vous souscrivez à l'illusion dualiste selon laquelle votre bonheur dépend de quoi que ce soit en dehors de votre sphère du soi.

Je me rends compte que c'est un mensonge subtil et que beaucoup d'êtres humains y croient. Pourquoi y croient-ils ? Parce que leur Soi conscient a décidé qu'il ne voulait plus prendre de décision. Ils veulent continuer à croire en la validité de l'approche adoptée par le moi mortel. Ils veulent continuer à croire que, si seulement ils permettent au moi mortel de continuer à prendre des décisions pour eux, ils finiront par connaître le paradis promis.

La raison de ce désir est simple. S'ils devaient reconnaître que l'approche du moi mortel ne fonctionne pas, cela signifierait qu'ils devraient recommencer à prendre des décisions par eux-mêmes. S'ils ne veulent pas faire cela, ils doivent continuer à croire en l'illusion du moi mortel. Ils n'ont d'autre choix que de soutenir cette illusion, et, parce que le raisonnement du moi mortel est dualiste et relatif, ils peuvent toujours trouver des arguments qui soutiennent les mensonges et les illusions du moi mortel.

L'approche de la vie adoptée par le moi mortel n'est pas seulement soutenue par le raisonnement dualiste de l'esprit de l'antéchrist, elle est également soutenue par votre expérience de vie. L'univers est un miroir qui vous renvoie ce que vous envoyez. Si vous envoyez un sentiment de manque, le miroir cosmique reflétera les conditions physiques dans lesquelles vous avez un manque. La croyance dualiste que vous vivez dans un univers à l'abondance limitée et que vous ne pouvez atteindre l'abondance qu'en la prenant aux autres sera apparemment renforcée par la vie elle-même. Comment les arguments utilisés par votre moi mortel et le prince de ce monde pourraient-ils être faux alors qu'ils sont soutenus par la vie elle-même ? C'est ce qui devient une boucle fermée, un raisonnement circulaire, un piège auquel il n'y a pas d'échappatoire, sauf en atteignant la vérité supérieure de l'esprit du Christ.

Parce que l'univers est un miroir, vos croyances deviendront des prophéties auto-réalisatrices. Si vous croyez que vous vivez dans un monde de manque, alors c'est ce que vous vivrez. La *seule* façon de sortir du monde du manque est de transcender l'état de conscience qui produit cette expérience. Avant de pouvoir vivre dans un univers d'abondance, vous devez d'abord vous mettre dans un état de conscience basé sur l'abondance. Ainsi Henry Ford est-il célèbre pour avoir dit : « Que vous croyiez que vous *pouvez* ou que vous pensiez que vous *ne pouvez pas*, vous avez raison ! »

Avant de pouvoir quitter le monde du manque, vous – c'est-à-dire le Soi conscient – devez briser l'emprise de l'identification au moi mortel et à ses croyances dualistes. Vous devez permettre au sens du soi que vous avez construit à partir de cette identification au moi mortel de mourir. Ce n'est qu'après avoir laissé mourir cette identification que vous renaîtrez dans un sentiment supérieur d'identité. Vous devez faire face au fait qu'avant de pouvoir obtenir quelque chose de mieux, vous devez d'abord abandonner ce que vous avez présentement.

Pour ce faire, vous devez briser la dépendance à la sécurité qui vous empêche de renoncer à ce que vous avez pour recevoir quelque chose qui n'est pas encore physiquement manifesté. Vous devez remplacer cette attitude par la foi, par une connaissance intérieure qui dépasse l'entendement, par la foi que les lois de Dieu fonctionnent vraiment, et par la foi que, si vous recherchez d'abord le royaume de Dieu et la justice de la conscience du Christ, tout le reste vous sera donné par-dessus (Matthieu 6.33).

***

Mon cœur bien-aimé, le mensonge véhiculé par les forces de ce monde est que vous n'avez pas besoin de vous transcender. Si vous voulez changer quoi que ce soit dans votre vie, si vous voulez voir un changement pour le mieux, vous – c'est-à-dire le Soi conscient – devez décider d'accepter que c'est un mensonge. Vous devez décider que vous ne succomberez plus à cette tentation de rester là où vous êtes à l'aise et en sécurité. Lorsque vous avez décidé de ne pas accepter ce premier mensonge, vous devez alors passer à l'étape logique suivante. Vous devez surmonter le second mensonge, qui est de croire que vous n'avez pas ce dont vous avez besoin – pour le moment – pour vous transcender. Ce mensonge cherche à vous faire croire que vous devez attendre certaines conditions extérieures avant de pouvoir avancer.

Il y a un ennemi intérieur et un ennemi extérieur : l'un et l'autre cherchent à contrôler le Soi conscient. Comment font-ils cela ? Ils le font en faisant croire au Soi conscient que vous n'avez pas en vous ce qu'il faut, que vous êtes en quelque sorte incomplet ou déficient. Ils utilisent vos limitations actuelles et vos erreurs passées pour tenter de prouver leur point de vue. Pourquoi le Soi conscient est-il vulnérable à ce mensonge ? Il y est vulnérable pour deux raisons. La première raison est que vous ne vous sentez pas entier, et donc le Soi conscient cherche à obtenir la plénitude. Évidemment, le Soi conscient ne se sent pas entier dans sa situation actuelle parce qu'il lui manque quelque chose.

La deuxième raison est que, parce que vous n'êtes pas complet en vous-même, vous avez besoin de quelque chose *en dehors* de vous pour revenir au paradis perdu de la plénitude. Ce mensonge déclare que vous n'avez tout simplement pas ce qu'il faut pour être entier et que vous avez donc besoin de quelque chose ou de quelqu'un d'extérieur à vous. Bien sûr, votre moi mortel et le prince de ce monde vous promettent que, si vous les suivez aveuglément, ils vous conduiront à cet endroit merveilleux qu'ils ont défini comme le paradis.

Il est vrai que le Soi conscient se sent mal parce qu'il a perdu quelque chose qu'il avait dans un passé lointain. Il est tout à fait vrai que vous avez besoin de quelque chose d'extérieur au Soi conscient pour rétablir votre sentiment de plénitude. Le mensonge est que ce quelque chose ne peut être trouvé qu'*en dehors* de votre sphère du soi. En réalité, ce dont vous avez besoin pour rétablir votre intégrité ne se trouve qu'*à l'intérieur* de votre sphère du soi.

Ce dont vous avez besoin pour être entier, c'est de redécouvrir qui vous êtes vraiment, à savoir que vous êtes une extension d'un être spirituel plus grand que j'ai appelé votre Présence JE SUIS, mais qui, en réalité, fait partie d'une lignée, d'une hiérarchie d'êtres spirituels, qui remonte jusqu'à votre Créateur. Ce n'est que lorsque vous rétablirez ce sentiment d'unité avec votre Créateur et avec toute vie que vous vous sentirez entier. Ce sentiment d'unité ne peut être rétabli qu'en pénétrant dans votre sphère du soi et en trouvant ce qui est déjà là, ce qui a toujours été là mais qui a été recouvert par le voile d'illusions que votre moi mortel a créé.

Votre moi mortel est à certains égards comme un ordinateur, mais c'est plus qu'un ordinateur comme l'est le prince de ce monde. Vos deux ennemis savent très bien ce qu'il vous faut pour rétablir la plénitude. Afin de maintenir leur existence séparée, ils doivent vous empêcher de rétablir la plénitude afin que vous continuiez à les nourrir d'une énergie mal qualifiée. Ils ne peuvent pas vous empêcher à jamais de rechercher la plénitude. Bien qu'ils puissent mettre en place de nombreuses diversions dans ce monde qui pourraient vous amener à ignorer votre quête pendant un certain temps, cela ne fonctionnera pas éternellement.

Les forces de ce monde ne peuvent pas empêcher éternellement un courant de vie de rechercher la véritable plénitude spirituelle. Ce que le prince de ce monde fait, c'est d'établir un faux chemin, le chemin qui semble droit à l'homme mais dont l'issue est la voie de la mort (Proverbes 14.12). La prémisse fondamentale de ce faux chemin est que vous devez chercher la plénitude – chercher le salut – en dehors de vous-même. Ils soutiennent ce mensonge en affirmant que le fait que vous n'êtes pas complet actuellement prouve que vous n'avez pas – en vous-même – ce qu'il faut pour être complet. Vous devez trouver ce dont vous avez besoin en dehors de vous-même, c'est-à-dire dans ce monde.

Tout dans ce monde est fait d'une lumière d'une vibration inférieure à la lumière du royaume spirituel. Rien dans ce monde ne pourra jamais vous donner un véritable sentiment de plénitude. Peu importe combien d'argent vous pourriez accumuler, vous ne pouvez pas acheter votre sentiment de plénitude avec de l'argent.

Il n'y a absolument aucun moyen pour vous de rétablir votre sentiment de plénitude par l'argent ou par tout ce que vous pouvez acheter avec de l'argent. Cela ne peut pas être fait de cette manière, et, si vous étudiez la vie de certaines des personnes les plus riches du monde, vous verrez qu'elles n'ont pas été en mesure d'acheter le bonheur et la tranquillité d'esprit, peu importe la somme d'argent dont elles disposaient. Pendant un certain temps, elles peuvent penser avoir acheté la plénitude, mais cette illusion ne peut pas durer pour toujours.

***

Cela nous amène à un sujet qui, je le sais, sera inconfortable pour beaucoup de gens dans ce monde moderne, à savoir le sujet de la foi. Vous vivez à l'ère de la science, et la science a beaucoup fait pour améliorer les conditions de votre existence matérielle. La science a également fait beaucoup pour faire progresser, auprès de l'humanité, la compréhension des lois matérielles qui guident l'univers dans lequel vous vivez. Malheureusement, la science a également beaucoup fait pour saper l'une des qualités essentielles de votre quête d'abondance, à savoir la foi en ce qui ne se voit pas et qui ne peut pas être prouvé par des moyens relevant uniquement de vos sens physiques ou du raisonnement dualiste de votre moi mortel. Comme le dit si bien la Bible : *« La foi est une ferme assurance des choses qu'on espère, une preuve de celles qu'on ne voit pas »* (Hébreux 11.1).

L'une des précieuses contributions de la science est qu'elle a aidé les êtres humains à comprendre les lois de la nature. La science a enlevé dans la vie des gens le mystère et la superstition qui étaient si répandus dans les époques précédentes et qui étaient, dans une large mesure, alimentés par les religions traditionnelles qui donnaient une fausse image de Dieu en tant qu'un Dieu extérieur. Bien qu'il s'agisse d'un développement positif, il a amené de nombreuses personnes à négliger, à ignorer ou à nier les aspects spirituels de la vie.

Si vous devez manifester une véritable abondance et un véritable sentiment de plénitude, vous ne pouvez pas ignorer le fait que vous êtes plus qu'un être matériel. Vous devez reconnaître la réalité que vous êtes un être spirituel, car ce n'est qu'en faisant cela que vous pourrez aller à l'intérieur de vous-même et trouver la plénitude intérieure que vous recherchez, une plénitude qui ne pourra jamais être produite par des moyens mécaniques existant dans ce monde.

Lorsque la science dit que l'univers matériel est guidé par des lois mécaniques qui fonctionnent toujours de la même manière et qui le font sans faille, il y a une certaine vérité à cela, mais ce n'est pas toute la vérité. L'univers matériel est guidé par certaines lois, et ces lois sont constantes dans leur fonctionnement. Elles fonctionnent de manière mécanique, presque comme une machine. Mais il existe un ensemble de lois supérieures que nous pourrions appeler les lois spirituelles, et ce sont ces lois que Jésus est venu porter à l'attention de l'humanité. Il l'a fait en partie en accomplissant ce que les gens appellent des miracles.

N'importe quel scientifique vous dira que les miracles accomplis par Jésus ne pouvaient tout simplement pas être réels. Il ne vous est mécaniquement pas possible de marcher sur l'eau, de transformer l'eau en vin ou de ressusciter les morts. Il est vrai que, si vous n'utilisez que les lois qui existent dans le royaume matériel, il vous est impossible d'effectuer de telles tâches. Le royaume matériel n'est que la pointe de l'iceberg, il fait partie d'un tout plus vaste. Le royaume matériel est une extension du royaume spirituel, le royaume matériel a été créé à partir des énergies du royaume spirituel qui ont été abaissées en vibration. Au-dessus des lois matérielles se trouve un ensemble plus profond de lois spirituelles, et voilà la différence essentielle !

Lorsque vous êtes piégé dans la conscience de dualité, vous ne pouvez utiliser que les lois matérielles. À partir du moment où le Soi conscient commence à s'identifier comme un être humain mortel, vous perdez la capacité d'utiliser les lois spirituelles supérieures. Une personne piégée dans la dualité ne pourra jamais accomplir les œuvres accomplies par Jésus. Comme Jésus l'a dit : « *Celui qui croit en moi fera aussi les œuvres que je fais* » (Jean 14.12). La signification profonde est que celui qui croit en Jésus, au point de suivre son exemple et de développer la conscience du Christ, peut également faire usage des lois spirituelles supérieures.

Lorsque vous pouvez utiliser ces lois spirituelles, vous pouvez en effet accomplir les soi-disant miracles que Jésus a accomplis. Ce n'était pas vraiment des miracles dans le sens qu'ils étaient explicables. Ils étaient, en fait, des résultats parfaitement naturels de la part d'une personne qui a la conscience du Christ et qui utilise des lois spirituelles supérieures pouvant supplanter et remplacer les lois matérielles. Le concept de l'esprit dominant la matière est vraiment possible, mais seul l'esprit du Christ peut vous donner une véritable maîtrise de la matière. Cette maîtrise de la matière n'est pas un concept hors de portée. C'est en fait le plan du Créateur pour vous, c'est pourquoi Dieu a dit à ses cocréateurs de régner sur la Terre.

La façon ultime de régner sur l'univers matériel est d'avoir la maîtrise de l'esprit sur la matière afin que la lumière Mater manifeste instantanément vos images mentales sans facteur de retard. Ce que je présente est une nouvelle version de l'affirmation selon laquelle l'univers est un miroir. On pourrait dire que vous – c'est-à-dire le Soi conscient – avez été conçu pour être un cocréateur avec Dieu et que vous ne pouvez jamais arrêter de cocréer. Peu importe comment vous vous voyez, vous cocréez sans arrêt. Ce que vous cocréez est une expression de votre état de conscience actuel, de votre image de soi actuelle. Ce que vous cocréez dans votre expérience matérielle est une expression de votre état de conscience, de votre image de soi et de votre vision du monde.

Si vous vous identifiez comme un être humain mortel, vivant dans un monde limité, ce que vous cocréez sera une représentation de cet état de conscience. Cela signifie que votre cocréation ne peut utiliser que les lois matérielles et les énergies qui ont déjà été abaissées en vibration jusqu'au spectre matériel de fréquences. C'est pourquoi vous serez limité à manifester l'abondance uniquement en utilisant les énergies trouvées dans le spectre matériel de fréquences et en ayant recours aux lois qui guident les énergies dans cet état de vibration. C'est pourquoi vous devez accumuler l'abondance en la prenant aux autres au lieu de la tirer de la réserve universelle qui est inépuisable. C'est pourquoi votre vie devient une lutte au lieu d'une expérience perpétuelle de joie, de croissance et de transcendance de soi.

Dieu vous a donné le droit de créer n'importe quelle expérience que vous désirez, au moins pour un temps. Si vous désirez que votre vie soit une lutte, vous avez le droit de créer une lutte et vous avez le droit de prolonger cette lutte aussi longtemps que vous le souhaitez. Parce que vous suivez ce cours, je suppose que vous êtes arrivé à la conclusion que vous ne voulez plus la lutte, que vous voulez quelque chose de plus, quelque chose de mieux. Si vous voulez vraiment quelque chose de plus, vous devez aller au-delà du moi mortel et de son raisonnement dualiste. Vous devez aller au-delà des lois mécaniques et des énergies de basse fréquence de l'univers matériel. Afin de commencer à utiliser les lois spirituelles, vous devez faire deux choses. Vous devez être prêt à faire le premier pas. Vous devez ensuite avoir la foi que, si vous continuez à prendre les bonnes mesures, vous verrez inéluctablement un changement dans votre vie.

Ce que vous pouvez réaliser en ce siècle – alors que c'était beaucoup plus difficile pour les chercheurs spirituels au cours des siècles précédents –, c'est que vous pouvez puiser dans les découvertes de la science. Au lieu d'avoir une foi aveugle, vous pouvez avoir une foi fondée sur la compréhension et la conscience du Christ. À travers les âges, de nombreuses personnes religieuses et spirituelles ont pensé que, pour avoir vraiment la foi, elles devaient croire aveuglément à la promesse faite par leur religion et croire aux doctrines définies par celle-ci, même si elles ne pouvaient pas comprendre les lois qui sont cachées derrière ces promesses ni donner un sens aux doctrines. C'était une fausse foi qui venait du fait que la religion traditionnelle a enlevé la clé de la science (Luc 11.52).

La religion ne peut pas donner aux gens la compréhension nécessaire pour qu'ils aient la vraie foi, une foi qui est basée sur la connaissance intérieure plutôt que sur l'adhésion aveugle aux doctrines extérieures. C'est la différence essentielle entre la foi aveugle encouragée par les religions traditionnelles et la vraie foi encouragée par Jésus et tous les vrais maîtres spirituels à travers les âges. Jésus ne voulait pas que les gens croient aveuglément ses enseignements. Il voulait que les gens utilisent la clé de la science pour aller à l'intérieur d'eux-mêmes et atteindre la compréhension de leur Soi christique qui leur permettrait de savoir, par la connaissance intérieure, que ses enseignements sont vrais.

Ce que vous devez faire à notre époque, c'est prendre la compréhension donnée par la science et la porter au-delà de l'univers matériel. C'est une évolution malheureuse que la science se soit complètement éloignée de la religion. Cela est compréhensible compte tenu de l'état de la religion au Moyen Âge et de la façon dont l'Église officielle a persécuté les premiers scientifiques à cause de leurs découvertes. À long terme, ce n'était pas une situation durable car ni la science ni la religion ne peuvent réaliser leur véritable potentiel si elles travaillent l'une contre l'autre.

L'humanité ne peut pas progresser vers un âge d'or tant qu'une science et une religion sont en guerre. La science et la religion doivent toutes deux suivre la loi fondamentale de l'auto-transcendance ou elles finiront par devenir obsolètes. Sur un plan plus personnel, vous ne pouvez pas atteindre la vie abondante si vous ne résolvez pas le conflit apparent entre la vision scientifique et la vision religieuse du monde, un conflit auquel vous avez été exposé depuis l'enfance.

Il est bien vrai, comme la science vous l'a dit, que le monde fonctionne selon certaines lois mécaniques. Le défaut de la science dans sa forme actuelle est qu'elle refuse de regarder au-delà de l'univers matériel. La connaissance essentielle dont vous avez besoin est qu'au-delà des lois matérielles se trouve un ensemble de lois spirituelles. Ces lois fonctionnent également de manière mécanique en ce sens que, si vous projetez une image de lutte dans le miroir cosmique, l'univers vous reflétera des conditions qui illustrent votre sentiment de lutte. Si vous projetez une image de bonheur et d'abondance dans le miroir, l'univers vous la reflétera.

Les lois spirituelles ne sont pas tout à fait aussi simples que les lois matérielles actuellement connues par la science. L'univers matériel a été conçu avec un certain facteur de retard, ce qui vous permet de faire des erreurs sans vous anéantir instantanément. Ce facteur de retard fonctionne selon des lois mécaniques, mais, parce que la science ne reconnaît actuellement rien au-delà du royaume matériel, les scientifiques ne peuvent pas comprendre comment ces lois fonctionnent. En conséquence, la plupart des gens ne comprennent pas ces lois.

La science ne peut pas leur donner cette compréhension pas plus, du reste, que la religion traditionnelle, qui s'accroche aux doctrines du passé et qui refuse d'appliquer la clé de la science afin d'acquérir une compréhension progressivement plus profonde. Dans le prochain chapitre, je donnerai une description plus détaillée des cycles par lesquels l'énergie circule du royaume spirituel à travers les quatre niveaux de l'univers matériel.

Ce que je veux que vous compreniez dans cette clé, c'est que, lorsque vous décidez de changer votre approche de la vie, lorsque vous décidez d'atteindre une approche plus spirituelle, vous mettrez en mouvement des causes qui vous seront inévitablement renvoyées par le miroir cosmique. Le problème est que la cause que vous avez mise en mouvement ne se reflétera pas instantanément sur vous, du moins pas avant que vous n'ayez atteint la pleine conscience du Christ. La cause que vous mettez en mouvement doit se frayer un chemin à travers le système énergétique de l'univers matériel avant de se manifester sous forme de conditions physiques réelles dans votre vie, et cela prendra un certain temps. De plus, lorsque la cause commence à revenir vers vous, il est possible qu'elle soit retardée, bloquée ou déviée par certaines conditions créées par votre esprit.

Vos tentatives pour changer votre vie en mieux rencontreront alors une certaine opposition et, si vous ne comprenez pas cette résistance et ne faites pas quelque chose pour la contrecarrer, vous ne verrez pas le résultat de vos efforts. Il y a des millions de personnes dans le monde qui me prient quotidiennement. Beaucoup de ces personnes me prient depuis des années ou des décennies, souvent pour obtenir un certain changement dans leur vie. Leurs prières n'ont pas été exaucées et la plupart d'entre elles ne comprennent pas pourquoi. Des milliards de personnes prient le Dieu auquel elles croient et pourtant leurs prières ne sont pas exaucées. Certaines personnes finissent par perdre la foi et abandonnent toute religion parce que leurs prières ne sont pas exaucées. D'autres continuent à prier, elles continuent de faire toujours la même chose et s'attendent à ce qu'un jour Dieu leur donne une réponse différente.

Vous devez augmenter votre compréhension de ce qu'il vous faudra acquérir pour arriver à manifester ce que vous désirez. Ce qu'il faudra, c'est que vous preniez le contrôle de votre vie et que vous enleviez activement les blocages qui empêchent vos prières d'être exaucées, qui vous empêchent de recevoir l'abondance de Dieu. C'est *vous* qui avez créé ces blocages à travers votre identification à votre moi mortel, et *vous seul* pouvez les *décréer*.

Je ne peux pas le faire à votre place, je n'ai pas l'autorité de Dieu pour entrer dans votre sphère du soi et enlever les blocages de votre moi mortel. Je ne peux pas supprimer les croyances dualistes de votre moi mortel, je ne peux pas supprimer l'énergie mal qualifiée que vous avez laissée s'accumuler dans votre sphère du soi. Vous êtes celui qui a créé ces conditions et qui les a autorisées à être dans votre sphère du soi – et vous êtes celui qui doit les supprimer ! Ce que je *peux* faire pour vous, c'est de vous expliquer comment faire cela, et je le ferai dans les prochains chapitres.

✳✳✳

Manifester l'abondance dans votre vie exige que vous commenciez par changer votre approche de la vie en changeant votre conscience. Au fur et à mesure que vous commencerez à changer votre conscience, vous mettrez inévitablement en mouvement des causes, et ces causes suivront les lois spirituelles supérieures définies par Dieu. Ces lois sont aussi mécaniques et aussi inévitables que la loi de la gravité. Si vous lancez un objet en l'air, vous savez qu'il retombera sur terre. Si vous changez vraiment votre conscience, sachez que cela se manifestera inévitablement dans votre réalité physique.

La manifestation ne sera pas instantanée car vous avez peut-être créé des blocages qui empêchent la manifestation d'atteindre le spectre matériel de fréquences. Jusqu'à ce que vous supprimiez ces blocages, les causes que vous avez mises en mouvement resteront comme un potentiel qui ne peut pas encore se manifester dans le physique. Il restera dans ce que l'on espère mais pas dans ce qui est visible.

Lorsque vous changez votre approche de la vie, vous ne pouvez pas vous attendre, comme beaucoup de gourous de la prospérité vous le promettent, à voir des résultats instantanés. Il vous faudra peut-être un certain temps pour obtenir les résultats physiques de vos efforts. Le temps que cela prendra sera individuel et dépendra du nombre de blocages que vous avez créés dans votre sphère personnelle. Afin de vraiment changer votre expérience de vie, vous devez avoir une certaine foi. Vous devez être prêt à faire le premier pas sans voir un résultat immédiat de vos efforts, une preuve immédiate que vous suivez le bon chemin.

Imaginons que je puisse proposer un système d'amélioration de soi et que vous suiviez mes conseils, vous verriez des résultats instantanés dans l'univers matériel. Si j'avais un tel système, vous pourriez prouver instantanément que le système fonctionne. Mais l'univers matériel ne fonctionne pas ainsi. Cependant, ce que je peux faire pour vous, c'est de vous expliquer comment fonctionne le système énergétique de l'univers matériel ainsi que ce qu'il vous faudra faire pour produire des changements physiques dans votre vie. Parce qu'il vous faudra du temps pour obtenir un résultat faisant suite à vos efforts, vous devez avoir une certaine foi, vous devez avoir la volonté d'essayer et aussi celle de poursuivre même si vous ne voyez pas un résultat instantané à vos efforts.

Il a été dit qu'un voyage de mille kilomètres commence par un pas. Le processus de manifestation de l'abondance dans votre vie doit être abordé comme un voyage. Il faudra du temps pour terminer le voyage. Un voyage de mille kilomètres commence par un pas, mais il ne peut pas être complété par un seul pas. Il ne peut être complété qu'en continuant à faire un petit pas à la fois jusqu'à ce que vous arriviez à destination. Il en est de même de vos efforts pour améliorer votre vie. Vous devez l'aborder comme un voyage. Vous devez être prêt à faire le premier pas pour que le voyage commence et que vous ne restiez pas coincé dans un état d'immobilité. Mais vous ne pouvez pas vous attendre à ce que le premier pas vous amène automatiquement et instantanément à votre destination. Vous devez être prêt à continuer à faire un pas à la fois jusqu'à ce que vous voyiez les résultats réels de vos efforts.

C'est là que nous rencontrons à nouveau un problème. Le problème est en quelque sorte renforcé par la science, par le prince de ce monde et par les faux gourous. La science a produit beaucoup de technologies qui donnent aux gens des résultats instantanés, une gratification rapide. Lorsque vous entrez dans une pièce sombre et actionnez un interrupteur sur le mur, vous vous attendez à ce que la lumière s'allume instantanément. Lorsque vous montez dans votre voiture et que vous tournez la clé, vous trouvez normal que le moteur démarre immédiatement. La technologie a appris aux êtres humains que, s'ils n'obtiennent pas instantanément les résultats escomptés, quelque chose ne va pas.

Le prince de ce monde a utilisé l'avènement de la technologie pour induire dans l'esprit de nombreuses personnes la croyance subtile qu'elles ont droit à une récompense instantanée. C'est redevenu une fausse voie qui a été exploitée par de nombreux gourous de la prospérité qui vous promettent des résultats immédiats. La plupart de ceux qui ont souscrit à ces promesses ont constaté que les résultats instantanés ne sont généralement pas instantanés. La raison en est que, pour vraiment obtenir des résultats, vous devez changer votre conscience, et comme votre conscience a plusieurs couches, ces dernières doivent toutes être purifiées avant que vous n'arriviez à un résultat physique de vos efforts.

Je suis venue pour vous donner le vrai chemin de la vie abondante, et donc je ne vous promets pas de résultats instantanés. Je fais ce qui serait pour de nombreux gourous de la prospérité un suicide d'un point de vue commercial, mais je ne dirige pas une entreprise. Je vais vous dire – directement et sans ambages – que vous n'obtiendrez des résultats rapides d'aucune des méthodes que je vous donne dans ce cours. Au moins, je peux vous promettre que vous ne verrez pas instantanément des richesses indicibles se manifester dans votre vie. Vous pourriez connaître un autre type de résultat, à savoir une croissance de votre sentiment de bien-être spirituel, et cela pourrait en effet se produire presque instantanément en suivant le chemin que je propose.

À la place, ce que je ferai pour vous, c'est de vous montrer le vrai chemin vers la manifestation de l'abondance. Je vais vous parler des différentes couches de l'univers matériel et des différentes couches de votre propre esprit. Je vais vous expliquer comment une cause que vous déclenchez par votre esprit conscient doit parcourir ces différentes couches avant de pouvoir se manifester dans votre vie comme une condition matérielle.

Je vais également vous montrer comment éliminer systématiquement, dans les couches de votre esprit, les blocages qui empêchent votre vision de la vie abondante de devenir une réalité physique. C'est une approche qui vous donnera la compréhension, et, à partir de cette compréhension, vous pourrez construire un nouveau type de foi. C'est une foi qui n'est pas aveugle. C'est une foi établie sur une compréhension du fonctionnement de l'univers et qui explique pourquoi il faut du temps pour que votre vision de l'abondance devienne une réalité physique.

Pourquoi suis-je passée par ce long processus pour vous expliquer la nécessité d'avoir la foi ? Pourquoi ne vous ai-je pas simplement expliqué comment amener les choses à se manifester ? Je l'ai fait parce qu'il est essentiel que vous compreniez que la réalité de ce que je vous révèle ici ne peut être prouvée que si vous avez la foi. Je vous ai dit à plusieurs reprises que l'univers est un miroir. Or, j'ai vu beaucoup d'êtres humains lire des livres ou assister à des séminaires en vue d'apprendre à manifester l'abondance dans leur vie, et qui ont fidèlement appliqué les méthodes qui leur ont été enseignées.

Il existe beaucoup de gourous, mais tous les gourous ne sont pas de faux gourous. Certains des gourous de la prospérité ont en effet de vrais principes qui, s'ils sont appliqués, peuvent produire des résultats. Le problème est que, si les gens appliquent des techniques pour atteindre la croissance spirituelle ou la prospérité alors qu'ils ont encore certains doutes sur la validité ou l'efficacité de ces techniques, les techniques proposées ne peuvent tout simplement pas fonctionner. L'univers est un miroir. Si vous projetez le doute dans le miroir cosmique, le miroir ne peut que vous refléter les conditions de votre conscience.

Lorsque vous appliquez une technique valable pour atteindre la croissance spirituelle ou l'abondance alors que vous avez encore des doutes persistants, l'univers vous renverra des conditions qui confirment vos doutes. Votre doute sur l'efficacité de la technique compromettra l'efficacité de la technique *pour vous*. Mais si vous appliquez la même technique avec foi, alors l'univers vous reflétera cette foi et la technique fonctionnera efficacement.

À travers les siècles, de nombreuses personnes ont suivi les enseignements donnés par Jésus et ont tenté de les appliquer dans leur vie. Parce qu'ils avaient certains doutes ou parce qu'ils ne comprenaient pas complètement ces enseignements, ils n'ont pas atteint les résultats souhaités. Ils ont finalement pensé que le chemin tracé par Jésus ne fonctionnait tout simplement pas. Ils en ont conclu que les promesses faites par la religion sont des promesses vides. Mais le chemin tracé par Jésus fonctionne effectivement. Il existe aussi plusieurs voies tracées par les autres vraies religions qui fonctionnent aussi effectivement.

***

Vous avez en effet, dans votre sphère du soi, tout ce dont vous avez besoin pour manifester la vie abondante, pour grandir spirituellement et atteindre votre salut ultime. Le mensonge du prince de ce monde est de vous faire penser que vous n'avez pas en vous ce dont vous avez besoin pour être sauvé, que vous avez besoin d'un sauveur extérieur, que vous avez besoin de quelqu'un ou de quelque chose d'extérieur à vous pour atteindre la plénitude. C'est un mensonge parce que vous avez tout en vous !

Afin de faire usage de ce que vous avez, vous devez arriver à un point où vous pouvez appliquer ce que vous avez avec une foi totale, avec une vraie foi établie sur la connaissance et la compréhension. Ce n'est que lorsque vous appliquez ce que vous avez avec une foi totale que le miroir cosmique vous renvoie ce en quoi vous croyez, ce que vous acceptez déjà comme une réalité manifeste. Ce n'est qu'à ce moment-là que vous manifesterez les résultats auxquels vous aspirez. L'univers reflète les conditions physiques qui sont une représentation des images mentales que vous détenez dans votre esprit.

Si votre image mentale est basée sur des doutes ou des hypothèses incorrectes, c'est ce que le miroir vous renverra. Si votre image mentale est fondée sur une foi qui dépasse l'entendement, c'est-à-dire la compréhension dualiste du moi mortel, alors l'univers vous renverra une vie abondante. Ce n'est que lorsque vous changez vraiment votre conscience, et que vous mettez de côté les doutes et le raisonnement dualiste du moi mortel, que vous atteindrez la vie abondante parce que c'est le bon plaisir du Père de vous la donner. Ce n'est que lorsque vous avez une foi absolue en Dieu et en la réalité de Dieu que vous serez capable et désireux de recevoir la vie abondante de Dieu. Lorsque vous acceptez vraiment qui vous êtes, vous acceptez d'être digne de recevoir la vie abondante et d'avoir la capacité de la manifester de l'intérieur de vous-même.

Ce n'est que lorsque vous aurez cette acceptation intérieure totale que vous aurez la foi absolue, la foi qui repose sur le roc du Christ plutôt que sur les sables mouvants de la conscience de dualité, la foi qui vous permet d'accepter que l'abondance de Dieu se manifeste réellement dans l'univers matériel. C'est pourquoi la foi est bien la substance des choses qu'on espère, l'évidence des choses qu'on ne voit pas. Vous devez avoir la foi que si vous atteignez l'esprit du Christ et que vous vous réalignez avec la réalité de Dieu, cette réalité se manifestera dans votre vie. Ce n'est pas un vœu pieux, mais une question d'apprendre comment fonctionnent les lois de Dieu et, ensuite, d'appliquer ces lois avec une pleine foi afin que votre vision intérieure devienne une réalité manifestée, comme Jésus l'a démontré à maintes reprises.

Veuillez prendre une Bible et lire les cas de guérisons réalisées par Jésus. Vous verrez que, dans chaque cas, la foi de la personne a joué un rôle essentiel dans sa guérison. Dans certains cas, Jésus demandait si les gens croyaient vraiment qu'il avait le pouvoir de guérir, et ils ne guérissaient que s'ils avaient cette foi (Matthieu 9.28). Une fois, Jésus a visité une ville et, à cause de l'incrédulité des habitants, personne n'a été guéri (Matthieu 13.58) ! Encore une fois, cela provenait du fait que l'univers est un miroir. Si vous avez la foi absolue que quelque chose va arriver, alors cela arrivera. Si vous avez des doutes, cela n'arrivera pas et vos doutes seront manifestées à la place. Avant que je puisse vous expliquer comment les causes que vous mettez en mouvement vont parcourir l'univers matériel, j'avais besoin de vous expliquer l'importance d'avoir foi dans le processus lui-même.

***

La clé essentielle pour manifester l'abondance est que vous devez commencer à rayonner l'abondance. La clé essentielle pour recevoir l'abondance de Dieu est d'abord d'abandonner tous les attachements que vous avez dans ce monde. J'ai étudié les gens et leur psychologie pendant très longtemps. J'ai étudié ceux qui recherchent une plus grande abondance et ceux qui veulent une croissance spirituelle. Je peux vous assurer que le seul problème qui, plus que toute autre chose, empêche les gens de manifester l'abondance est précisément leur manque de foi.

Il y a un problème sous-jacent que vous devez comprendre. La plupart des gens aspirent à l'abondance parce qu'ils ont le sentiment de manquer, ils se sentent incomplets et démunis. Tant qu'une personne est piégée dans la conscience de dualité, elle raisonnera avec l'esprit dualiste. La personne pensera que, pour avoir l'abondance, elle a besoin de recevoir quelque chose de l'extérieur. Quand les gens recherchent l'abondance, il est presque inévitable qu'ils soient dans un état où ils ont besoin de recevoir. Ils doivent trouver un moyen de faire en sorte que l'univers leur donne ce qu'ils veulent.

L'univers est un miroir. Donc si ce que vous projetez dans le miroir est un manque, le miroir vous renverra un état de manque. Si ce que vous projetez dans le miroir est un état d'abondance et une volonté de donner, alors l'univers vous renverra l'abondance par laquelle l'univers et les autres personnes vous donneront. Cela a été expliqué par Jésus quand il a dit : « *Car à celui qui a, on lui donnera, et il sera dans l'abondance ; mais à celui qui n'a pas, on lui enlèvera même ce qu'il a* » (Matthieu 13.12).

Vous ne pouvez pas manifester l'abondance tant que vous êtes dans un état de conscience qui vous fait vous sentir démuni. Vous ne pouvez pas avoir l'abondance tant que vous êtes dans un état de manque. Si vous envoyez du vide dans le miroir cosmique, qu'est-ce que le miroir peut refléter sinon plus de vide ? La seule façon de recevoir l'abondance est de projeter l'abondance dans le miroir cosmique, et, pour ce faire, vous devez changer votre état d'esprit afin de ne plus vous sentir démuni. Vous devez surmonter la tendance à vous accrocher à ce que vous avez en ayant peur de donner le peu que vous pensez avoir. Vous devez vous mettre dans un état d'abondance où vous êtes prêt à donner. *Avant de pouvoir recevoir, vous devez être prêt à donner.*

Vous devez être prêt à donner ce que vous avez avant de pouvoir en recevoir davantage. C'est le principe que Jésus a expliqué lorsqu'il a dit que si vous cherchez à sauver votre vie – votre sens mortel de la vie –, vous la perdrez (Matthieu 16.25). Si vous êtes prêt à perdre votre vie – vos attachements à un sens limité de la vie – pour atteindre la conscience du Christ, vous trouverez la vie abondante et la vie éternelle. Si vous cherchez à vous accrocher à ce que vous avez, vous projetterez un état de manque dans le miroir cosmique et l'univers vous le reflétera. La seule façon de changer cela est que vous devez abandonner votre sentiment limité d'identité. Vous devez abandonner les attachements que vous avez en ce moment avant que Dieu ne puisse vous en donner davantage.

Permettez-moi de présenter cette idée sous un autre angle. Beaucoup de gens pensent que ce qu'ils veulent, c'est l'abondance, et les forces de ce monde les ont programmés pour penser qu'ils doivent la recevoir du monde matériel. En réalité, ce que les gens veulent, c'est la plénitude, et cela ne peut être trouvé que dans la sphère du soi. Lorsque vous allez à l'intérieur et cherchez d'abord le royaume de Dieu et sa justice – le bon usage de vos facultés créatrices –, vous recevrez la vie abondante directement de Dieu (Matthieu 6.33). Vous rayonnerez alors la conscience de l'abondance, et le miroir cosmique vous la reflétera inévitablement sous la forme d'une abondance matérielle – si c'est ce que vous désirez vraiment. Tant que vous croyez que vous avez besoin de quelque chose d'extérieur à vous-même, vous ne pouvez pas atteindre la vraie plénitude. Le miroir cosmique ne peut que vous renvoyer le sentiment de manque.

✳✳✳

Quand je parle de donner, je ne parle pas nécessairement de donner vos biens matériels. Je parle principalement d'abandonner votre sentiment mortel et limité d'identité, le sentiment que vous êtes séparé du flux infini d'abondance de Dieu. Vous devez abandonner vos attachements émotionnels aux choses de ce monde parce qu'ils vous donnent l'impression que vous ne pourriez pas être entier sans les choses de ce monde. C'est le principe de la croissance dont j'ai déjà parlé. La croissance est, de par sa nature même, un processus de transcendance de soi. Lorsque vous grandissez, vous devenez plus. Avant de pouvoir grandir, vous devez être prêt à abandonner votre image mentale actuelle.

Avant de pouvoir recevoir l'abondance de Dieu, vous devez être prêt à abandonner votre état actuel de manque. La seule façon d'abandonner l'état de manque et le sentiment que vous n'en avez pas assez est d'être prêt à abandonner ce que vous avez. La seule façon de recevoir un plus grand sens de la vie est que vous devez être prêt à abandonner votre sens limité de la vie. Vous devez être prêt à surmonter vos attachements à ce que vous avez, à être prêt à perdre ce sens limité de la vie, tout cela afin de recevoir un plus grand sens de la vie : le sens de la vie qui projettera une image plus abondante dans le miroir cosmique.

Il existe une loi spirituelle qui stipule que tout ce que vous projetez dans le miroir cosmique, grâce au pouvoir de votre esprit, vous sera renvoyé sous la forme de conditions physiques dans votre vie. Si vous changez d'avis et ne vous concentrez plus sur le manque afin de vous concentrer sur l'abondance, l'univers réagira en conséquence. Afin de prouver cette loi, vous devez être prêt à abandonner votre sentiment actuel de limitation et à adopter un sentiment d'abondance. Vous devez alors avoir confiance qu'à l'avenir l'univers vous donnera des conditions qui reflètent votre nouvel état d'esprit. Vous devez être prêt à donner sans avoir la certitude, de preuve matérielle, que vous recevrez votre juste rétribution. La raison en est que la récompense mettra un certain temps à vous venir.

Au moment où vous donnez, il peut n'y avoir aucune preuve physique que vous recevrez également. Vous devez donner avec foi et vous devez être prêt à garder cette foi jusqu'à ce que la récompense se manifeste physiquement. La loi de Dieu fonctionne, la loi de Dieu est infaillible. En effet, la loi de Dieu agit en vous retournant tout ce que vous envoyez. Si vous avez foi en la loi – si vous avez la foi que tout ce que vous donnez vous reviendra multiplié –, vous prouverez la loi. Vous le ferez en gardant la foi que vous recevrez éventuellement votre juste récompense. Si vous doutez de la loi, ou si vous ne gardez pas la foi jusqu'à ce que des résultats physiques se manifestent, vous prouverez également la loi. Vous prouverez que le sentiment de lutte produit la lutte.

***

Vous êtes conçu pour être un cocréateur avec Dieu, vous êtes conçu pour avoir la lumière de Dieu et pour recevoir l'abondance de Dieu coulant à travers vous. C'est le principe expliqué par Jésus lorsqu'il a dit : « *Vous avez reçu gratuitement, donnez gratuitement* » (Matthieu 10.8). Afin de manifester l'abondance dans votre vie, vous devez arriver à vous voir comme un soleil qui irradie constamment une abondance de lumière spirituelle provenant de l'approvisionnement inépuisable de Dieu.

Si vous savez que vous avez accès à une quantité infinie de lumière de Dieu, pourquoi auriez-vous peur de donner de cette lumière (sous la sage direction de votre Soi christique afin que vous ne jetiez pas vos perles devant les porcs) ? Vous devez élargir votre conscience afin de savoir que vous recevez gratuitement la lumière de Dieu et qu'ensuite vous pouvez gratuitement la donner à d'autres personnes. Ce n'est que lorsque vous donnez gratuitement ce que vous avez que vous pouvez recevoir gratuitement encore plus.

Le problème est, bien sûr, qu'actuellement vous n'expérimentez pas le fait de recevoir la lumière spirituelle de Dieu. La raison en est que vous en êtes venu à vous identifier au moi mortel, et que le moi mortel ne peut pas ressentir le flux de l'abondance de Dieu. C'est là que se trouve la pierre d'achoppement : *le moi mortel ne peut jamais prouver que la loi de Dieu fonctionne.* Afin de prouver cette loi, vous devez commencer le processus de vous séparer du moi mortel. Afin de commencer ce processus, vous devez être prêt à expérimenter même si vous n'avez aucune preuve que votre expérience fonctionnera.

Vous devez être prêt à donner même si vous n'avez aucune preuve que vous recevrez. Vous devez être prêt à passer à l'étape suivante même si vous ne savez pas où cela vous mènera. Afin de manifester l'abondance dans votre vie, vous devez apprendre à utiliser les lois spirituelles supérieures qui sont au-delà des lois matérielles. Votre moi mortel ne peut pas utiliser ni même reconnaître ces lois. Vous devez être disposé à aller au-delà du moi mortel, et vous devez continuer à atteindre cet esprit christique supérieur même si vous ne voyez pas de résultats pendant un certain temps.

Tant de gens ont commencé à utiliser une technique pour atteindre l'abondance ou la croissance spirituelle. Ils se sont découragés et ils ont cessé de le faire juste avant d'être prêts à obtenir des résultats. C'est pourquoi il est si essentiel pour vous de comprendre les quatre niveaux de l'univers matériel et comment les causes que vous mettez en mouvement doivent parcourir ces niveaux avant que vous puissiez constater des résultats physiques.

C'est cette compréhension que je vais vous donner dans les chapitres suivants, et j'espère qu'elle vous permettra de construire
une foi basée sur la compréhension de l'esprit du Christ, et donc
au-delà de la compréhension du moi mortel.

Lorsque vous avez cette foi, vous devenez disposé à faire le
premier pas vers la vie abondante, et vous continuerez à faire un
pas à la fois jusqu'à ce que vous manifestiez cette vie abondante
dans votre expérience de vie. Suivez-moi, et je vous donnerai une
compréhension plus profonde des quatre niveaux de l'univers
matériel en vous expliquant comment tout, dans le monde de la
matière, a commencé comme une idée et une image mentale dans
un royaume supérieur.

14. J'invoque la foi fondée sur la connaissance

Au nom de JE SUIS CE QUE JE SUIS, de Jésus-Christ, j'appelle Dame Vénus, Mère Marie et toutes les représentantes de la Mère divine. Aidez-moi à surmonter mes doutes et à développer la foi fondée sur la connaissance intérieure. Aidez-moi à accepter mes pouvoirs créateurs et à prendre conscience des facteurs qui bloquent le flux de ma créativité donnée par Dieu.

Aidez-moi aussi... *(ajouter vos demandes personnelles).*

I. Je change mon approche de la vie

1. Je transcende la tendance à attendre certaines conditions extérieures avant d'agir, avant de me changer, avant d'abandonner une partie de mon moi mortel.

Ô Vénus, aide-moi à servir,
J'observe ta beauté cosmique.
Tu apportes l'amour de Vénus,
Et nos planètes chantent en duo.

Ô Vénus, le symbole cosmique
De l'amour divin pour la Terre,
Ton service désintéressé
M'inspire une vie de service.

2. Je transcende le besoin de sécurité ultime de l'ego et son désir de créer l'illusion de sécurité en contrôlant chaque aspect de ma vie.

Ô Vénus, l'amour est la clé
Qui libère les cœurs endurcis.
L'avenir de notre planète
Sera radieux et audacieux.

Ô Vénus, le symbole cosmique
De l'amour divin pour la Terre,

Ton service désintéressé
M'inspire une vie de service.

3. La seule et ultime source de la véritable plénitude est que mon Soi conscient s'identifie à ma Présence JE SUIS et suive le courant du Fleuve de Vie.

Ô Vénus, ma Mère si aimante,
Ton amour s'affine dans mon cœur.
Porte ouverte je suis pour l'amour
Qui descend comme la Sainte-Colombe.

Ô Vénus, le symbole cosmique
De l'amour divin pour la Terre,
Ton service désintéressé
M'inspire une vie de service.

4. La véritable clé de la plénitude est d'être dans le Fleuve de Vie, qui est l'auto-transcendance constante. Je suis vraiment entier parce que je me transcende constamment et je deviens constamment plus. C'est la joie de vivre, c'est la vraie plénitude !

Ô Vénus, joue la note secrète
Qui est l'antidote de la haine !
Guéris en douceur tous les cœurs
Avec ton véritable amour !

Ô Vénus, le symbole cosmique
De l'amour divin pour la Terre,
Ton service désintéressé
M'inspire une vie de service.

5. Je vois que mon moi mortel est programmé pour faire tout ce qu'il peut pour m'empêcher de me transcender et d'aller au-delà de la boîte mentale définie par ses croyances dualistes.

Ô Vénus, comme semence de Dieu,
L'amour comble tous les besoins,
Entoure la Terre avec l'amour,
Qu'il grandisse et s'épanouisse !

**Ô Vénus, le symbole cosmique
De l'amour divin pour la Terre,
Ton service désintéressé
M'inspire une vie de service.**

6. Je transcende le mensonge selon lequel la perfection signifie le statu quo. Je transcende la peur de la croissance et la peur du changement. L'essence de la vie est la croissance, c'est-à-dire la transcendance de soi.

Ô Vénus, ceux qui vénèrent Dieu
Entendent ta musique des sphères.
Nous chantons avec une seule voix
Plein de louanges d'adoration.

**Ô Vénus, le symbole cosmique
De l'amour divin pour la Terre,
Ton service désintéressé
M'inspire une vie de service.**

7. Je vois que mon moi mortel est dans une quête impossible de chercher à créer la plénitude en contrôlant le monde qui m'entoure. Je renonce maintenant à toute peur de perdre.

Ô Vénus, nous te remercions
Ainsi que Sanat Kumara.
Grâce à vous, notre planète revit,
Et s'élève au-dessus des guerres.

**Ô Vénus, le symbole cosmique
De l'amour divin pour la Terre,
Ton service désintéressé
M'inspire une vie de service.**

8. Je vois que mon approche actuelle n'a pas produit la vie abondante, et donc la seule possibilité réaliste de manifester l'abondance est de changer mon approche de la vie. Je suis prêt à changer mon approche.

Ô Vénus, ta douce mélodie
Consume le voile de dualité.

Grâce à ton amour cosmique,
Nous surmontons tous les conflits.

**Ô Vénus, le symbole cosmique
De l'amour divin pour la Terre,
Ton service désintéressé
M'inspire une vie de service.**

9. Le principe essentiel pour manifester l'abondance est que, si ma vie doit changer, je dois d'abord me changer. Je suis prêt à commencer par me transformer. Je fais le premier pas en changeant ma conscience et en changeant mon approche de la vie.

Ô Vénus, étoile du matin,
Tu es un messager cosmique.
Libérée par le son sacré,
La Terre peut faire son ascension.

**Ô Vénus, le symbole cosmique
De l'amour divin pour la Terre,
Ton service désintéressé
M'inspire une vie de service.**

II. Je suis dans la conscience de l'abondance

1. Je suis prêt à abandonner une partie de mon sentiment d'identité actuel. Je suis prêt à abandonner les croyances dualistes de mon moi mortel, celles qui me maintiennent piégé dans une prison de limitations et un sentiment de manque.

Ô Vénus, aide-moi à servir,
J'observe ta beauté cosmique.
Tu apportes l'amour de Vénus,
Et nos planètes chantent en duo.

**Ô Vénus, le symbole cosmique
De l'amour divin pour la Terre,
Ton service désintéressé
M'inspire une vie de service.**

2. Je vois le principe de base de la croissance et je suis prêt à laisser mourir mon sentiment actuel d'identité afin de pouvoir renaître dans un nouveau sentiment élargi d'identité.

Ô Vénus, l'amour est la clé
Qui libère les cœurs endurcis.
L'avenir de notre planète
Sera radieux et audacieux.

Ô Vénus, le symbole cosmique
De l'amour divin pour la Terre,
Ton service désintéressé
M'inspire une vie de service.

3. Je vois que je ne peux pas entrer dans un nouveau sentiment d'identité tant que je ne suis pas prêt à laisser mourir l'ancien sens du soi. Je suis prêt à abandonner mes limitations parce que je sais que je dois donner avant de pouvoir recevoir.

Ô Vénus, ma Mère si aimante,
Ton amour s'affine dans mon cœur.
Porte ouverte je suis pour l'amour
Qui descend comme la Sainte-Colombe.

Ô Vénus, le symbole cosmique
De l'amour divin pour la Terre,
Ton service désintéressé
M'inspire une vie de service.

4. J'abandonne la tendance de l'ego à penser que j'ai besoin d'attendre certaines conditions extérieures avant de donner. Je sais que le miroir cosmique ne peut que me refléter ce que j'envoie, et je projette la conscience d'abondance.

Ô Vénus, joue la note secrète
Qui est l'antidote de la haine !
Guéris en douceur tous les cœurs
Avec ton véritable amour !

Ô Vénus, le symbole cosmique
De l'amour divin pour la Terre,

Ton service désintéressé
M'inspire une vie de service.

5. J'abandonne la croyance que mon bonheur dépend entièrement de conditions extérieures. Le bonheur est un sentiment qui prend place à l'intérieur de ma sphère du soi. Je prends le contrôle de ma sphère du soi.

Ô Vénus, comme semence de Dieu,
L'amour comble tous les besoins,
Entoure la Terre avec l'amour,
Qu'il grandisse et s'épanouisse !

Ô Vénus, le symbole cosmique
De l'amour divin pour la Terre,
Ton service désintéressé
M'inspire une vie de service.

6. Je produis le bonheur à partir de ma sphère du soi. J'abandonne l'illusion dualiste que mon bonheur dépend de quelque chose en dehors de ma sphère du soi.

Ô Vénus, ceux qui vénèrent Dieu
Entendent ta musique des sphères.
Nous chantons avec une seule voix
Plein de louanges d'adoration.

Ô Vénus, le symbole cosmique
De l'amour divin pour la Terre,
Ton service désintéressé
M'inspire une vie de service.

7. J'abandonne la croyance dualiste que je vis dans un univers avec une abondance limitée et que je ne peux atteindre l'abondance qu'en la prenant aux autres. Je vois pourquoi cette croyance s'autorenforce.

Ô Vénus, nous te remercions
Ainsi que Sanat Kumara.
Grâce à vous, notre planète revit,
Et s'élève au-dessus des guerres.

Ô Vénus, le symbole cosmique
De l'amour divin pour la Terre,
Ton service désintéressé
M'inspire une vie de service.

8. Je brise l'emprise de l'identification au moi mortel et à ses croyances dualistes. Je laisse mourir le sens du soi que j'ai construit à partir de cette identification au moi mortel. Je renais dans un sentiment d'identité abondant.

Ô Vénus, ta douce mélodie
Consume le voile de dualité.
Grâce à ton amour cosmique,
Nous surmontons tous les conflits.

Ô Vénus, le symbole cosmique
De l'amour divin pour la Terre,
Ton service désintéressé
M'inspire une vie de service.

9. Avant de pouvoir avoir quelque chose de mieux, je dois abandonner ce que j'ai en ce moment. J'ai une connaissance intérieure qui dépasse l'entendement, j'ai la foi que les lois de Dieu fonctionnent vraiment et que lorsque, je cherche d'abord la conscience du Christ, tout le reste me sera donné par-dessus.

Ô Vénus, étoile du matin,
Tu es un messager cosmique.
Libérée par le son sacré,
La Terre peut faire son ascension.

Ô Vénus, le symbole cosmique
De l'amour divin pour la Terre,
Ton service désintéressé
M'inspire une vie de service.

III. Ma foi est fondée sur la connaissance

1. J'accepte pleinement que j'ai ce dont j'ai besoin en ce moment pour me transcender. Ce dont j'ai besoin pour rétablir ma plénitude ne peut être trouvé qu'à l'intérieur de ma sphère du soi.

Ô Vénus, aide-moi à servir,
J'observe ta beauté cosmique.
Tu apportes l'amour de Vénus,
Et nos planètes chantent en duo.

Ô Vénus, le symbole cosmique
De l'amour divin pour la Terre,
Ton service désintéressé
M'inspire une vie de service.

2. Je suis une extension d'un être spirituel plus grand, à savoir ma Présence JE SUIS, qui fait partie d'une lignée, d'une hiérarchie d'êtres spirituels qui remonte jusqu'à mon Créateur.

Ô Vénus, l'amour est la clé
Qui libère les cœurs endurcis.
L'avenir de notre planète
Sera radieux et audacieux.

Ô Vénus, le symbole cosmique
De l'amour divin pour la Terre,
Ton service désintéressé
M'inspire une vie de service.

3. J'établis un sentiment d'unité avec mon Créateur en allant dans ma sphère du soi et en trouvant ce qui est déjà là, ce qui a toujours été là, mais qui est recouvert par le voile d'illusions créées par mon moi mortel.

Ô Vénus, ma Mère si aimante,
Ton amour s'affine dans mon cœur.
Porte ouverte je suis pour l'amour
Qui descend comme la Sainte-Colombe.

Ô Vénus, le symbole cosmique
De l'amour divin pour la Terre,
Ton service désintéressé
M'inspire une vie de service.

4. Au-delà de la loi naturelle se trouve un ensemble supérieur de lois. Avec la conscience du Christ, j'utilise les lois spirituelles pour

contourner les lois matérielles. J'accepte le concept du pouvoir de l'esprit sur la matière. L'esprit du Christ me donne la véritable maîtrise de la matière.

Ô Vénus, joue la note secrète
Qui est l'antidote de la haine !
Guéris en douceur tous les cœurs
Avec ton véritable amour !

Ô Vénus, le symbole cosmique
De l'amour divin pour la Terre,
Ton service désintéressé
M'inspire une vie de service.

5. Cette maîtrise de la matière n'est pas un concept hors de portée, c'est le plan du Créateur pour moi. Je suis prêt à apprendre comment manifester instantanément mes images mentales avec la lumière Mater sans facteur de retard.

Ô Vénus, comme semence de Dieu,
L'amour comble tous les besoins,
Entoure la Terre avec l'amour,
Qu'il grandisse et s'épanouisse !

Ô Vénus, le symbole cosmique
De l'amour divin pour la Terre,
Ton service désintéressé
M'inspire une vie de service.

6. Je suis prêt à faire le premier pas sans attendre un résultat immédiat à mes efforts. J'aborde la vie comme un voyage. Je suis prêt à continuer à faire un pas à la fois jusqu'à ce que je voie les résultats réels de mes efforts.

Ô Vénus, ceux qui vénèrent Dieu
Entendent ta musique des sphères.
Nous chantons avec une seule voix
Plein de louanges d'adoration.

Ô Vénus, le symbole cosmique
De l'amour divin pour la Terre,

**Ton service désintéressé
M'inspire une vie de service.**

7. J'abandonne l'illusion serpentine que j'ai droit à une gratification instantanée. Je sais que mon doute sur l'efficacité d'une technique va miner l'efficacité de la technique. Si je doute qu'une technique fonctionne, alors la technique ne fonctionnera pas pour moi.

Ô Vénus, nous te remercions
Ainsi que Sanat Kumara.
Grâce à vous, notre planète revit,
Et s'élève au-dessus des guerres.

**Ô Vénus, le symbole cosmique
De l'amour divin pour la Terre,
Ton service désintéressé
M'inspire une vie de service.**

8. J'accepte d'avoir effectivement, à l'intérieur de ma sphère du soi, tout ce dont j'ai besoin pour manifester la vie abondante, pour grandir spirituellement et atteindre mon salut ultime.

Ô Vénus, ta douce mélodie
Consume le voile de dualité.
Grâce à ton amour cosmique,
Nous surmontons tous les conflits.

**Ô Vénus, le symbole cosmique
De l'amour divin pour la Terre,
Ton service désintéressé
M'inspire une vie de service.**

9. J'applique ce que j'ai en toute foi, une vraie foi fondée sur la connaissance et la compréhension. Lorsque j'applique ce que j'ai avec une foi totale, le miroir cosmique me reflétera ce que j'accepte déjà comme une réalité manifestée.

Ô Vénus, étoile du matin,
Tu es un messager cosmique.
Libérée par le son sacré,
La Terre peut faire son ascension.

Ô Vénus, le symbole cosmique
De l'amour divin pour la Terre,
Ton service désintéressé
M'inspire une vie de service.

IV. Je prouve la loi du retour

1. La clé essentielle pour manifester l'abondance est que je dois commencer à rayonner l'abondance. La clé essentielle pour recevoir l'abondance de Dieu est d'abord d'abandonner tous les attachements que j'ai dans ce monde.

Ô Vénus, aide-moi à servir,
J'observe ta beauté cosmique.
Tu apportes l'amour de Vénus,
Et nos planètes chantent en duo.

Ô Vénus, le symbole cosmique
De l'amour divin pour la Terre,
Ton service désintéressé
M'inspire une vie de service.

2. J'abandonne l'illusion que, pour avoir l'abondance, j'ai besoin de recevoir quelque chose de l'extérieur. Je renonce à toutes les tentatives pour forcer l'univers à me donner ce que je veux.

Ô Vénus, l'amour est la clé
Qui libère les cœurs endurcis.
L'avenir de notre planète
Sera radieux et audacieux.

Ô Vénus, le symbole cosmique
De l'amour divin pour la Terre,
Ton service désintéressé
M'inspire une vie de service.

3. L'univers est un miroir. Si je projette dans le miroir un manque, le miroir me renverra un état de manque. Je projette dans le miroir un état d'abondance et une volonté de donner, et l'univers me renvoie l'abondance.

Ô Vénus, ma Mère si aimante,
Ton amour s'affine dans mon cœur.
Porte ouverte je suis pour l'amour
Qui descend comme la Sainte-Colombe.

Ô Vénus, le symbole cosmique
De l'amour divin pour la Terre,
Ton service désintéressé
M'inspire une vie de service.

4. Je ne peux pas manifester l'abondance tant que je suis dans un état de conscience qui me fait me sentir démuni. Je ne peux pas avoir l'abondance tant que je suis dans un état de manque.

Ô Vénus, joue la note secrète
Qui est l'antidote de la haine !
Guéris en douceur tous les cœurs
Avec ton véritable amour !

Ô Vénus, le symbole cosmique
De l'amour divin pour la Terre,
Ton service désintéressé
M'inspire une vie de service.

5. J'abandonne l'état d'esprit de me sentir démuni. Je reçois l'abondance parce que je projette l'abondance dans le miroir cosmique.

Ô Vénus, comme semence de Dieu,
L'amour comble tous les besoins,
Entoure la Terre avec l'amour,
Qu'il grandisse et s'épanouisse !

Ô Vénus, le symbole cosmique
De l'amour divin pour la Terre,
Ton service désintéressé
M'inspire une vie de service.

6. J'abandonne la tendance à m'accrocher à ce que j'ai. J'abandonne toute peur de donner ce que j'ai. Je suis dans un état d'abondance et je suis prêt à donner.

Ô Vénus, ceux qui vénèrent Dieu
Entendent ta musique des sphères.
Nous chantons avec une seule voix
Plein de louanges d'adoration.

Ô Vénus, le symbole cosmique
De l'amour divin pour la Terre,
Ton service désintéressé
M'inspire une vie de service.

7. Avant de pouvoir recevoir, je dois être prêt à donner. Je suis prêt à donner de ce que j'ai et je reçois plus.

Ô Vénus, nous te remercions
Ainsi que Sanat Kumara.
Grâce à vous, notre planète revit,
Et s'élève au-dessus des guerres.

Ô Vénus, le symbole cosmique
De l'amour divin pour la Terre,
Ton service désintéressé
M'inspire une vie de service.

8. J'ai foi en la loi. Je sais que tout ce que je donne me reviendra multiplié. Je finirai par recevoir ma juste récompense. Je prouve la loi.

Ô Vénus, ta douce mélodie
Consume le voile de dualité.
Grâce à ton amour cosmique,
Nous surmontons tous les conflits.

Ô Vénus, le symbole cosmique
De l'amour divin pour la Terre,
Ton service désintéressé
M'inspire une vie de service.

9. Je suis un soleil qui rayonne constamment une abondance de lumière spirituelle à partir de la source inépuisable de Dieu.

Ô Vénus, étoile du matin,
Tu es un messager cosmique.
Libérée par le son sacré,
La Terre peut faire son ascension.

**Ô Vénus, le symbole cosmique
De l'amour divin pour la Terre,
Ton service désintéressé
M'inspire une vie de service.**

Sceau final :

Au nom de la Mère divine, je demande à Dame Vénus et à Mère Marie de me sceller, ainsi que toutes les personnes de mon cercle d'influence, dans le flux créateur de la Mère divine, le Fleuve de Vie. Je demande la multiplication de mes appels par toutes les représentantes de la Mère divine afin que nous formions le flux parfait en huit de « comme en haut, ainsi en bas ». J'accepte donc que cela soit pleinement manifesté parce que la bouche du Seigneur, la Mère divine que JE SUIS, l'a prononcé. Amen.

15. Maîtriser les quatre niveaux de l'univers

Tout est fait à partir de la lumière Mater. Votre Créateur a créé la lumière Mater et cette lumière a été utilisée pour créer des sphères dans des sphères, des mondes dans des mondes, qui s'étendent du plus haut niveau de la création de Dieu jusqu'à l'univers matériel. À chaque création successive d'une sphère, la lumière Mater a été abaissée en vibration à un spectre différent de fréquences. Dans chaque sphère, il y a également différentes couches de fréquences.

L'univers matériel est fait de lumière spirituelle dont la vibration a été abaissée à un certain spectre de fréquences. Dans le spectre matériel de fréquences, il existe quatre niveaux différents de vibrations. Les couleurs de l'arc-en-ciel sont faites de lumière de différentes couleurs. Les rayons lumineux ont des couleurs différentes car ils vibrent à des fréquences différentes. Il y a quatre niveaux de fréquences qui composent l'univers matériel. Lorsque la lumière spirituelle est abaissée en vibration, elle entre d'abord dans le spectre le plus élevé du royaume matériel où elle prend une certaine forme. Au fur et à mesure que la lumière traverse chaque niveau suivant, elle prend une forme plus dense jusqu'à ce qu'elle prenne finalement la forme la plus dense qui peut être détectée par vos sens physiques.

Les quatre niveaux de l'univers matériel correspondent à quatre sphères, ou corps, qui forment ensemble l'univers entier. L'univers physique qui peut être détecté par vos sens et les instruments scientifiques faits de matière n'est que la pointe de l'iceberg. C'est le plus bas des quatre domaines en termes de vibration, ce qui signifie que ce qui se manifeste dans le domaine matériel est le produit de causes mises en mouvement dans les domaines supérieurs. Il y a vraiment, comme l'a dit Shakespeare, plus entre le ciel et la terre, et ce plus se trouve dans les trois autres niveaux de l'univers matériel.

***

Cette vérité est connue depuis des milliers d'années. Elle était connue des anciens Égyptiens et Grecs, elle était connue par Jésus qui l'a enseigné à ses disciples quand il leur a donné les enseignements les plus avancés qu'il ne pouvait pas donner au public (Marc 4.34). Elle fut connue plus tard par les alchimistes médiévaux et les mystiques chrétiens qui pratiquèrent leur version spirituelle du christianisme à l'écart de l'Église officielle.

Malheureusement, la science moderne s'est moquée de ses propres racines, à savoir les alchimistes, qui ont parlé des quatre éléments, qu'ils ont appelés feu, air, eau et terre, et du cinquième élément, nommé éther, qui représente le royaume spirituel. La science a fait de nombreuses découvertes qui affirment, en fait, l'existence de ces quatre niveaux de l'univers matériel, mais, jusqu'à présent, personne n'a fait le lien ni révélé les parallèles entre la physique, surtout la physique quantique, et les enseignements des anciens.

Je vais encore une fois vous donner une image linéaire d'une réalité qui n'est pas aussi linéaire que votre esprit extérieur le souhaiterait. Je vous demande de garder à l'esprit qu'il y a plus à comprendre et que ce que je vous donne est une image un peu simplifiée. Le fait qu'il y ait quatre niveaux dans l'univers matériel donne une perspective à la fois universelle et personnelle. Il y a quatre niveaux de l'univers dans son ensemble et il y a quatre niveaux de votre propre être, c'est-à-dire la partie inférieure de votre sphère du soi. La partie de votre être qui est conçue pour exprimer votre créativité dans l'univers matériel a quatre corps, et votre corps physique n'est que la pointe de l'iceberg.

Pour vous faire une image, vous pourriez imaginer que votre corps physique est entouré d'un champ d'énergie invisible, tout comme un aimant est entouré d'un champ magnétique. Ce champ d'énergie a trois niveaux distincts, correspondant aux trois niveaux de votre être qui sont au-dessus du corps physique en vibration. L'existence d'un tel champ d'énergie autour du corps est connue depuis des milliers d'années. La science ancienne de l'acupuncture est basée sur ce champ d'énergie, et aujourd'hui certains appareils photos numériques peuvent réellement le rendre visible sur un écran d'ordinateur. À l'avenir, la science médicale apprendra à utiliser cette technologie pour diagnostiquer et prévenir les maladies avant qu'elles ne se manifestent dans le corps physique.

Votre corps physique ne produit pas ce champ énergétique. Au lieu de cela, il serait plus correct de dire que le champ énergétique produit le corps physique. Le corps n'est que la pointe de l'iceberg de votre champ énergétique total. C'est cette partie de votre être inférieur qui vibre dans le spectre de fréquences qui peut être détecté par vos sens physiques et la plupart des instruments scientifiques. Votre corps physique est une représentation – dans le spectre de fréquences qui compose la matière physique – des images contenues dans vos trois corps supérieurs.

Imaginons que nous sommes au niveau inférieur du royaume spirituel et que nous sommes sur le point de franchir une barrière invisible et de voyager dans l'univers matériel. Alors que nous traversons cette barrière, nous entrons maintenant dans le plus haut niveau du royaume matériel. C'est ce que les anciens appelaient l'élément *feu*. Certains enseignements spirituels l'appellent le niveau éthérique, ou le plan éthérique, certains l'appellent le corps de mémoire.

Je l'appellerais le *domaine identitaire* ou le *corps identitaire*. À ce niveau de l'univers matériel, les énergies sont encore d'une vibration assez élevée, ce qui signifie qu'elles sont très fluides, qu'elles ne sont pas aussi denses que ce que vous détectez avec vos sens physiques. Plus les énergies sont fluides, plus il est facile de changer les images et les formes-pensées qui se trouvent à ce niveau. Plus les vibrations sont élevées, plus il est facile de changer les formes prises par la lumière Mater.

Le corps identitaire est l'endroit où se trouve votre sentiment personnel d'identité. C'est au niveau identitaire que se loge le sentiment collectif d'identité créé par l'humanité. C'est aussi à ce niveau que se trouve la vision inférieure qui crée toutes les conditions sur la planète Terre. Vous avez un corps identitaire au niveau personnel et c'est le siège de votre sentiment d'identité, votre sentiment de qui vous êtes. Le corps identitaire contient également votre vision de base du monde, ce que certaines personnes appellent vos paradigmes, à savoir les croyances fondamentales que vous remettez rarement en question.

Ce corps identitaire forme le niveau le plus élevé de la partie inférieure de votre sphère du soi, la partie inférieure du chiffre huit. Vos quatre corps inférieurs forment un véhicule qui a été créé afin de vous permettre de vous exprimer dans l'univers matériel. Votre corps identitaire forme le niveau le plus élevé de ce véhicule. Chaque aspect de votre corps identitaire est conçu pour faciliter l'expression de vos capacités créatrices et de votre identité divine dans l'univers matériel. Votre corps identitaire est conçu pour être le pont ou la passerelle entre le royaume spirituel et le royaume matériel. Ce n'est qu'à travers votre corps identitaire que vous pouvez maintenir une connexion avec la partie supérieure de votre être, à savoir votre Présence JE SUIS, qui réside en permanence dans le royaume spirituel et ne peut pas descendre dans les énergies plus denses de l'univers matériel.

Même si je l'appelle votre corps identitaire, votre identité est plus que les images détenues dans votre corps identitaire. Vous êtes bien plus que les images de vous-même accumulées dans votre corps identitaire. Le Soi conscient n'est pas piégé dans votre corps identitaire et peut en effet aller au-delà pour s'identifier à votre Présence JE SUIS. Le Soi conscient n'a besoin du corps identitaire que pour s'exprimer dans le monde matériel. Les images de vous-même conservées dans le corps identitaire sont vraiment des images qui se rapportent à la façon dont le Soi conscient peut s'exprimer dans le royaume matériel. Le sentiment d'identité dans votre corps identitaire se rapporte à l'univers matériel.

Si vous avez un sentiment d'identité complètement pur, les images de votre corps identitaire seront le reflet de votre identité spirituelle qui est ancrée dans votre Présence JE SUIS. Vous vous verrez alors comme un être spirituel immortel qui s'exprime dans le royaume matériel à travers un véhicule inférieur temporaire.

Vous vous verrez comme un être infini, s'exprimant à travers une identité individualisée et limitée qui se concentre dans et autour d'un corps physique sur une planète spécifique, appelée Terre. Vous saurez toujours que vous êtes plus que cette identité, et cela est important afin d'éviter de rester piégé dans le sentiment inférieur d'identité qui se rapporte à l'univers matériel, à la planète Terre et à votre corps physique.

Si votre corps identitaire est pur, vous saurez toujours que vous êtes plus que les quatre corps inférieurs. Si votre corps identitaire est pollué par des images dualistes, une partie de votre moi mortel occupera ce niveau de votre être et commencera à influencer la façon dont vous vous voyez. Parce que votre corps identitaire est le niveau le plus élevé de votre être inférieur, votre sentiment d'identité affectera tout ce qui se passe aux niveaux inférieurs.

Le philosophe grec Platon parlait d'un monde de formes idéales. Ce sont des formes géométriques pures qui sont les éléments de base de tout l'univers. Ce dont il parlait était le domaine éthérique, ou identitaire, dans sa forme la plus pure. Au niveau le plus élevé du domaine identitaire, vous trouvez les formes géométriques pures qui ont été conçues dans un royaume supérieur, dans l'esprit universel du Christ. Ces formes géométriques ont été conçues pour former les blocs de construction qui donneraient aux cocréateurs de Dieu un cadre sûr pour leur expérimentation du libre arbitre dans le royaume matériel.

Lorsque vous cocréez en utilisant les formes géométriques pures, votre création sera toujours en harmonie avec les lois de Dieu. Vous multiplierez vos pouvoirs créateurs au lieu de les limiter. Vous pouvez utiliser ces formes idéales pour créer individuellement ce qui est en parfaite harmonie avec le Tout, afin que vos efforts créateurs améliorent toute vie sur cette planète et aident ainsi à amener le royaume de Dieu sur Terre. Lorsque les gens ne peuvent plus voir les formes géométriques pures et voient à la place les formes imparfaites générées par l'esprit dualiste, ils commencent à créer de la souffrance et à transformer la vie en lutte.

Je vous ai donné plus haut l'image d'un projecteur de film dans lequel la lumière de l'ampoule brille à travers la pellicule et les images sur la pellicule sont projetées sur l'écran. Votre corps identitaire est comme une pellicule et les images que vous détenez dans votre corps identitaire formeront le premier niveau de votre manifestation dans le royaume matériel. Ce n'est pas le *seul* niveau, mais c'est le *premier,* et il constituera la base de tout ce qui viendra après.

***

Qu'est-ce qui vient après le corps identitaire ? Encore une fois, imaginons que nous voyageons du niveau le plus bas du royaume spirituel pour aller vers l'univers matériel. Ainsi, nous traversons la limite du royaume spirituel puis entrons dans le domaine identitaire et, alors que nous traversons celui-ci, nous arrivons à une autre frontière. Lorsque nous la traversons, nous passons maintenant au niveau suivant qui est ce que les anciens appelaient l'élément *air.* C'est le plan de la pensée, et c'est pourquoi je l'appellerais le *domaine mental* ou le *corps mental.* À ce niveau, vous formulez des concepts spécifiques pour ce que vous voulez faire manifester.

Votre corps identitaire définit les paramètres, le cadre extérieur, de ce que vous pouvez amener à la manifestation. C'est presque comme les fondations d'une maison. Au niveau mental, vous prenez les idées de base et les formes-pensées du corps identitaire et vous les rendez plus spécifiques en définissant les détails. Vous formez des images mentales spécifiques, vous formez un plan plus détaillé que le plan global qui existe dans le corps identitaire. Les énergies du domaine mental ont une vibration inférieure et sont plus denses que les énergies du corps identitaire. Ils ne sont pas aussi fluides, ils ne sont pas aussi faciles à changer que les formes-pensées dans le domaine identitaire. Ils ont plus de structure, plus de forme manifestée, et il faut plus d'efforts pour changer vos pensées que pour changer votre sentiment d'identité.

En allant du domaine mental au domaine suivant, nous entrons dans ce que les anciens appelaient l'élément *eau.* Cela correspond aux sentiments des êtres humains, et je l'appellerais le *domaine émotionnel* ou le *corps émotionnel*. Votre corps émotionnel est l'endroit où vous prenez les plans formés dans le corps mental et vous les dotez d'une énergie qui les met en mouvement. Cela donne à vos plans mentaux le mouvement et la direction dont ils ont besoin pour percer jusqu'au niveau le plus bas et prendre une manifestation physique. Vos pensées seules ne peuvent pas être traduites en action physique car elles ne sont pas mises en mouvement. C'est presque comme une pellicule qui se trouve dans le projecteur, mais qui ne bouge pas de sorte que l'écran affiche une image fixe.

Certaines personnes sont douées pour proposer des idées, mais elles ont tendance à rester assises, à réfléchir tout le temps, à proposer une idée après l'autre sans jamais mettre aucune de leurs idées en action. C'est parce que ces personnes sont concentrées dans le domaine mental et n'ont pas développé la capacité d'amener certaines de leurs idées dans le domaine émotionnel. Ils ne peuvent pas donner à ces idées l'énergie et la poussée nécessaires pour les amener au quatrième niveau, qui est le niveau de la manifestation physique.

Ce niveau est ce que les anciens appelaient l'élément *terre*, et je l'appellerais le *domaine matériel* ou le *corps physique*. C'est dans ce domaine que nous trouvons l'énergie qui s'est manifestée sous forme de matière physique ou d'énergie physique, c'est-à-dire d'une énergie que vous pouvez détecter avec les sens ou utiliser pour produire un travail physique. Un exemple typique d'une telle énergie physique est l'électricité. Dans le royaume matériel vous prenez vos pensées, les chargez avec vos sentiments et les traduisez en action physique.

Nous avons maintenant une image d'un flux d'énergie du royaume spirituel inférieur à travers les quatre niveaux de l'univers matériel. Les conditions qui apparaissent dans le domaine matériel, telles que votre situation personnelle sur cette Terre, n'apparaissent pas de nulle part. Les conditions trouvées dans le domaine matériel sont des effets de causes qui sont mises en mouvement dans les trois niveaux supérieurs. Tout commence comme une idée globale dans le domaine identitaire, se cristallise dans le domaine mental, prend de l'ampleur dans le domaine émotionnel et puis, finalement, prend une forme physique ou se traduit en action physique. L'univers est un miroir qui vous renvoie ce que vous envoyez. Ce que vous envoyez est un produit du contenu de vos quatre corps inférieurs.

Alors que la lumière de Dieu traverse les quatre niveaux de votre esprit, elle prend d'abord les images qui se trouvent dans votre corps identitaire. La lumière se répand ensuite dans votre corps mental où elle prend les images plus spécifiques qui sont représentées dans vos pensées, à savoir les images mentales que vous détenez à ce niveau. Le corps mental forme une autre pellicule à travers laquelle la lumière passe, et les images plus générales et fluides du domaine identitaire prennent maintenant les formes plus spécifiques de vos pensées. Après cela, la lumière coule dans le corps émotionnel qui forme une autre pellicule, et elle prend les désirs contenus dans ce corps.

Votre corps émotionnel est le centre du désir, et on l'appelle le *corps du désir*. Vos désirs ajoutent un sentiment d'urgence à vos pensées, faisant souvent dire aux gens : « Je *dois* avoir ceci. » Cette urgence peut rendre les gens prêts à tout pour obtenir ce qu'ils veulent. Vos désirs précisent les façons dont vous êtes prêt à amener vos pensées dans le monde matériel. Votre corps mental contient tellement de pensées qu'il est impossible d'agir sur elles.

Qu'est-ce qui détermine quelle pensée est mise en action ? Si votre corps émotionnel contient des sentiments négatifs intenses, comme la colère, ils vous feront souvent oublier la prudence. Si vous ne pouvez pas contrôler vos sentiments, comment pouvez-vous espérer contrôler vos actions et ainsi éviter de créer des conséquences désagréables pour vous-même ? Idéalement, vous devriez être capable de choisir votre réponse émotionnelle à n'importe quelle situation afin que des émotions négatives intenses ne puissent pas vous amener à agir contre vos propres intérêts à long terme. Si vous ne pouvez pas choisir vos émotions, vous agirez souvent comme un robot et vous suivrez aveuglément votre programmation émotionnelle.

Considérez la différence que cela ferait sur Terre si la plupart des gens pouvaient comprendre le processus par lequel tout dans l'univers matériel naît et prend la forme spécifique qui est visible aux sens physiques et à l'intellect. Soudain, les gens pourraient commencer à voir au-delà des apparences superficielles les causes profondes derrière les effets qui font de leur vie un combat. Lorsqu'ils commencent à comprendre comment les niveaux supérieurs de leur propre esprit influencent leur situation physique, ils peuvent surmonter le sentiment d'être victimes de forces et de circonstances indépendantes de leur volonté. Au lieu de se sentir submergés ou enfermés par la vie, ils peuvent commencer à se prendre en charge et à changer consciemment leur vie pour le mieux.

***

Il y a deux niveaux dans le processus d'amener les choses à la manifestation physique. Un niveau est représenté par les actions que vous effectuez. Une action physique n'apparaît pas de nulle part ; elle ne prend pas naissance au niveau du corps physique et du cerveau physique. Une action commence dans le corps identitaire, passe par le mental, l'émotionnel, et ce n'est qu'alors qu'elle se traduit en action basée sur les choix que vous faites avec votre esprit conscient. Les options que vous pouvez voir avec votre esprit conscient sont déterminées par le contenu de vos trois corps supérieurs.

Par exemple, si vous vous identifiez comme un être humain mortel qui n'a aucun pouvoir au-delà de votre corps physique, vos pensées se concentreront sur la façon d'utiliser votre corps pour créer l'abondance et vos désirs seront axés sur la satisfaction des besoins du corps. Les options qui s'offrent à votre esprit conscient seront limitées à l'univers matériel, et vous aurez du mal à voir une alternative à un mode de vie centré sur les besoins du corps physique. Vous penserez qu'il n'y a rien de plus dans la vie abondante que la richesse matérielle et les plaisirs corporels.

Ce niveau de vos actions physiques personnelles représente le niveau personnel ou immédiat de vos efforts créateurs, le niveau qui se concentre sur votre corps physique et aboutit à une action entreprise par ce corps, ou plutôt entreprise par vous à travers ce *corps*. Il existe un autre niveau dont la plupart des gens ne sont pas conscients. C'est le niveau impersonnel ou à long terme parce qu'il va au-delà de votre corps actuel, et même de votre vie actuelle. Il ne se traduit pas par une action physique directe, du moins pas par une action consciente. C'est le niveau où votre esprit impose constamment des images à la lumière Mater en envoyant des formes-pensées dans le miroir cosmique. Ces images sont représentées par la lumière Mater sous la forme des circonstances extérieures que vous rencontrez dans la vie.

J'ai dit jusqu'à présent que l'univers est un miroir et que ce que vous envoyez vous sera renvoyé. Nous pourrions maintenant regarder ce processus sous un angle différent et dire que ce qui se passe réellement, c'est que les quatre niveaux de votre esprit imposent des images à la lumière Mater, la lumière qui vibre dans le spectre de fréquences de l'univers matériel. Les images que vous détenez dans votre corps identitaire forment les paramètres extérieurs des formes prises par la lumière Mater. Ces images sont imposées par votre esprit à l'énergie qui vibre dans le spectre de fréquences identitaire.

Ce n'est qu'après que cette énergie a pris la forme des images dans votre corps identitaire qu'elle devient disponible pour vos pensées. C'est lorsque ces images sont imposées à la lumière Mater que la lumière est abaissée en vibration et entre dans le domaine mental. Lorsqu'elle entre dans le domaine mental, elle a déjà pris une certaine forme basée sur votre sentiment d'identité, et vos pensées ne peuvent pas changer cette forme. Vos pensées ne peuvent fonctionner que dans le cadre des paramètres définis au niveau supérieur.

Dans la prochaine étape du processus, les images que vous détenez dans le corps mental cristallisent les images globales du corps identitaire et les rendent plus spécifiques. Encore une fois, cela impose une forme plus dense à l'énergie et abaisse ainsi sa vibration afin qu'elle entre dans le domaine émotionnel. Vos émotions ne peuvent que s'appuyer sur ce qui a été créé au niveau mental et vos émotions n'ont pas le pouvoir de changer vos pensées. Les images et désirs que vous détenez dans le corps émotionnel donnent aux images mentales une direction décisive et l'énergie pour les déplacer dans le domaine matériel. Ces désirs donnent également à vos pensées un sentiment d'urgence, vous faisant sentir que vous devez agir en conséquence sans attendre.

Enfin, la partie de votre esprit qui est centrée dans le domaine matériel rend vos images encore plus spécifiques jusqu'à ce qu'elles se manifestent comme les conditions extérieures auxquelles vous faites face dans la vie. Ce processus n'est pas achevé en une seule vie, et donc les conditions auxquelles vous faites face dans cette vie n'ont pas été produites exclusivement dans cette vie. Ce sont les résultats de causes que vous avez mises en mouvement dans des vies précédentes en envoyant les images mentales qui étaient conservées dans vos quatre corps inférieurs dans ces incarnations.

Votre corps identitaire détermine ce que vous pensez *pouvoir* faire. Par exemple, si vous vous identifiez comme un être humain mortel, vous n'envisagerez que certaines façons de manifester l'abondance. Vos pensées traduisent alors cette vision – ou ce manque de vision – en options plus spécifiques pour ce que vous voulez accomplir. Vos émotions précisent alors les moyens d'atteindre les objectifs fixés aux niveaux supérieurs et elles mettent les choses en mouvement. Au moment où l'énergie atteint l'intellect et l'esprit conscient, elle a déjà pris une forme spécifique et votre esprit conscient a des options limitées pour changer ce qui était « taillé dans la pierre » aux niveaux supérieurs de votre esprit.

C'est pourquoi beaucoup de personnes pensent qu'elles ne peuvent répondre à un certain type de situation que d'une seule manière. Leur réponse à des situations spécifiques – même leur réponse globale à la vie – a été prédéterminée aux niveaux supérieurs de l'esprit. Pensez au nombre de personnes qui se sentent coincées dans des circonstances indépendantes de leur volonté. Elles ont l'impression que leurs options sont limitées et qu'elles ne peuvent aller nulle part. Combien de fois avez-vous entendu des gens dire : « Je n'avais pas d'autre choix » ?

Pourquoi avez-vous si souvent l'impression de ne pas avoir d'autre choix ? La vraie raison est que votre esprit physique ne peut que s'appuyer sur ce qui a déjà été mis en mouvement à des niveaux supérieurs, et c'est pourquoi les gens ont souvent l'impression que leurs options sont limitées. Leurs options ne sont limitées que parce qu'ils ne voient pas au-delà du niveau du mental extérieur. Ils ne voient pas que les options qui s'offrent à leur esprit conscient sont le produit de ce qui s'est passé aux niveaux supérieurs de l'esprit. Ils peuvent changer les options disponibles pour l'intellect en changeant les images qu'ils détiennent dans les esprits supérieurs.

Cela nécessitera une certaine réflexion pour de nombreuses personnes. L'ennemi intérieur et l'ennemi extérieur ne veulent pas que vous sachiez, compreniez et acceptiez ce que je vous dis ici. Ces deux ennemis ont tenté de programmer le Soi conscient en lui faisant croire que vous êtes victime de circonstances indépendantes de votre volonté. Ils veulent que vous croyiez que les conditions extérieures auxquelles vous faites face dans cette vie n'ont pas été produites par vous, n'étaient pas le résultat de choix que vous avez faits dans cette vie ou dans des vies passées. Ils veulent que vous croyiez que vous n'avez aucun contrôle sur vos conditions extérieures, que vous êtes une victime impuissante de forces indépendantes de votre volonté et vous n'avez pas le pouvoir d'influencer les conditions auxquelles vous faites face ici sur Terre.

Ils veulent que vous croyiez en cette illusion, et ils veulent vous garder piégé dans cette illusion pour une période de temps indéfinie. La raison en est que tant que vous croyez que vous êtes victime de forces indépendantes de votre volonté, quelque chose en dehors du Soi conscient contrôle votre vie. Ce qui est en dehors du Soi conscient est, bien sûr, à la fois votre moi mortel et le prince de ce monde. Si vous croyez que quelque chose en dehors du Soi conscient est capable de contrôler votre situation, le moi mortel et le prince de ce monde ont une incursion pour vous contrôler.

Je comprends parfaitement que, pour beaucoup de personnes, l'image qu'elles sont victimes de forces ou de circonstances indépendantes de leur volonté est tellement ancrée dans leur conscience, et a été si fortement renforcée par leur éducation, qu'il peut être très difficile de s'en sortir. Je me rends compte que cela pourrait exiger un peu de réflexion et nécessiter quelques ajustements. Cela pourrait en effet prendre un certain temps avant que vous puissiez pleinement intérioriser et accepter ce que je vous dis ici. J'espère que vous pourrez construire sur ce que je vous ai dit plus haut et le transférer à l'image que je vous ai donnée ici, l'image que, tout dans votre vie, est un produit de la lumière de Dieu qui coule à travers les quatre niveaux de l'univers matériel.

Les circonstances que vous vivez sont le produit de la lumière de Dieu prenant les formes des images que vous détenez dans votre corps identitaire, dans votre corps mental, dans votre corps émotionnel et votre esprit physique. Ce que vous vivez dans le monde matériel est comme un film projeté sur l'écran de la vie. Le contenu réel du film est déterminé par les images, les films fixes, qui existent dans les niveaux supérieurs de votre esprit.

La seule façon pour vous de changer votre situation extérieure et de produire l'abondance que vous désirez est de changer les images que vous détenez dans vos quatre corps inférieurs. Si vous prenez mon analogie avec le miroir, ce que vous projetez dans le miroir, ce sont les images de vos quatre corps inférieurs. L'univers ne peut que vous renvoyer ce que vous projetez dans le miroir cosmique. La seule façon de changer ce qui vous revient est de changer ce que vous envoyez, ce que vous projetez dans le miroir. La seule façon de changer ce que vous envoyez est de changer ce qui est à l'intérieur de vous, de changer les images que vous détenez aux quatre niveaux de votre esprit.

Ce que j'ai fait tout au long de ce cours, c'est de remettre en question systématiquement les images dualistes que la plupart des êtres humains ont été amenés à accepter, la plupart de ceux-ci ayant été programmés à les accepter par l'action de l'ennemi intérieur et l'ennemi extérieur. En utilisant ce cours, vous avez déjà commencé le processus de remise en question des images que vous détenez aux quatre niveaux de votre esprit. Vous avez déjà commencé le processus de purification des quatre niveaux de votre esprit. Mes enseignements et mes invocations forment un processus systématique de purification des quatre niveaux de votre esprit, non seulement purification des images imparfaites mais aussi des énergies mal qualifiées qui se sont accumulées dans ces quatre niveaux en raison de la lumière de Dieu abaissée en vibration par les images imparfaites que vous détenez.

La connaissance donne le pouvoir. Lorsque vous réalisez que les conditions extérieures auxquelles vous faites face sont le produit des images qui se trouvent dans les quatre niveaux de votre esprit, vous obtenez soudainement un pouvoir énorme pour changer votre vie simplement en changeant ces images. Vous n'avez plus besoin de sentir que vous êtes une victime impuissante de circonstances au-delà de votre pouvoir d'influencer le changement. Vous pouvez commencer à sentir que vous êtes le maître de votre propre destin.

Cela nécessitera un ajustement majeur pour de nombreuses personnes. Beaucoup d'êtres humains ont été élevés pour se considérer comme des victimes. Beaucoup d'humains blâment leurs parents, la société, la malchance ou Dieu pour les circonstances auxquelles ils sont confrontés dans la vie. Il peut être difficile pour vous d'accepter que chaque circonstance à laquelle vous êtes confronté dans la vie est le résultat de quelque chose qui est soit produit par vous, soit attiré par vous en raison des images dans votre esprit. Mais, c'est *vous* l'auteur et le réalisateur de votre destin, et il n'y a personne d'autre à blâmer que vous-même.

***

Alors que je regarde la planète Terre aujourd'hui, je vois des milliards d'êtres humains qui sont coincés précisément à ce point de ne pas vouloir assumer l'entière responsabilité d'eux-mêmes. Ils ne veulent pas reconnaître qu'ils ont le potentiel de changer chaque aspect de leur vie et de leur situation en se changeant eux-mêmes ainsi qu'en changeant leurs croyances, leur attitude et leur approche de la vie. Je vois même de nombreux chercheurs spirituels qui restent bloqués à ce niveau parce qu'ils n'acceptent pas la responsabilité complète et finale de leur situation. Ils savent qu'il y a un côté spirituel de la vie et certains d'entre eux poursuivent activement, depuis des décennies, leur croissance spirituelle en rejoignant des organisations, en étudiant des enseignements et en pratiquant des techniques visant à accélérer leur croissance spirituelle.

Mais beaucoup d'entre eux sont devenus la proie du piège tendu par le prince de ce monde, à savoir le chemin extérieur, le faux chemin, le chemin qui semble droit à un homme mais dont l'issue est la mort. C'est le chemin qui dit que vous n'avez pas besoin de prendre la responsabilité pleine et absolue de vous-même, que vous n'avez pas besoin de vraiment vous changer vous-même ni de changer les images que vous détenez au plus profond de votre esprit. Vous avez juste besoin de croire en certaines doctrines, de suivre certaines règles extérieures et de pratiquer certaines techniques extérieures, et alors vous serez automatiquement sauvé, vous manifesterez automatiquement un état de conscience supérieur. Dans les chapitres précédents, j'ai fait tout ce que je pouvais pour exposer le sophisme de ce mensonge, et j'espère que vous pourrez accepter que c'est un sophisme et comprendre pourquoi c'est un sophisme.

La clé pour comprendre cela est de réaliser que les images que vous détenez aux quatre niveaux de votre esprit ne sont pas simplement apparues de nulle part. Vous êtes aux commandes de votre sphère du soi, le Soi conscient a – ou est censé avoir – le contrôle de votre sphère du soi. Le Soi conscient est censé être aux commandes de vos quatre corps inférieurs. Rien ne peut entrer dans ces corps sans votre consentement conscient, à moins, bien sûr, que vous ne renonciez à votre pouvoir de prendre des décisions et que vous ne laissiez votre moi mortel décider de ce qui entre dans votre esprit.

Vos quatre corps inférieurs sont des véhicules d'expression dans le royaume matériel, ce qui signifie qu'ils vibrent dans le spectre de fréquences de l'univers matériel. Actuellement, le royaume matériel n'a pas la quantité de lumière et de vérité que nous trouvons dans le royaume spirituel. Cela est particulièrement vrai sur la planète Terre, qui est une planète plutôt sombre vue d'un point de vue cosmique. Lorsque votre courant de vie est descendu dans le royaume matériel de la planète Terre, vos quatre corps inférieurs ont été créés pour servir de véhicule à votre expression sur cette planète. Ces corps formaient à l'origine une sphère protégée dans le royaume matériel.

La réalité actuelle sur Terre est que vous êtes entouré d'images imparfaites et d'énergies mal qualifiées qui cherchent constamment une incursion dans votre conscience. Même si ces énergies et ces images peuvent être très agressives, vous étiez à l'origine équipé d'une armure de protection autour de vous qui empêchait l'une de ces énergies et idées d'entrer dans vos quatre corps inférieurs. Vous avez un système immunitaire psychique tout comme vous avez un système immunitaire physique. Rien ne pouvait entrer dans vos quatre corps inférieurs sans votre consentement. Vous deviez lui permettre d'entrer, et donc tout ce qui est entré dans vos quatre corps inférieurs l'a fait à cause d'une décision que vous avez prise. Peut-être avez-vous pris la décision de laisser votre moi mortel être le gardien de votre royaume, mais c'était toujours à la suite d'une décision que vous avez prise.

Mon cœur bien-aimé, je sais que cela place toute la responsabilité sur vous, mais cela a aussi le merveilleux effet de placer tout le pouvoir entre vos mains, ou plutôt dans votre esprit. Prendre la responsabilité de votre vie n'est pas nécessairement une chose de mauvais augure. C'est en fait quelque chose de libérateur. Lorsque vous prenez la responsabilité de votre vie, vous reprenez votre pouvoir de changer votre vie. Lorsque vous réalisez que rien ne peut entrer dans vos quatre corps inférieurs sans votre consentement, vous reprenez immédiatement votre pouvoir de purifier vos quatre corps inférieurs. Il est également vrai que rien ne peut rester dans ces corps sans votre consentement. A chaque fois que vous démasquez une idée dualiste – un mensonge qui provient de l'esprit de l'antéchrist –, vous devez décider de la bannir de votre être et de la remplacer par la vérité du Christ.

***

J'ai tenté de vous aider à surmonter tout sentiment de culpabilité, toute tendance à vous reprocher vos erreurs. J'ai fait tout mon possible pour vous expliquer que votre Créateur ne veut pas que vous vous sentiez coupable de vos erreurs. Pourquoi ai-je fait cela ? Je sais par expérience que la seule chose qui plus que tout empêche les êtres humains d'assumer la responsabilité de leur vie et de leur destin, c'est cette tendance à se culpabiliser, à se sentir coupables de leurs erreurs. Afin d'éviter la douleur de la culpabilité et de la honte, ils refusent de regarder et de reconnaître leurs erreurs, ce qui, bien sûr, les empêche de se libérer de ces erreurs.

Ce blâme est une projection du prince de ce monde, de l'esprit de l'antéchrist. Ces forces veulent vous mettre dans une impasse spirituelle en vous induisant d'abord en erreur, en essayant de vous inciter à faire une erreur. Ensuite, ils essaient de vous faire sentir si coupable d'avoir fait l'erreur que vous sentez que vous ne pourrez jamais revenir à Dieu, que vous ne pourrez jamais vous racheter, que vous ne pourrez jamais être libéré des décisions que vous avez prises dans le passé.

Lorsque vous réalisez que tout ce à quoi vous faites face et que chaque aspect de votre situation sont le résultat de choix que vous avez faits, vous obtenez le merveilleux pouvoir que tout choix fait dans le passé peut instantanément être remplacé par un meilleur choix dans le présent. C'est très simple à faire une fois que vous comprenez et acceptez que vous avez le pouvoir, que le Soi conscient a le pouvoir, de changer toute décision que vous avez prise dans le passé. Vous avez toujours le pouvoir de remplacer une mauvaise décision par une décision meilleure.

Rien ne peut vous enlever ce pouvoir, ni votre moi mortel ni le prince de ce monde. Votre moi mortel et le prince de ce monde s'efforcent de vous faire croire qu'ils peuvent vous enlever ce pouvoir ou que vous pouvez le perdre en faisant des erreurs. Ils le font en vous faisant sentir que vous êtes victime de forces indépendantes de votre volonté, et il vous est donc impossible de changer certaines conditions simplement en changeant d'avis. Ils cherchent à ridiculiser la possibilité que vous puissiez changer le monde en vous changeant vous-même, et dans la société matérialiste d'aujourd'hui – le matérialisme étant la conception du prince de ce monde – ils réussissent assez bien à faire acheter leurs marchandises par le ridicule.

J'ai écouté les êtres humains parler de ce sujet pendant des siècles. J'ai entendu comment les sceptiques invoqueront toutes sortes d'arguments, comment ils ridiculiseront et se moqueront de l'idée que vous pouvez changer votre situation extérieure en changeant d'avis. Je connais leurs arguments, je connais leur ridicule, je les ai entendus rire sans fin des idées que je vous présente. Pourtant, comme le dit le dicton populaire : « Rira bien qui rira le dernier. » Je peux vous assurer que celui ou celle qui connaît la vérité du Christ aura le dernier mot. Une fois que vous avez ascensionné dans le royaume spirituel et que vous avez échappé à toutes les limitations mortelles, vous êtes vraiment en mesure d'avoir le dernier mot.

À travers les âges, il y a eu des gens qui ont découvert le pouvoir de leur esprit et ils ont utilisé ce pouvoir pour améliorer leur situation. Certains d'entre eux l'ont utilisé pour manifester de meilleures circonstances matérielles jusqu'à ce que leurs désirs soient exaucés. Certains d'entre eux l'ont utilisé pour amasser des trésors dans le ciel et pour transcender complètement le royaume matériel afin de pouvoir avancer et gagner leur vie éternelle dans le royaume spirituel.

Jésus est un excellent exemple d'une personne qui a utilisé le pouvoir de son esprit pour transcender les cycles de renaissance, les cycles de souffrance et de lutte. J'ai moi-même fait la même chose, et il y a de nombreux êtres dans le royaume spirituel qui ont ascensionné à partir de la Terre. Nous pourrions nous asseoir ici et regarder les sceptiques qui nient le pouvoir de leur propre esprit, et nous pourrions en rire. Mais nous préférons ne pas rire de nos frères et sœurs non ascensionnés. Nous préférons emprunter le chemin de la compassion et cherchons à éclairer nos frères et sœurs non ascensionnés sur la manière dont ils peuvent également utiliser le pouvoir de leur esprit pour se libérer des cycles apparemment sans fin de souffrance, de douleur et de limitation.

Mon cœur bien-aimé, dès le début de ce cours, j'ai dit que c'est le bon plaisir du Père de vous donner le royaume. La seule raison pour laquelle l'abondance de Dieu ne se manifeste pas dans votre vie est que quelque chose la bloque. Ce qui bloque l'abondance de Dieu, c'est que vous avez créé des blocages dans les quatre niveaux de votre esprit, dans vos quatre corps inférieurs. La vie abondante ne peut provenir que d'un seul endroit ; elle ne peut provenir que du royaume spirituel à travers votre Présence JE SUIS.

Pour que la vie abondante puisse se manifester dans les circonstances physiques de votre vie, la vision pure de la vie abondante détenue par votre Présence JE SUIS doit pouvoir s'écouler sans entrave et sans dilution à travers les quatre niveaux de l'univers matériel jusqu'à ce qu'elle atteigne le domaine matériel et soit transformée en conditions physiques. Il n'y a aucune autre façon pour vous d'avoir la vie abondante que Dieu désire vous donner.

Parce que c'est le désir de Dieu que vous ayez la vie abondante, la seule chose qui peut vous empêcher de l'avoir est que quelque chose la bloque. Ce qui la bloque doit exister entre le royaume matériel de l'expérience physique et le royaume spirituel où réside la vision de Dieu. Ce qui bloque la vie abondante est quelque chose qui s'est interposé entre la vision de Dieu et votre expérience physique. Je vous ai maintenant expliqué qu'entre votre expérience physique et la vision pure de Dieu se trouvent les quatre niveaux de votre esprit. Lorsque vous enlevez les blocages dans vos quatre corps inférieurs, la vision de Dieu de la vie abondante peut se manifester comme une réalité physique pour vous, si vous choisissez de jouer votre rôle.

Vous êtes conçu pour être un cocréateur avec Dieu. Vous êtes conçu pour atteindre le niveau de votre Présence JE SUIS et pour avoir la vision parfaite de Dieu de l'abondance pour vous. En saisissant cette vision, vous pouvez l'apporter dans votre corps identitaire, vous pouvez fonder tout votre sentiment d'identité – l'identité qui se rapporte à la façon dont vous vous exprimez dans le royaume matériel – sur la vision de Dieu de la vie abondante. Vous pouvez ensuite amener cette vision au niveau de vos pensées et la rendre encore plus spécifique en la reliant aux conditions auxquelles vous faites face ici sur Terre.

Après cela, vous pouvez l'amener au niveau de vos émotions et la traduire en vrais désirs, les vrais désirs de Dieu qui ne limitent pas vos pouvoirs créateurs mais ne font que les multiplier. Vous pouvez utiliser ces désirs – la divinité qui vous anime – pour donner à vos pensées la direction et l'impulsion dont elles ont besoin pour se traduire en action physique et en circonstances physiques. Ainsi, vous pouvez cocréer la vie abondante ici même sur la planète Terre.

Si vous avez des blocages dans l'un des quatre corps inférieurs, ces blocages déformeront ou bloqueront complètement la manifestation, la descente de la vie abondante, la descente de la pure vision de Dieu. Si la pellicule de votre corps identitaire est déformée, sale ou contient des images imparfaites, ces images obscurciront ou déformeront la vision pure de vos identité et individualité spirituelles. De même, les pellicules dans les parties inférieures de votre esprit peuvent déformer ou bloquer la vision. Vous pourriez vous retrouver dans une situation où aucune partie de la vision originelle de Dieu pour vous ne peut atteindre le niveau de votre esprit conscient ni celui du domaine matériel. Votre vie devient une lutte au lieu de devenir la spirale ascendante d'une abondance de plus en plus grande pour laquelle elle a été conçue.

La vision pure de Dieu, la vision de la vie abondante, ne peut être altérée ou détruite par quoi que ce soit que vous fassiez dans le royaume matériel. Cette vision existe toujours au niveau de votre Présence JE SUIS, elle y est conservée dans l'esprit universel du Christ. Tout ce que vous avez à faire est de supprimer les blocages des quatre niveaux de votre esprit afin que le Soi conscient puisse retrouver un véritable sentiment d'identité, au lieu de s'identifier comme un être humain limité et confiné dans un ensemble de circonstances au-delà son contrôle. Lorsque vous savez qui vous êtes et pourquoi vous êtes ici, vous pouvez manifester cette vision parfaite de Dieu pour votre vie, pour votre voyage dans l'univers matériel.

***

Permettez-moi d'expliquer ce concept d'un point de vue légèrement différent. Les gens sont à des niveaux différents de conscience qui peuvent correspondre aux quatre corps inférieurs. Le Soi conscient est ce qu'il pense être – ici et maintenant, dans le temps et l'espace –, ce qui signifie que vous formez votre sentiment d'identité selon les images sur lesquelles vous concentrez votre attention. Certaines personnes sont complètement concentrées sur l'univers matériel et leur corps physique. Ces personnes en sont venues à s'identifier exclusivement au monde matériel et au corps physique. Les Soi conscients de ces personnes ont oublié ou perdu tout sens de qui ils sont vraiment, à savoir des êtres spirituels immortels et infinis. Au lieu de cela, les Soi conscients de ces personnes s'identifient comme des corps physiques vivant dans l'univers matériel sur la planète Terre.

Ces personnes croient littéralement que la seule façon pour elles de manifester la vie abondante est à travers le travail de leur corps et en utilisant la matière physique, à savoir ce qu'elles peuvent voir et toucher avec les sens du corps. Ces personnes n'ont aucune conscience des énergies qui sont supérieures et plus fines, et n'ont donc aucune capacité à utiliser ces énergies que j'ai appelées plus haut de l'énergie psychique. Beaucoup d'entre elles ne sont même pas en contact avec leurs propres émotions et n'ont donc pas la capacité d'utiliser leurs émotions pour modifier leurs actions physiques et trouver de meilleures façons de gagner leur vie. De même, elles ne sont pas en contact avec leurs pensées et elles ne sont pas capables d'utiliser le pouvoir de la pensée pour trouver de meilleures façons de manifester l'abondance.

La quête d'abondance de ces personnes se limite à la matière physique et aux énergies qui sont déjà apportées au niveau le plus bas de l'univers matériel dans la matière. Elles doivent gagner leur vie à la sueur de leur front (Genèse 3.19). Beaucoup d'entre elles travaillent toute leur vie en vendant leur travail au plus offrant. Ce sont les gens qui occupent un emploi sans jamais avoir la possibilité d'accumuler plus d'abondance qu'ils ne peuvent en accumuler en travaillant pour un salaire fixe. Je ne dis pas que ces personnes ont nécessairement tort ; je dis simplement qu'elles ne pourront jamais manifester une plus grande abondance que ce qui est dicté par le marché du travail où elles vivent. Beaucoup de ces personnes jouent à la loterie, espérant qu'un coup de chance les rendra riches, mais elles ne veulent pas changer leur approche à la vie afin de manifester une plus grande abondance.

Il y a d'autres personnes qui se rendent compte qu'elles ne pourront jamais manifester une grande abondance en travaillant pour un salaire. Certaines d'entre elles ont tenté de trouver d'autres moyens d'accumuler l'abondance, des moyens qui n'utilisent que les énergies du domaine matériel. Alors que certaines ont réussi à devenir riches de cette façon, la plupart ne le peuvent pas. Certaines se sont en effet tournés vers le crime pour s'emparer par la force de ce qu'elles ne peuvent obtenir par le travail. Ces personnes sont complètement identifiées au niveau le plus bas de l'univers matériel, et elles n'ont pas développé leur capacité à aller au-delà de ce niveau.

À un niveau de conscience plus élevé, vous trouverez des personnes qui ont pris conscience qu'il y a plus dans la vie que les énergies du domaine matériel. Il y a des énergies plus élevées et, en utilisant ces énergies, elles peuvent améliorer leur vie et manifester plus d'abondance. J'ai parlé plus haut de l'énergie psychique comme un type d'énergie au-dessus du domaine matériel mais en dessous du royaume spirituel.

Nous pouvons maintenant constater que l'énergie psychique peut être divisée en trois niveaux. Il y a l'énergie émotionnelle, l'énergie mentale et l'énergie au niveau identitaire. Certaines personnes ont pris conscience de l'énergie psychique qui vibre dans le spectre émotionnel et ont appris à l'utiliser dans leur vie. Elles le font en utilisant leurs propres émotions, et elles manifestent souvent leur abondance en faisant appel aux émotions des autres ou en les manipulant. Vous le voyez chez de nombreux artistes ou acteurs. Par exemple, un chanteur peut devenir célèbre et accumuler une grande richesse matérielle en produisant une musique qui fait appel aux émotions des gens. De même, de nombreuses autres personnes font appel aux émotions, et un autre exemple est celui des politiciens qui peuvent gagner du pouvoir en attisant les émotions des gens concernant une cause particulière.

De toute évidence, ces personnes ont une plus grande conscience des énergies plus fines que la première catégorie de personnes. Elles ont souvent du pouvoir sur les gens qui sont plus matérialistes. Les personnes qui se concentrent uniquement sur le domaine matériel sont souvent déconnectées de leurs émotions et ne peuvent pas produire consciemment une émotion particulière. Les personnes qui ont atteint la maîtrise du domaine émotionnel peuvent en effet inciter d'autres personnes à produire une émotion particulière et être rémunérées à la suite de ce processus. De toute évidence, elles ont également un pouvoir sur les gens à travers leurs émotions et peuvent facilement les inciter à entreprendre une action particulière.

Cela représente un niveau de conscience plus élevé, et il n'est pas nécessairement mauvais d'utiliser l'énergie émotionnelle pour manifester l'abondance. Si la conscience n'atteint pas le niveau de l'esprit du Christ, il y a un grand risque que les gens puissent utiliser l'énergie émotionnelle à des fins égoïstes. Parce qu'ils n'ont aucune conscience du Tout, ils manipulent simplement les émotions des gens afin d'obtenir ce qu'ils veulent. Un exemple typique est un vendeur qui manipule un client pour qu'il achète un article coûteux afin qu'il puisse toucher une commission.

Un exemple extrême est Adolph Hitler qui était passé maître dans l'art de manipuler les émotions des gens. Il ne l'a pas fait avec l'esprit du Christ. Il a en effet utilisé l'esprit de l'antéchrist pour atteindre ses objectifs, et c'est pourquoi il a généré une contre-force d'une telle puissance que celle-ci a finalement brisé ses ambitions de domination mondiale. Tout au long de l'histoire, certaines des plus grandes atrocités ont en effet été provoquées par des gens qui avaient appris à manipuler l'énergie émotionnelle mais n'avaient pas la maîtrise du cœur qui ne peut venir que de l'esprit du Christ.

Au niveau supérieur, vous voyez des personnes qui ont atteint une plus grande conscience du domaine mental et du pouvoir de la pensée. Vous les trouverez souvent dans les établissements d'enseignement, parmi les scientifiques qui ont une grande capacité intellectuelle et qui sont des experts dans l'utilisation de l'énergie de la pensée. Beaucoup de ces personnes ont de grandes réalisations et une grande conscience du royaume matériel. Il y a même de nombreux philosophes ou théologiens qui ont eu une grande compréhension intellectuelle du côté spirituel de la vie. Encore une fois, s'il n'y a pas de conscience de l'esprit du Christ, il y a un risque de graves dangers. Il y a de nombreux scientifiques qui nient le côté spirituel de la vie, y compris le côté spirituel de leur propre nature.

Comment ces personnes pourraient-elles jamais aller au-delà du niveau mental ? Elles ne peuvent pas aller au-delà de ce niveau et c'est pourquoi vous voyez que, pendant toute une vie, les gens restent des intellectuels et qu'ils restent finalement insatisfaits. La plupart d'entre eux nieraient immédiatement cette affirmation, et ils diraient qu'ils sont complètement comblés par leur démarche intellectuelle. Si vous examinez la psyché de ces personnes, vous verrez que quelque chose les ronge, qu'il manque quelque chose dans leur vie.

Elles savent qu'il manque quelque chose, mais elles ne savent pas ce que c'est parce qu'elles ne veulent pas aller au-delà du niveau mental et reconnaître leur véritable identité en tant qu'êtres spirituels. Le problème ici est que l'intellect est très doué pour défendre son cas et convaincre les autres. Cela donne aux gens un sentiment de pouvoir qui les emprisonne dans la conviction qu'ils ont toujours raison et qu'il n'y a pas de vérité au-delà du raisonnement intellectuel. Si de telles personnes n'ont pas le discernement du Christ, il est impossible de les aider à voir les limites de leur raisonnement dualiste.

Les scribes et les pharisiens avaient une grande compréhension intellectuelle de la théologie, mais ils n'étaient pas disposés à atteindre l'esprit du Christ. C'est pourquoi ils n'ont pas pu reconnaître le Christ vivant lorsqu'il est apparu devant eux en chair et en os. Au lieu de reconnaître le Christ en Jésus, ils l'ont persécuté et comploté pour le faire tuer. Ils ne voulaient pas qu'il dérange leur sentiment d'avoir tout sous contrôle ni celui d'avoir réussi à faire entrer l'univers dans leur boîte mentale. Il est tout à fait possible qu'une personne puisse se concentrer sur le niveau de la pensée sans avoir conscience de ce qui est au-dessus et sans avoir la maîtrise de ce qui est en dessous. C'est pourquoi vous voyez beaucoup d'intellectuels qui n'ont pas la maîtrise de leurs émotions et ne peuvent donc pas traduire leurs idées en actions.

Lorsque vous dépassez le niveau de la pensée, vous atteignez le niveau identitaire. C'est le niveau le plus élevé du royaume matériel, et la plupart des êtres humains sur la planète Terre ignorent complètement ce niveau et son importance. Pourquoi ignorent-ils le domaine identitaire ? Les images accumulées dans votre corps identitaire sont le fondement même de votre expression dans l'univers matériel, le fondement de la façon dont vous vous voyez et voyez la vie. Si vous vous voyez, si le Soi conscient se voit comme un être spirituel immortel qui ne s'exprime qu'à travers les quatre corps inférieurs, il vous devient possible d'avoir une conscience de votre corps identitaire parce que vous savez que vous êtes plus que le contenu de ce corps. Vous avez alors le pouvoir de changer les images de votre corps identitaire selon la vision parfaite de l'esprit du Christ.

Si vous avez perdu la mémoire de votre véritable identité en tant qu'être spirituel, si vous en êtes venu à vous identifier en tant qu'être matériel, vous ne pouvez tout simplement pas avoir conscience de votre corps identitaire et la possibilité de changer votre sentiment d'identité en fonction de quoi que ce soit au-delà de l'univers matériel. Vous ne pouvez pas avoir le pouvoir de changer consciemment votre sentiment d'identité, et la raison en est que, si vous vous voyez comme un être mortel, votre sentiment d'identité sera indiscutable.

Votre sentiment d'identité sera confiné aux images conservées dans votre corps identitaire, et vous les prendrez pour acquises. Votre identité sera fondée sur des images et des croyances qui, selon vous, *ne peuvent pas* être remises en question, *ne devraient*

Les clés de l'abondance – Volume 2

pas être remises en question ou *n'ont pas besoin* d'être remises en question parce qu'elles sont absolument vraies. Vous les prenez pour un évangile, vous les voyez comme une vérité immuable et infaillible.

Vous ne croyez pas qu'il existe une plus grande compréhension au-delà des images qui ont été programmées dans votre corps identitaire par votre moi mortel et le prince de ce monde. Vous êtes devenu complètement piégé dans l'illusion que vous êtes un être humain limité et mortel. Parce que vous ne pouvez pas vivre sans sentiment d'identité, remettre en question votre sentiment d'identité pourrait vous faire perdre vos fondements dans la vie. Vous ne pouvez pas remettre en question les croyances qui sont dans votre corps identitaire tant que vous pensez qu'il n'y a rien au-delà de cette image de soi. La clé pour sortir de cette impasse est de réaliser qu'il y a plus dans votre identité que ce qui se trouve dans votre corps identitaire.

De nos jours, de nombreuses personnes ont atteint une plus grande conscience de la vie et du monde matériel. Cela inclut une plus grande conscience de l'énergie psychique. Atteindre cette plus grande conscience et la capacité d'utiliser l'énergie psychique n'est pas nécessairement la même chose que d'atteindre la vraie liberté spirituelle et d'atteindre la vie abondante. Il existe un danger que les êtres humains puissent utiliser leur conscience de l'énergie psychique pour prendre ce qu'ils veulent par la force, pour le prendre à d'autres personnes, souvent en manipulant les pensées ou les émotions de ces personnes. De ce fait, ils s'enferment sur le faux chemin, le chemin qui semble droit à l'homme mais conduit à la mort spirituelle.

La seule façon d'éviter de tomber dans ce piège, le piège tendu par le moi mortel et le prince de ce monde, est d'aller au-delà de l'univers matériel, de réaliser qu'il y a quelque chose au-delà de l'esprit dualiste, de l'esprit de l'antéchrist. La seule façon de sortir de la prison créée par les forces de ce monde est d'atteindre la compréhension supérieure de l'esprit du Christ. Vous ne pouvez trouver cette compréhension supérieure qu'en allant au-delà de l'univers matériel et, pour ce faire, vous devez être prêt à défier les images de votre corps identitaire, celles qui disent que vous n'êtes rien de plus qu'un être humain mortel.

La plupart des êtres humains sont bloqués au niveau matériel, émotionnel ou mental, et ils n'iront jamais au-delà de leur niveau jusqu'à ce qu'ils deviennent disposés à remettre en question ce qu'ils ont jusqu'à présent considéré comme au-delà du questionnement. Ils n'iront pas au-delà jusqu'à ce qu'ils deviennent disposés à remettre en question les idées et les croyances mêmes qu'ils ont jusqu'à présent tenues pour acquises, qu'ils ont considérées comme des vérités infaillibles qui ne peuvent ou ne doivent pas être remises en question.

Ce n'est que lorsque vous êtes prêt à défier la croyance que vous êtes un être mortel ou un misérable pécheur, que vous pourrez contacter l'esprit du Christ et recevoir la vérité que vous êtes un être spirituel immortel, un cocréateur avec Dieu. Ce n'est qu'alors que vous pourrez échapper au piège de la mort, ce dont parle vraiment la Bible lorsqu'elle dit que la mort est le dernier ennemi (1 Corinthiens 15.26). C'est le piège de suivre le faux chemin qui mène à la mort spirituelle plutôt qu'à la transcendance éternelle de soi en suivant le Fleuve de Vie, cocréant constamment avec Dieu.

*****

Ce que je vous dis ici est l'essence même de la vie pour pouvoir manifester la vie abondante. Je sais que ces idées peuvent sembler quelque peu abstraites, mais, dans les chapitres suivants, je les rendrai beaucoup plus pratiques. Ce que je veux accomplir dans ce chapitre, c'est de vous aider à comprendre que le vrai secret pour manifester l'abondance est d'élargir votre conscience des quatre corps inférieurs. Il est important que vous compreniez un fait qui a souvent été négligé par les gourous de la prospérité de ce monde.

On pourrait penser que, pour purifier vos quatre corps inférieurs, vous commenceriez par le bas. Après tout, j'ai dit que le vrai problème sur Terre est que les êtres humains sont tombés dans un état de conscience inférieur. Cela s'est produit parce que les gens ont graduellement pollué leurs quatre corps inférieurs avec des images imparfaites jusqu'à ce que leur Soi conscient en soit venu à s'identifier avec le corps physique et le domaine matériel. Le sentiment d'identité des gens a progressivement été abaissé au niveau physique et, par conséquent, vous pourriez penser que vous pouvez commencer là où vous êtes et progresser ensuite.

Vous feriez ce que beaucoup d'êtres humains font dans le monde d'aujourd'hui. Vous chercheriez à purifier et à renforcer votre corps physique par divers moyens. Il existe différentes méthodes pour améliorer la santé du corps, telles que les régimes alimentaires, les exercices physiques et les procédés d'épuration des toxines. Beaucoup de gens ont fait des progrès en purifiant leur corps physique, donc je ne dis pas que vous ne devriez pas prendre soin de votre corps. Pourtant, la motivation et le but derrière les efforts des gens sont de la plus haute importance.

Pour retrouver votre véritable sentiment d'identité, vous pourriez commencer en purifiant votre corps physique. À l'étape suivante, vous apprenez à maîtriser vos émotions puis vos pensées, et ce n'est qu'après cela que vous commencez à changer votre sentiment d'identité. C'est la voie qui semble juste à un homme parce qu'elle semble tellement logique et rationnelle. Bien que vous puissiez faire des progrès de cette façon, ce sera un progrès très lent, et il n'ira pas au-delà d'un certain niveau. Purifier votre corps physique, vos émotions et vos pensées, et même travailler sur votre sentiment d'identité ne vous transformeront pas automatiquement en un *être christique*. Cela pourrait vous transformer en un *humain très sophistiqué et puissant* capable de produire certains phénomènes – y compris la richesse matérielle – mais qui ne voit aucune raison de lâcher ce sentiment de contrôle en s'abandonnant à l'esprit du Christ.

Vous ne pouvez pas faire de progrès solides et durables en empruntant cette route. La raison en est que votre esprit conscient ne peut pas changer vos sentiments, il ne peut que les supprimer. De même, votre corps émotionnel ne peut pas changer vos pensées, il ne peut sélectionner que celles qui correspondent à ses désirs et il cherche ensuite à bloquer le reste. Votre corps mental ne peut pas changer votre sentiment d'identité, il ne peut que le recouvrir d'une image mentale. Vous chercherez simplement à construire un programme informatique avec l'esprit conscient qui peut écraser les programmes dans les niveaux supérieurs de votre esprit. Cela ne fera qu'augmenter votre division et votre tension intérieures. Une bien meilleure approche consiste donc à commencer par le haut et à supprimer les programmes qui vous limitent.

Si vous cherchez à réprimer vos pensées et vos sentiments les plus profonds, vous prendrez un détour qui vous conduira dans une impasse en cherchant à perfectionner le moi mortel, pensant que, s'il atteint un certain niveau de perfection, un standard basé sur l'esprit dualiste, il deviendra acceptable aux yeux de Dieu et il pourra alors servir de véhicule pour vous amener au ciel. Plus haut, j'ai passé beaucoup de temps à parler de la nécessité de laisser mourir le sentiment mortel d'identité. C'était pour vous aider à éviter de tomber dans le piège de chercher à perfectionner ce sentiment d'identité selon une norme dualiste, une norme qui ne sera jamais acceptable aux yeux de Dieu parce qu'elle n'est pas basée sur l'esprit du Christ.

La vraie clé de la vie abondante est de réaliser la vérité de ce que je vous ai dit, à savoir que le centre de votre vie est le Soi conscient et les décisions que vous prenez. Le Soi conscient a la capacité de s'identifier *avec* tout ce qu'il conçoit *et comme* tout ce qu'il conçoit, dans ce monde ou au-delà de ce monde. La véritable clé de l'abondance est de prendre conscience du Soi conscient et que vous êtes ce que vous pensez être. Au lieu de vous frayer un chemin à travers les quatre corps inférieurs, et de vous retrouver potentiellement coincé à n'importe quel niveau où vous atteignez une maîtrise que vous n'êtes pas prêt à abandonner, vous pouvez décider de changer maintenant même votre sentiment d'identité.

Vous pouvez aller directement à votre corps identitaire, commencer à remettre en question le sentiment limité d'identité qui a été programmé dans ce corps par l'esprit de l'antéchrist, puis à défier ce sentiment. Vous commencez à atteindre la vérité supérieure de l'esprit du Christ en vous connectant à votre Soi christique et en recevant cette vérité à un niveau personnel.

Lorsque vous utilisez la clé de la science en vous, vous pouvez immédiatement commencer à changer votre sentiment d'identité. Au fur et à mesure que vous changez votre sentiment d'identité, vous commencerez inévitablement à changer vos pensées. Au fur et à mesure que vous changez vos pensées, vos sentiments commenceront à changer, et ainsi vos actions physiques suivront.

Beaucoup d'êtres humains croient que, pour améliorer leur vie, ils doivent changer leur comportement. Ils cherchent à utiliser leur volonté consciente ou un système extérieur pour changer leur comportement. Bien qu'il soit possible d'obtenir un changement de comportement, ce changement a un coût car vous utilisez toujours le niveau inférieur de l'esprit, l'esprit conscient, pour modifier votre comportement. Vous cherchez toujours à utiliser votre conscience limitée pour changer votre comportement extérieur, mais vous ne faites rien pour vraiment changer la réalité intérieure de la façon dont vous vous voyez. Vous pensez que vous pouvez changer quelques aspects de votre comportement et ensuite obtenir un résultat extérieur.

Vous pouvez atteindre certains résultats, mais vous n'irez jamais au-delà de ce niveau et votre vie devient une lutte ardue consistant à chercher continuellement à discipliner votre comportement. Vous cherchez à utiliser l'esprit dualiste pour modifier l'esprit dualiste, vous cherchez à résoudre un problème à partir du même niveau de conscience qui a créé le problème. Au lieu de surmonter la lutte, vous ajoutez simplement plus de complexité et d'intensité à la lutte. Vous êtes toujours une maison divisée et vous continuez à combattre les forces contradictoires qui vous tirent dans des directions différentes.

En réalité, vos actions sont les produits de vos émotions, vos émotions sont les produits de vos pensées et vos pensées sont les produits de votre sentiment d'identité. Si vous essayez de changer votre comportement sans changer vos sentiments, vous ne pouvez le faire qu'en utilisant la force pour supprimer les sentiments qui vous poussent à continuer le comportement que vous cherchez à changer. C'est le dilemme exprimé par Paul lorsqu'il a dit : « *Je ne fais pas le bien que je veux, mais je fais le mal que je ne veux pas* »

(Romains 7.19). C'est l'éternel dilemme humain de la façon dont les êtres humains décident avec leur intellect comment changer leur comportement, mais leur corps émotionnel les incite constamment à continuer l'ancien comportement, c'est pourquoi ils sont entrés dans ce modèle de comportement en premier lieu.

Par exemple, vous voyez beaucoup de gens qui ont une dépendance à l'alcool ou qui mangent trop. Ils décident avec leur intellect qu'ils veulent arrêter de boire ou de trop manger. Mais leur corps émotionnel leur dit continuellement de manger ou de boire, ils doivent donc se battre constamment contre eux-mêmes. La véritable approche pour changer votre comportement est de reconnaître que le comportement découle des émotions et que vous devez donc changer vos émotions avant d'essayer de changer votre comportement.

Votre corps émotionnel n'est pas le plus haut niveau de votre être parce que vos émotions sont produits par vos pensées. Vous devez changer vos pensées avant de pouvoir changer vos émotions, mais attendez, vos pensées ne sont pas la cause ultime car elles découlent de votre sentiment d'identité. La seule façon de vraiment changer vos pensées est de changer votre sentiment d'identité. Vous ne pouvez pas travailler efficacement à partir du bas.

Il est beaucoup plus efficace et puissant d'aller directement au sommet et de commencer à travailler sur votre sentiment d'identité, de sorte que tous les niveaux inférieurs de votre esprit commenceront à se mettre en place. Votre esprit conscient est à un niveau inférieur à votre corps émotionnel et a donc un pouvoir limité sur vos émotions. Le seul moyen efficace de changer vos émotions est de changer vos pensées. La façon de changer vos pensées est de changer votre sentiment d'identité. Le problème est que l'esprit conscient – l'esprit qui dépend du cerveau physique – a des pouvoirs très limités lorsqu'il s'agit de changer votre sentiment d'identité. La seule solution efficace est que le Soi conscient se sépare de l'esprit conscient et rétablisse votre véritable identité en tant qu'être spirituel, lequel est au-dessus et au-delà de tout contenu dans vos quatre corps inférieurs et a donc le pouvoir de changer ce contenu.

***

Pour illustrer cela, imaginez un groupe de scientifiques qui se retrouvent dans une salle de cinéma. Ils voient les images sur l'écran de cinéma et ils décident qu'ils veulent mieux comprendre ce qui produit ces images et pourquoi elles ont les formes qu'elles ont. Parce qu'ils sont des scientifiques matérialistes, ils ne regardent que l'écran de cinéma. Ils ne sont pas ouverts à la possibilité que les images sur l'écran ne soient pas produites au niveau de l'écran mais soient projetées sur l'écran depuis un autre endroit, depuis un niveau supérieur de réalité. Ils examinent seulement l'écran et sa construction et ils examinent les images et leurs formes, cherchant à trouver des modèles dans la façon dont les images changent. Ils pensent que, s'ils comprennent comment les images changent, ils sauront pourquoi elles prennent une forme particulière.

Pourriez-vous vraiment comprendre les images sur un écran de cinéma en ne regardant que l'écran ? Et surtout pourriez-vous éventuellement modifier les images qui apparaissent en ne travaillant qu'au niveau de l'écran ? Vous *pouvez* modifier les images en peignant l'écran en noir de sorte qu'il n'affichera plus d'images très lumineuses. Mais cela ne change vraiment rien à ce qui est projeté sur l'écran à partir du projecteur. Afin de vraiment changer les images qui apparaissent sur l'écran du cinéma, vous devez vous rendre dans la salle de projection et changer la pellicule dans le projecteur.

Il y a quatre pellicules dans votre être : les corps identitaire, mental, émotionnel et physique. Ils travaillent successivement. Les images physiques sont les produits des images émotionnelles, qui sont les produits des images mentales. Vous ne pouvez pas changer les images émotionnelles pour toujours sans agir sur les images mentales. Si vous vous identifiez comme un pécheur par nature, comme beaucoup de chrétiens ont été élevés à le faire, il y a certaines pensées que vous n'accepteriez jamais. Toutes vos pensées seront confinées dans le cadre de votre sentiment d'identité, ce qui signifie que vous ne pouvez vous considérer que comme un pécheur qui a besoin d'un sauveur extérieur.

Cela conduira inévitablement vos sentiments à être confinés dans un certain cadre, et vous aurez tendance à vous sentir impuissant ou paralysé, cherchant toujours quelqu'un d'autre pour vous sauver ou vous dire quoi faire. Cela limitera de nouveau vos actions et vous serez prédisposé à suivre un dirigeant extérieur ou une Église, étant réticent à agir en dehors de la norme. Les gens peuvent vivre toute leur vie enfermés dans une telle camisole de force, et ils font peu de progrès en le faisant.

Parce que c'est un point très important, permettez-moi de vous en donner une autre illustration. Imaginez que le président d'un pays décide d'entrer en guerre avec un autre pays. Cette décision est maintenant transmise au niveau des planificateurs militaires qui décident globalement du calendrier et du lieu de la campagne. Ce plan global est ensuite transmis au niveau des généraux qui décident quand et où attaquer, quelles unités doivent être impliquées et quels équipements elles doivent apporter.

Enfin, les ordres sont exécutés au niveau des unités indivi-duelles, et nous avons maintenant un soldat qui se retrouve au milieu d'une grande bataille. Il n'aime peut-être pas sa situation et il a l'impression qu'il n'a aucune option pour la changer. La raison en est que sa situation est le produit de décisions prises à des niveaux supérieurs de la chaîne de commandement. La situation du soldat ne peut pas être changée au niveau du soldat ; elle ne peut être modifiée fondamentalement qu'à l'un des niveaux supé-rieurs.

Le président correspond à votre corps identitaire, les planifi-cateurs militaires sont vos pensées, les généraux sont les émotions et le soldat individuel est votre esprit conscient. Imaginons maintenant qu'un soldat individuel décide qu'il ne veut pas mourir. Il peut sûrement prendre diverses mesures pour se protéger, notamment améliorer ses compétences au combat afin de pouvoir tuer les soldats ennemis avant qu'ils ne le tuent. Il peut obtenir certains résultats en travaillant à son niveau, notamment en utilisant la force pour se protéger en tuant les autres. Quoi qu'il fasse à ce niveau n'a aucun effet sur les généraux et leur planification pour la prochaine bataille ou sur les planificateurs militaires et leur vision de la campagne globale. Cela n'a aucun impact sur le président et sa décision d'entrer en guerre. Le soldat est coincé et il n'a vraiment aucun moyen de prendre le contrôle de sa propre destinée.

Comment pourrait-il changer la situation ? Théoriquement, il pourrait essayer de gravir les échelons du système. Il pourrait essayer d'amener les généraux à retirer son unité du combat, mais ils sont chargés d'exécuter le plan global et, si son unité est nécessaire, il n'aura aucun succès. Il pourrait alors essayer d'atteindre les planificateurs et leur faire changer de stratégie, mais, si cela interférait avec les décisions du président, il rencontrerait à nouveau de la résistance. Le moyen ultime pour le soldat de prendre le contrôle de son destin et de survivre serait de s'adresser directement au président et de lui faire arrêter la guerre. Dès que le président prendrait une décision, les planificateurs militaires et les généraux obéiraient, puis le soldat serait libre de rentrer chez lui.

Ce scénario est approprié car ce qui vous empêche d'avoir la vie abondante, c'est la guerre dans vos propres membres (Romains 7.23). Imaginez qu'un soldat s'éloigne de la lutte du champ de bataille et se rende au palais présidentiel. En entrant dans le bureau du président, il découvre qu'il n'y a personne : le siège du président est vide. En un éclair, il se rend compte qu'il n'y a pas de président et que les planificateurs et les généraux continuent à mener une guerre pour la simple raison qu'il n'y a personne pour l'arrêter. Ils obéissent aux ordres mais ne se sont jamais demandé s'il y avait encore un président qui donne des ordres. Ils n'ont jamais osé interroger ceux qui se trouvent au-dessus d'eux dans la chaîne du commandement ni se sont demandés pourquoi la guerre a commencé dès le début.

Au début, notre soldat est choqué par cette constatation, mais ensuite il remarque un petit papier sur la chaise du président. Il s'approche et lit : « Si vous êtes entré dans cette pièce, vous avez le potentiel pour devenir le prochain président. » Si la guerre doit s'arrêter, vous êtes le seul à pouvoir le faire, mais vous devez être prêt à prendre le commandement. Si la guerre entre vos membres doit cesser, vous devez être prêt à intervenir et à prendre le commandement de vos quatre corps inférieurs.

Vous devez occuper le siège du président et prendre en charge la situation. Vous ne pouvez le faire que lorsque le Soi conscient se sépare de tout attachement aux corps inférieurs, arrête de se limiter à l'un de ces niveaux – arrête de penser qu'il est un soldat ordinaire. Vous devez aller directement dans votre corps identitaire, établir une identité correcte basée sur la vérité du Christ et devenir le commandant suprême de votre être. Ensuite, vous pouvez arrêter la guerre et les troupes peuvent rentrer chez elles dans le Jardin d'Éden.

***

Si vous voulez des résultats solides et une croissance maximale, vous devez défier le sentiment d'identité d'être un humain mortel ou un misérable pécheur et défier également le sentiment que vous ne pouvez rien faire pour apporter votre propre salut et manifester la vie abondante. Vous devez défier toutes les limitations qui ont été programmées en vous par votre moi mortel, par l'esprit de l'antéchrist, par la famille et par l'Église et l'État.

Lorsque vous défiez ces images et que vous commencez à réaliser que vous êtes en effet un être spirituel infini, qui n'est pas simplement ici pour vivre une bonne vie matérielle, mais qui est ici pour une mission spirituelle importante, toute votre vision de la vie commencera à changer. Vous acquerrez un sens plus profond du but, un sens plus profond que la vie est vraiment une grande opportunité pour vous d'exprimer vos capacités créatrices et de devenir plus que ce que vous avez été conçu pour être par votre Créateur. Cela changera radicalement et fondamentalement tous les aspects de votre vie, car cela changera votre façon de tout voir.

Lorsque vous commencerez à vivre ce changement, vous verrez en effet que le sentiment de lutte commencera progressivement à diminuer jusqu'à disparaître complètement. Il viendra un moment où, au lieu de sentir que la vie est un fardeau qui vous a été imposé, vous commencerez à sentir que la vie est, en effet, une grande chance que vous avez saisie parce que votre courant de vie, le Soi conscient, avait un véritable désir d'aller dans le royaume matériel et d'y apporter la perfection de votre vision supérieure. Vous avez, en effet, désiré venir ici parce que vous vouliez faire partie du grand projet d'amener le royaume de Dieu sur la planète Terre, remplissant ainsi l'univers matériel de lumière et de vérité afin qu'il n'y ait plus de ténèbres et que tout ne reflète que la perfection de l'esprit universel du Christ.

Mon cœur bien-aimé, si vous allez au cœur même de votre identité, c'est-à-dire l'identité spirituelle qui est au-delà de l'identité matérielle, vous découvrirez que c'est bien pour cela que vous êtes ici. Vous êtes ici parce que vous aimez qui vous êtes et que vous désirez partager qui vous êtes en tant que cocréateur avec votre Dieu. La vie n'est pas un fardeau, la vie n'est pas quelque chose qui vous a été imposé par un Dieu injuste, par un être en colère dans le ciel qui veut vous punir en vous faisant souffrir. La vie est une opportunité, la vie est un choix. À un moment donné dans un passé lointain, vous avez fait le choix de descendre dans ce royaume matériel pour apporter la lumière dans les ténèbres. Je sais qu'entre ce moment hors du temps et le moment présent du temps et de l'espace vous avez oublié pourquoi vous êtes venu ici.

Si vous faites l'effort de remettre en question votre sentiment limité d'identité, vous pouvez – dans un laps de temps étonnamment court – renaître à votre conscience originelle de qui vous êtes et pourquoi vous êtes venu ici. Alors tout sentiment de lutte se dissipera, disparaîtra comme la rosée disparaît devant les rayons du soleil levant. Vous commencerez soudainement à voir le soleil de votre être supérieur et de votre Présence JE SUIS briller à travers tous les niveaux de votre esprit. Lorsque ce soleil commencera à briller à travers les quatre corps inférieurs, il fera fondre les ténèbres et les limitations – et le sentiment de lutte disparaîtra avec elles. Il disparaîtra comme s'il n'avait jamais existé, et votre vie prendra un sens et une direction entièrement nouveaux.

Soudain, vous vous reconnecterez à la réalité que la vie est joie et qu'elle est un flux continu de l'amour, la joie et la béatitude de Dieu, un flux qui coule derrière toutes les apparences dans les quatre parties inférieures de votre esprit. Vous pouvez vous plonger dans le courant du Fleuve de Vie et ressentir ainsi la joie d'être connecté au Tout de Dieu et de faire partie du grand projet, qui est le déploiement de la création de Dieu. C'est une tapisserie de la vie qui est si magnifique que personne ne peut en faire partie sans ressentir un sentiment d'admiration et de gratitude pour avoir la possibilité de participer au déroulement de ce grand dessein à titre individuel.

Mon cœur bien-aimé, la vie est joie. C'est bien la réalité derrière toutes les luttes humaines sur cette planète. Je n'ai pas de plus grand désir que d'aider chaque être humain de cette planète à voir au-delà du sentiment de lutte et à faire briller un rayon du soleil de son être supérieur pour dissiper ce sentiment et se reconnecter à la vraie joie dans son propre être.

Mon cœur bien-aimé, je sais que cela peut vous sembler impossible avec votre état d'esprit actuel, mais si cela vous semble impossible, c'est uniquement parce que les rayons du soleil de votre Présence JE SUIS sont bloqués par les images imparfaites et les énergies mal qualifiées accumulées dans les quatre niveaux de votre esprit.

Si vous me suivez et utilisez les outils pour purifier vos quatre corps inférieurs, je peux vous assurer qu'un jour vous verrez effectivement un rayon de soleil briller à travers votre conscience et vous donner une preuve indéniable qu'il y a bien plus dans la vie que ce que vivent la plupart des êtres humains sur cette planète. Alors suivez-moi afin que je vous emmène plus haut pour chercher ensemble le Soleil !

16. J'invoque mon amour pour la Vie

Au nom de JE SUIS CE QUE JE SUIS, de Jésus-Christ, j'appelle Oméga, Mère Marie et toutes les représentantes de la Mère divine. Aidez-moi à savoir qui je suis et pourquoi je suis ici. Aidez-moi à retrouver mon choix originel de venir ici, le choix que j'ai fait dans l'amour et la joie. Aidez-moi à accepter mes pouvoirs créateurs et à prendre conscience des facteurs qui bloquent le flux de ma créativité donnée par Dieu.

Aidez-moi aussi... *(ajouter vos demandes personnelles).*

I. J'accepte mon potentiel pour tout changer

1. Je reconnais que mon esprit possède quatre niveaux, à savoir les niveaux identitaire, mental, émotionnel et physique ou conscient.

Oméga, je veux méditer
Sur ton trône du portail cosmique.
Je suis né de la forme en huit
Cocréée par Alpha et toi.

**Ô Chant de Vie, tu mets la vie
Et l'harmonie dans tous les cœurs.
Ô son sacré, ton alchimie
Transforme la Terre en paradis.**

2. Je reconnais que ces quatre niveaux de l'esprit forment une structure hiérarchique. Mon sentiment d'identité fixe des limites à mes pensées, mes pensées établissent des paramètres pour mes émotions et mes émotions influencent mes choix conscients.

Oméga, dans l'espace sacré,
J'embrasse mes deux parents cosmiques.
Je vois que c'est une telle grâce
De faire partie du flux cosmique.

**Ô Chant de Vie, tu mets la vie
Et l'harmonie dans tous les cœurs.**

Ô son sacré, ton alchimie
Transforme la Terre en paradis.

3. Je reconnais que je cocrée en utilisant le flux de lumière venant de ma Présence JE SUIS. En traversant les quatre niveaux de l'esprit, cette lumière prend les formes des images présentes dans ces quatre niveaux, et mes circonstances extérieures reflètent ces images.

Oméga, la vie est vraiment
Marrante dans le soleil central.
J'entame mon voyage de retour,
Et je remporte la victoire.

Ô Chant de Vie, tu mets la vie
Et l'harmonie dans tous les cœurs.
Ô son sacré, ton alchimie
Transforme la Terre en paradis.

4. Les images présentes dans les quatre niveaux de mon esprit ne sont pas simplement apparues de nulle part. Le Soi conscient est censé avoir le contrôle sur ma sphère du soi. Le Soi conscient est censé être aux commandes de mes quatre corps inférieurs.

Oméga, la féminité
Est la porte de l'infinité.
Avec toi, j'ai l'affinité
Pour connaître ma divinité.

Ô Chant de Vie, tu mets la vie
Et l'harmonie dans tous les cœurs.
Ô son sacré, ton alchimie
Transforme la Terre en paradis.

5. J'ai un système immunitaire psychique. Rien ne peut entrer dans mes quatre corps inférieurs sans mon consentement. Tout ce qui est entré dans mes quatre corps inférieurs a nécessité une décision. Mais j'ai pris la décision de laisser mon moi mortel être le gardien de mon royaume.

Oméga, dans ton flux cosmique,
Je vois clairement mon plan divin.
Mon cœur est comme une lampe ardente,
Et je donne mon amour à tous.

Ô Chant de Vie, tu mets la vie
Et l'harmonie dans tous les cœurs.
Ô son sacré, ton alchimie
Transforme la Terre en paradis.

6. Je reconnais que rien ne peut entrer dans mes quatre corps inférieurs sans mon consentement. Je reprends le pouvoir de purifier mes quatre corps inférieurs. Rien ne peut rester dans ces corps sans mon consentement.

Oméga, flamme de Mère cosmique,
Je suis issu de ta lumière.
Je participe au jeu cosmique,
Je proclame la victoire du Christ.

Ô Chant de Vie, tu mets la vie
Et l'harmonie dans tous les cœurs.
Ô son sacré, ton alchimie
Transforme la Terre en paradis.

7. Je suis prêt à démasquer toute idée dualiste de l'esprit de l'antéchrist. Je choisis maintenant que je ne veux pas que de fausses idées restent dans mon être. Je choisis de bannir les mensonges de l'antéchrist et de les remplacer par la vérité du Christ.

Oméga, je vois maintenant
Pourquoi je suis venu sur Terre,
Et j'ai donc pleinement l'intention
De l'aider à ascensionner.

Ô Chant de Vie, tu mets la vie
Et l'harmonie dans tous les cœurs.
Ô son sacré, ton alchimie
Transforme la Terre en paradis.

8. Je reprends le pouvoir et je peux instantanément remplacer tout choix fait dans le passé par un meilleur choix dans le présent. Mon Soi conscient a le pouvoir de changer toute décision que j'ai prise dans le passé. J'ai toujours le pouvoir de remplacer une décision limitante par une décision libératrice.

Oméga, j'aspire à présent
À faire partie du chœur cosmique.
Mon cœur brûle du feu du Christ
Pour sanctifier cette planète.

Ô Chant de Vie, tu mets la vie
Et l'harmonie dans tous les cœurs.
Ô son sacré, ton alchimie
Transforme la Terre en paradis.

9. J'accepte maintenant pleinement la réalité que je peux changer le monde en me changeant moi-même. Lorsque je change les images dans les quatre niveaux de mon esprit, je sais que mes circonstances extérieures doivent changer, car ce sont simplement des projections sur l'écran de la vie des images présentes dans mon esprit.

Oméga, mon cœur s'embrase,
Ma vie est en phase ascendante.
Enseigne-moi la phrase secrète
Pour que j'élève cette planète !

Ô Chant de Vie, tu mets la vie
Et l'harmonie dans tous les cœurs.
Ô son sacré, ton alchimie
Transforme la Terre en paradis.

II. Je revendique la vision de l'abondance de Dieu

1. La vie abondante doit provenir du royaume spirituel à travers ma Présence JE SUIS. Je me reconnecte maintenant à la vision pure de la vie abondante préservée dans ma Présence JE SUIS. Cette vision coule sans entrave et sans dilution à travers les quatre

niveaux de l'univers matériel jusqu'à ce qu'elle atteigne le domaine matériel et soit transformée en conditions physiques.

Oméga, je veux méditer
Sur ton trône du portail cosmique.
Je suis né de la forme en huit
Cocréée par Alpha et toi.

**Ô Chant de Vie, tu mets la vie
Et l'harmonie dans tous les cœurs.
Ô son sacré, ton alchimie
Transforme la Terre en paradis.**

2. Je suis conçu pour être un cocréateur avec Dieu. J'atteins le niveau de ma Présence JE SUIS et je vois la vision parfaite de Dieu de l'abondance pour moi. Je saisis cette vision et je l'apporte dans mon corps identitaire. Je fonde tout mon sentiment d'identité, qui se rapporte à la façon dont je m'exprime dans le domaine matériel, sur la vision de Dieu de la vie abondante.

Oméga, dans l'espace sacré,
J'embrasse mes deux parents cosmiques.
Je vois que c'est une telle grâce
De faire partie du flux cosmique.

**Ô Chant de Vie, tu mets la vie
Et l'harmonie dans tous les cœurs.
Ô son sacré, ton alchimie
Transforme la Terre en paradis.**

3. J'apporte la vision de l'abondance de Dieu au niveau de mes pensées, la rendant encore plus spécifique en la reliant aux conditions auxquelles je fais face ici sur Terre.

Oméga, la vie est vraiment
Marrante dans le soleil central.
J'entame mon voyage de retour,
Et je remporte la victoire.

**Ô Chant de Vie, tu mets la vie
Et l'harmonie dans tous les cœurs.**

Ô son sacré, ton alchimie
Transforme la Terre en paradis.

4. J'apporte la vision de l'abondance de Dieu au niveau de mes émotions, la traduisant en vrais désirs en tant que vrais désirs de Dieu qui ne limitent pas mes pouvoirs créateurs mais au contraire les multiplient.

Oméga, la féminité
Est la porte de l'infinité.
Avec toi, j'ai l'affinité
Pour connaître ma divinité.

Ô Chant de Vie, tu mets la vie
Et l'harmonie dans tous les cœurs.
Ô son sacré, ton alchimie
Transforme la Terre en paradis.

5. J'utilise mes véritables désirs – la divinité qui agit en moi – pour donner à mes pensées la direction et l'impulsion dont elles ont besoin pour se traduire en actions et circonstances physiques. Je cocrée la vie abondante ici même sur la planète Terre.

Oméga, dans ton flux cosmique,
Je vois clairement mon plan divin.
Mon cœur est comme une lampe ardente,
Et je donne mon amour à tous.

Ô Chant de Vie, tu mets la vie
Et l'harmonie dans tous les cœurs.
Ô son sacré, ton alchimie
Transforme la Terre en paradis.

6. La lumière de Dieu enlève les blocages dans les quatre niveaux de mon esprit. Mon Soi conscient adopte mon véritable sentiment d'identité en tant qu'être spirituel qui a le pouvoir sur ma situation extérieure. Je sais qui je suis et je sais pourquoi je suis ici, et je manifeste la vision parfaite de Dieu pour ma vie, pour mon voyage dans l'univers matériel.

Oméga, flamme de Mère cosmique,
Je suis issu de ta lumière.
Je participe au jeu cosmique,
Je proclame la victoire du Christ.

Ô Chant de Vie, tu mets la vie
Et l'harmonie dans tous les cœurs.
Ô son sacré, ton alchimie
Transforme la Terre en paradis.

7. Mon Soi conscient se voit comme un être spirituel immortel qui s'exprime à travers les quatre corps inférieurs. J'ai conscience de mon corps identitaire parce que je sais que je suis plus que le contenu de ce corps.

Oméga, je vois maintenant
Pourquoi je suis venu sur Terre,
Et j'ai donc pleinement l'intention
De l'aider à ascensionner.

Ô Chant de Vie, tu mets la vie
Et l'harmonie dans tous les cœurs.
Ô son sacré, ton alchimie
Transforme la Terre en paradis.

8. J'utilise le pouvoir de changer les images dans mon corps identitaire selon la vision parfaite de l'esprit du Christ. Je change consciemment mon sentiment d'identité en questionnant les images conservées dans mon corps identitaire et en voyant au-delà de celles-ci.

Oméga, j'aspire à présent
À faire partie du chœur cosmique.
Mon cœur brûle du feu du Christ
Pour sanctifier cette planète.

Ô Chant de Vie, tu mets la vie
Et l'harmonie dans tous les cœurs.
Ô son sacré, ton alchimie
Transforme la Terre en paradis.

9. J'expérimente qu'il y a plus dans mon identité que ce qui se trouve dans mon corps identitaire. Je suis prêt à laisser mourir mon sentiment mortel d'identité, et donc je vaincs le dernier ennemi de la mort. Je renais dans mon identité immortelle.

Oméga, mon cœur s'embrase,
Ma vie est en phase ascendante.
Enseigne-moi la phrase secrète
Pour que j'élève cette planète !

Ô Chant de Vie, tu mets la vie
Et l'harmonie dans tous les cœurs.
Ô son sacré, ton alchimie
Transforme la Terre en paradis.

III. Je me reconnecte à mon amour pour la Vie

1. Mon esprit conscient ne peut pas changer mes émotions. Mon corps émotionnel ne peut pas changer mes pensées. Mon corps mental ne peut pas changer mon sentiment d'identité. Pourtant, mon Soi conscient peut se projeter directement dans mon corps identitaire et défier mon sentiment mortel d'identité.

Oméga, je veux méditer
Sur ton trône du portail cosmique.
Je suis né de la forme en huit
Cocréée par Alpha et toi.

Ô Chant de Vie, tu mets la vie
Et l'harmonie dans tous les cœurs.
Ô son sacré, ton alchimie
Transforme la Terre en paradis.

2. J'utilise la clé de la science en moi pour changer mon sentiment d'identité. Comme je change mon sentiment d'identité, je vais inévitablement changer mes pensées. Au fur et à mesure que je change mes pensées, mes émotions vont changer et, par conséquent, mes actions physiques suivront.

Oméga, dans l'espace sacré,
J'embrasse mes deux parents cosmiques.

Je vois que c'est une telle grâce
De faire partie du flux cosmique.

Ô Chant de Vie, tu mets la vie
Et l'harmonie dans tous les cœurs.
Ô son sacré, ton alchimie
Transforme la Terre en paradis.

3. Je veux des résultats solides et durables, je veux une croissance maximale. Je défie le sentiment d'identité qui dit que je suis un être humain mortel. Je défie toutes les limitations qui ont été programmées en moi par mon moi mortel, l'esprit de l'antéchrist, la famille, l'Église et l'État.

Oméga, la vie est vraiment
Marrante dans le soleil central.
J'entame mon voyage de retour,
Et je remporte la victoire.

Ô Chant de Vie, tu mets la vie
Et l'harmonie dans tous les cœurs.
Ô son sacré, ton alchimie
Transforme la Terre en paradis.

4. Je suis un être spirituel infini. Je ne suis pas ici simplement pour vivre la bonne vie matérielle. Je suis ici pour une mission spirituelle importante.

Oméga, la féminité
Est la porte de l'infinité.
Avec toi, j'ai l'affinité
Pour connaître ma divinité.

Ô Chant de Vie, tu mets la vie
Et l'harmonie dans tous les cœurs.
Ô son sacré, ton alchimie
Transforme la Terre en paradis.

5. J'ai un sens plus profond du but, un sens plus profond que la vie est vraiment une grande opportunité pour moi d'exprimer mes

capacités créatrices et de devenir plus que ce que j'ai été conçu pour être par mon Créateur.

Oméga, dans ton flux cosmique,
Je vois clairement mon plan divin.
Mon cœur est comme une lampe ardente,
Et je donne mon amour à tous.

Ô Chant de Vie, tu mets la vie
Et l'harmonie dans tous les cœurs.
Ô son sacré, ton alchimie
Transforme la Terre en paradis.

6. Je change radicalement et fondamentalement chaque aspect de ma vie en changeant ma façon de tout voir. Le sentiment de lutte diminue et disparaît complètement.

Oméga, flamme de Mère cosmique,
Je suis issu de ta lumière.
Je participe au jeu cosmique,
Je proclame la victoire du Christ.

Ô Chant de Vie, tu mets la vie
Et l'harmonie dans tous les cœurs.
Ô son sacré, ton alchimie
Transforme la Terre en paradis.

7. La vie n'est pas un fardeau qui m'a été imposé. J'ai le sentiment que la vie est une grande opportunité que j'ai saisie parce que mon courant de vie, le Soi conscient, avait un véritable désir d'aller dans le royaume matériel et d'y apporter la perfection de ma vision supérieure.

Oméga, je vois maintenant
Pourquoi je suis venu sur Terre,
Et j'ai donc pleinement l'intention
De l'aider à ascensionner.

Ô Chant de Vie, tu mets la vie
Et l'harmonie dans tous les cœurs.

Ô son sacré, ton alchimie
Transforme la Terre en paradis.

8. J'ai en effet désiré venir ici parce que je voulais faire partie du grand projet d'amener le royaume de Dieu sur la planète Terre, remplissant ainsi cette sphère de l'univers matériel de lumière et de vérité afin qu'il n'y ait plus d'obscurité et que tout reflète la perfection contenue dans l'esprit universel du Christ.

Oméga, j'aspire à présent
À faire partie du chœur cosmique.
Mon cœur brûle du feu du Christ
Pour sanctifier cette planète.

Ô Chant de Vie, tu mets la vie
Et l'harmonie dans tous les cœurs.
Ô son sacré, ton alchimie
Transforme la Terre en paradis.

9. Au cœur même de mon identité spirituelle, je sais que je suis ici parce que j'aime qui je suis et que je désire partager qui je suis en tant que cocréateur avec mon Dieu. La vie n'est pas un fardeau, la vie n'est pas quelque chose qui m'a été imposé par un Dieu injuste. La vie est une opportunité, la vie est un choix, et je choisis la VIE.

Oméga, mon cœur s'embrase,
Ma vie est en phase ascendante.
Enseigne-moi la phrase secrète
Pour que j'élève cette planète !

Ô Chant de Vie, tu mets la vie
Et l'harmonie dans tous les cœurs.
Ô son sacré, ton alchimie
Transforme la Terre en paradis.

IV. Je suis un Soleil de l'Être

1. Dans un passé lointain, j'ai fait le choix de descendre dans le royaume matériel pour apporter la lumière dans les ténèbres. Je change mon sentiment limité d'identité et je renais dans ma conscience originelle de qui je suis et de pourquoi je suis venu ici.

Oméga, je veux méditer
Sur ton trône du portail cosmique.
Je suis né de la forme en huit
Cocréée par Alpha et toi.

Ô Chant de Vie, tu mets la vie
Et l'harmonie dans tous les cœurs.
Ô son sacré, ton alchimie
Transforme la Terre en paradis.

2. Tout sentiment de lutte se dissipe, disparaît comme la rosée disparaît avec les rayons du soleil levant. Je vois le soleil de mon être supérieur, le soleil de ma Présence JE SUIS, brillant à tous les niveaux de mon esprit.

Oméga, dans l'espace sacré,
J'embrasse mes deux parents cosmiques.
Je vois que c'est une telle grâce
De faire partie du flux cosmique.

Ô Chant de Vie, tu mets la vie
Et l'harmonie dans tous les cœurs.
Ô son sacré, ton alchimie
Transforme la Terre en paradis.

3. Le Soleil brille à travers mes quatre corps inférieurs, et il fait fondre les ténèbres et les limitations. Le sentiment de lutte disparaît comme s'il n'avait jamais existé. Ma vie prend une direction et un sens entièrement nouveaux.

Oméga, la vie est vraiment
Marrante dans le soleil central.
J'entame mon voyage de retour,
Et je remporte la victoire.

Ô Chant de Vie, tu mets la vie
Et l'harmonie dans tous les cœurs.
Ô son sacré, ton alchimie
Transforme la Terre en paradis.

4. Je suis reconnecté à la réalité de la vie. La vie est joie. La vie est un flux continu de l'amour de Dieu, de la joie de Dieu et de la béatitude de Dieu, qui coulent derrière toutes les apparences superficielles contenues dans les quatre parties inférieures de mon esprit.

Oméga, la féminité
Est la porte de l'infinité.
Avec toi, j'ai l'affinité
Pour connaître ma divinité.

Ô Chant de Vie, tu mets la vie
Et l'harmonie dans tous les cœurs.
Ô son sacré, ton alchimie
Transforme la Terre en paradis.

5. Je plonge dans le courant du Fleuve de Vie et je ressens la joie d'être connecté au Tout de Dieu et de faire partie du grand projet, qui est le déploiement de la création de Dieu.

Oméga, dans ton flux cosmique,
Je vois clairement mon plan divin.
Mon cœur est comme une lampe ardente,
Et je donne mon amour à tous.

Ô Chant de Vie, tu mets la vie
Et l'harmonie dans tous les cœurs.
Ô son sacré, ton alchimie
Transforme la Terre en paradis.

6. Il s'agit d'une tapisserie de la vie qui est si magnifique que personne ne peut en faire partie sans ressentir un sentiment d'admiration et de gratitude en assistant au déroulement de ce grand dessein à titre individuel.

Oméga, flamme de Mère cosmique,
Je suis issu de ta lumière.
Je participe au jeu cosmique,
Je proclame la victoire du Christ.

Ô Chant de Vie, tu mets la vie
Et l'harmonie dans tous les cœurs.

Ô son sacré, ton alchimie
Transforme la Terre en paradis.

7. La vie est joie. C'est la réalité derrière toutes les luttes humaines sur cette planète.

Oméga, je vois maintenant
Pourquoi je suis venu sur Terre,
Et j'ai donc pleinement l'intention
De l'aider à ascensionner.

Ô Chant de Vie, tu mets la vie
Et l'harmonie dans tous les cœurs.
Ô son sacré, ton alchimie
Transforme la Terre en paradis.

8. J'aide les autres à voir au-delà du sentiment de lutte, je les aide à faire briller un rayon du soleil de leur être supérieur, je les aide à dissiper le sentiment de lutte afin qu'ils puissent se reconnecter à la vraie joie en leur propre être.

Oméga, j'aspire à présent
À faire partie du chœur cosmique.
Mon cœur brûle du feu du Christ
Pour sanctifier cette planète.

Ô Chant de Vie, tu mets la vie
Et l'harmonie dans tous les cœurs.
Ô son sacré, ton alchimie
Transforme la Terre en paradis.

9. Je vois un rayon de soleil qui brille à travers ma conscience et qui me donne une preuve indéniable qu'il y a en effet plus dans la vie que ce que vivent la plupart des êtres humains sur cette planète. J'atteins et j'expérimente le Soleil de l'Être, le Soleil de ma Présence JE SUIS.

Oméga, mon cœur s'embrase,
Ma vie est en phase ascendante.
Enseigne-moi la phrase secrète
Pour que j'élève cette planète !

Ô Chant de Vie, tu mets la vie
Et l'harmonie dans tous les cœurs.
Ô son sacré, ton alchimie
Transforme la Terre en paradis.

Sceau final :

Au nom de la Mère divine, je demande à Oméga et à Mère Marie de me sceller, ainsi que toutes les personnes de mon cercle d'influence, dans le flux créateur de la Mère divine, le Fleuve de Vie. Je demande la multiplication de mes appels par toutes les représentantes de la Mère divine afin que nous formions le flux parfait en huit de « comme en haut, ainsi en bas ». J'accepte donc que cela soit pleinement manifesté parce que la bouche du Seigneur, la Mère divine que JE SUIS, l'a prononcé. Amen.

Annexe

Brève présentation des Maîtres ascensionnés

Les Maîtres ascensionnés sont des enseignants spirituels qui résident dans un royaume supérieur invisible et qui servent de guides pour l'humanité. On les trouve dans toutes les civilisations de la Terre comme des dieux ou des Saints. Leurs enseignements ont un caractère universel et sont donc au-delà de toute religion, tradition ou culture. Parmi les Maîtres les plus connus, plusieurs se sont incarnés de nombreuses fois sur Terre avant d'ascensionner définitivement lorsqu'ils ont réussi à atteindre la pleine conscience christique ou bouddhique, comme Jésus-Christ et Gautama Bouddha. D'autres Maîtres ne se sont jamais incarnés sur Terre et ont fait leur ascension sur une autre planète ou dans une *sphère* précédente. On les appelle alors des *Êtres cosmiques* parce qu'ils sont à un niveau de conscience plus élevé.

Les Maîtres ascensionnés forment une hiérarchie cosmique, dans laquelle il y a d'abord trois royaumes ou règnes : les Élohim qui sont les dieux créateurs, les Archanges et les Anges qui sont les serviteurs de Dieu, et les Maîtres qui sont les fils et les filles de Dieu. Il y a ensuite plusieurs niveaux correspondant aux sphères, galaxies, étoiles et planètes. Par exemple, notre planète Terre est rattachée au soleil qui est une étoile dans la Voie lactée, qui elle-même fait partie d'un univers plus grand. Dans notre sphère, il y a au plus haut niveau un Soleil central invisible où résident deux êtres cosmiques qui s'appellent Alpha et Oméga.

Les Maîtres ascensionnés travaillent ensemble comme une seule grande fraternité unie par la conscience du Christ, et il n'y a donc pas de division entre eux comme entre les religions sur Terre. Un Maître ascensionné n'est ni chrétien, ni bouddhiste, etc., mais simplement un Être de lumière libre en Dieu. Même si toutes les grandes religions de ce monde ont été initiées à l'origine par les Maîtres ascensionnés, elles n'ont plus de contact aujourd'hui avec les Maîtres et suivent essentiellement des doctrines humaines.

Les Maîtres ascensionnés travaillent continuellement avec la Terre depuis sa création, mais sont restés méconnus pendant très longtemps. La plupart des Maîtres se sont incarnés dans plusieurs civilisations différentes en plusieurs endroits de la Terre avant de faire leur ascension finale. Ils connaissent donc parfaitement toutes les difficultés que nous pouvons rencontrer ici sur Terre et ils ont démontré que nous pouvons les surmonter. Ils ont inspiré des idées à la fois spirituelles et pratiques (telles que l'art, la culture, la musique, les inventions, la science et la technologie) pour éveiller la conscience des gens. Cela s'est traduit par une élévation de la conscience collective, comme en témoigne une sensibilité croissante à la vie et aux droits de l'homme.

La conscience collective est toujours élevée par quelques personnes qui s'ouvrent à certaines idées nouvelles qui se propagent ensuite progressivement à de plus en plus de personnes, jusqu'à ce qu'un changement se produise. Des exemples de tels changements sont l'émergence de la démocratie, l'abolition de l'esclavage et l'égalité croissante accordée aux femmes. Au fur et à mesure que la conscience collective s'est élevée, les Maîtres ascensionnés ont commencé à faire connaître publiquement leur existence à travers des messagers appelés autrefois des prophètes.

Kim Michaels est l'un de ces messagers pour notre époque actuelle. Il a publié des livres et il a créé des sites Internet et une chaîne de vidéos sur *Youtube* accessibles à tous, pour amener un nombre croissant de personnes à prendre conscience de l'existence des Maîtres ascensionnés, à étudier leurs enseignements et à utiliser leurs outils spirituels pour suivre un chemin intérieur pouvant mener jusqu'à l'ascension personnelle.

Les Maîtres respectent totalement notre libre arbitre et adhèrent au principe que *« quand l'élève est prêt, le maître apparait »*. Ils ne peuvent donc nous aider que si nous faisons appel à eux. C'est pourquoi nous devons donner des invocations pour nous connecter à eux et les laisser nous éclairer avec leur lumière. Dans ce cours, nous faisons appel non seulement à Mère Marie et mais aussi à d'autres Maîtres ascensionnés ou Êtres cosmiques qui représentent la Mère divine et le Père divin.

Voici la liste de ces Maîtres avec leurs fonctions :

Maraytaïe : Représentante de la Mère divine au niveau galactique

Nada : Chohan du sixième rayon de la Paix

Kuan Yin : Déesse de la compassion et la miséricorde, connue en Orient comme le bouddha féminin

Portia : Déesse de la Justice et de l'Opportunité

Mère Marie : Représentante de la Mère divine pour la Terre

Liberté : Déesse de la Liberté

Vénus : Déesse de l'amour divin, en polarité avec Sanat Kumara

Oméga : Représentante de Dieu au niveau du Soleil central, en polarité avec Alpha

Archange Michaël : Archange du premier rayon du Pouvoir

Jésus-Christ : Christ planétaire, chef enseignant du monde, hiérarque de l'ère des Poissons

Maitreya : Christ cosmique, Dieu du Jardin d'Éden, Grand initiateur

Gautama Bouddha : Bouddha planétaire, Seigneur du monde

Directeur divin : Être cosmique connu comme Maître R et Eutaï, superviseur de nos plans divins personnels

Saint-Germain : Chohan du septième rayon de Liberté, hiérarque de l'ère du Verseau

Sanat Kumara : Être cosmique connu comme l'Ancien des jours, venu en mission de la planète Venus pour sauver la Terre

Alpha : Représentant de Dieu au niveau du Soleil central, en polarité avec Oméga

Une fonction est comme un poste que l'on occupe. Donc, une fonction peut être occupée par différents Maîtres au cours du temps. Même dans le royaume spirituel, les Maîtres continuent à se transcender et à s'élever en conscience. C'est ainsi qu'ils peuvent accéder à des fonctions de plus en plus élevées. Les Maîtres forment une chaine de l'Être qui remonte jusqu'au Créateur de notre monde de forme. Mais le Créateur n'est pas le Dieu suprême, car il est lui-même issu du Dieu Tout-puissant qu'on appelle le Tout. Il existe sûrement d'autres Créateurs et d'autres mondes de forme, mais cela dépasse notre entendement.

A propos du traducteur

Noël Wan, de formation d'ingénieur en informatique, a fait une longue carrière internationale avant de travailler comme consultant en management, et aussi comme formateur et coach en développement professionnel, personnel et spirituel. Pour partager sa passion et son expérience dans ces domaines, il a donné des conférences, animé des stages et accompagné des centaines de personnes de tout horizon pour les aider à changer et réussir.

Aujourd'hui à la retraite, il se consacre entièrement à son plan divin et il s'est fixé pour mission de traduire en français les enseignements des Maîtres transmis à travers Kim Michaels. Il maintient le site *maitresascensionnes.fr* et il organise aussi des groupes d'études pour les francophones. Vous pouvez trouver plus d'informations sur son site *ayamera.com*.

FSC
www.fsc.org

MIXTE

Papier issu
de sources
responsables
Paper from
responsible sources

FSC® C105338